KB125950

나는 세계일주로 돈을 보았다

Sharks

by Conor Woodman

나는 세계 일주로 돈을 보았다

회사를 박차고 나온 억대 연봉 애널리스트의
세상에서 가장 위험한 지하경제 추적기

코너 우드먼 지음 · 홍선영 옮김

갤리온
GALLEON

일러두기

1. 본문 중 괄호 안에 표시된 원화는 독자들의 이해를 돕기 위한 대략적인 금액으로 내용과 규모에 따라 천 단위, 만 단위, 혹은 10만 단위에서 반올림했습니다.

2. 같은 금액이라도 거래 시기의 화폐별 환율에 따라 원화 환산 금액에 차이가 있을 수 있습니다.
   (예: 파운드화를 달러로 환산해 표시한 경우 등)

3. 원화 환산 환율은 KEB하나은행에서 제공하는 2017년 01월 02일~12월 29일의 평균 환율을(고시 회차 최종, 매매 기준 환율) 따랐습니다.

   미국 달러화USD : 1,130.96원
   영국 파운드화GBP : 1,455.45원
   유로화EUR : 1,276.58원
   이스라엘 셰켈ILS : 314,29원
   멕시코 페소MXN : 59.96원
   인도 루피INR : 17.37원

돈,
네가 우리에게 베푸는 멋진 것들을 위해서
또한 네가 우리에게 저지르는 온갖 끔찍한 것들을 위해서
그리고 이 둘 사이의 애매모호한 모든 것들을 위해서

– 댄 애리얼리 「부의 감각」 중에서

Part 3

인도 : 속고 속이는 도시, 뭄바이

Part 4

스페인 : 소매치기의 성지, 바르셀로나

Part 5

영국 : 새롭게 뜨고 있는 대마초 시장, 버밍엄

Part 6

멕시코 : 죽음을 숭배하는 도시, 멕시코시티

Part 7

이스라엘 : 피로 얼룩진 역사의 도시, 예루살렘

Part 8

콜롬비아 : 수상한 친절의 도시, 보고타

사람이 돈 때문에
어디까지 추악해질 수 있을까

토니 소프라노. 21개의 에미상과 5개의 골든 글로브상을 휩쓴 최고의 범죄 드라마 〈소프라노스The Soprano〉의 주인공. 말해 무엇 하나. 지난 8년 동안 전 세계가 이 유명무실한 인물과 그의 극악한 갱단에 흠뻑 빠졌다. 내 동생만 해도 이 드라마에 깊이 사로잡힌 나머지, 힘든 상황에 처했을 때마다 '토니라면 어떻게 했을까?'라고 자문하면서 헤쳐나갔다고 한다(의사가 마피아에게 인생의 길을 자문하는 꼴이라니).

이렇듯 범죄와 관련된 이야기는 소설이나 영화, 드라마에서도 꾸준히 인기를 끄는 장르다. 갱단, 도둑, 사기꾼 등 범죄를 저지르며 살아가는 그들의 이야기에 우리는 순식간에 몰입하고 또 매료된다. 아슬아슬하게 법망을 피해가는 기발한 수법에 환호하고, 천문학적인 액수의 재산을 놓고 벌이는 권력 투쟁에 함께 흥분하기도 하고. 그런데 문득 의문이 들었다.

과연 현실에서는 어떨까? 그들의 화려한 집과 막대한 재산의 출처는? 범죄가 진정 돈이 되는 걸까? 나는 이들의 정체가 무엇인지, 대체 이들의 경제활동이 어떻게 이루어지는지 알고 싶었다.

전작 『나는 세계 일주로 경제를 배웠다』를 통해 치열한 경쟁과 협상 속에서 살아있는 세계 경제를 체험했다. 후속작 『나는 세계 일주로 자본주의를 만났다』에서는 거대기업이 전 세계 노동자들을 어떻게 착취하는지, 상품에 윤리적 라벨을 붙여 소비자를 속이면서 어떻게 비윤리적인 실상을 감추려 하는지 살펴보았다. 이번에는 더 깊은 곳에 숨겨진 거대하고 위험한 경제, '지하경제underground economy'에 대해 파헤칠 차례였다.

그러나 정부 규제를 피해 지하로 파고들어 마약매매, 매춘, 도박, 사기, 절도와 같은 범죄행위로 자금을 운용하는 숨은 경제를 들춰내기란 쉬운 일이 아니었다. 역시나 방법은 하나, 직접 부딪쳐보는 수밖에! 나는 다시 세상에서 가장 위험하고 의심스러운 상인들을 만나기 위해 세계 곳곳으로 떠났다.

4년이 넘는 시간 동안 나는 〈내셔널 지오그래픽〉과 〈ITV〉, 〈BBC〉 방송과 함께 세계 유명 도시를 여행하며 최신 범죄와 그 뒤에 숨은 범죄자들을 찾아 다녔다. 빛이 밝을수록 어둠도 짙은 법. 범죄자들은 화려한 관광지나 유명 도시에서 가장 기승을 부린다.

특별한 사람이 아니라 누구나 당할 수 있는 범죄에 초점을 맞추었고, 꼬리에 연연하기보다는 그 배후에 숨겨진 우두머리까지 될 수 있는 한 높이 올라가보기로 마음먹었다.

. . . .

범죄는 세계 경제의 일부이며 거대한 산업과 비슷하다. 수많은 범죄자들은 결국 사업가인 셈이다. 그러나 그들이 사고팔고 유통하는 것들은 우리가 생각하는 경제와는 다르다. 위조지폐를 만들어 유통시키고 여성과 아이들의 인신매매, 코카인 밀수까지 이들이 전 세계에 걸쳐 불법 경제

활동을 하는 목적은 단 하나다. 바로 '돈' 때문이다.

범죄 기업은 수많은 지사를 두고 있다. 이는 성공한 다른 사업체들과 마찬가지로 그들의 물건을 원하는 거대 시장이 있기 때문이다. 그들에게 국경은 중요하지 않다. 어떤 의미로는 진정한 '국제적' 기업이라고 할 수 있겠다.

지하경제 시장은 당신의 상상 이상으로 거대하다. 세계 노동 인구의 절반인 18억 명이 암시장에서 일하고 있으며, 전 세계 '범죄 기업'들의 수익은 세계 500대 기업 중 50개 기업의 수익을 합한 것보다도 많다. 이탈리아, 러시아, 일본, 중국에서 활동 중인 범죄 기업의 수익을 합치면 무려 1조 달러(1,130조 9,600억 원)에 이른다. 이는 100만 명이 한 해에 100만 달러(11억 3,096만 원)씩 벌어야 하는 어마어마한 금액이다.

이탈리아 마피아의 수익은 800억 달러(90조 4,768억 원)로 추정되며, 이는 월트디즈니 사 수익의 두 배에 이른다. 약 450개 조직에 걸친 35만여 명의 러시아 마피아들은 6,380억 달러(721조 5,525억 원)를 벌어들이는데, 이는 월마트, 뱅크 오브 아메리카의 연간 수입을 합친 금액이다(2014년 기준). 일본 마피아는 '야쿠자'라고 부르는데 야쿠자가 한 해 동안 벌어들이는 수익은 700억 달러(79조 1,672억 원)로 구글, 코카콜라, 이베이 등 일류 기업의 수익을 뛰어넘는다.

범죄를 의료 산업과 비교해보자. 의료 산업 종사자들이 의사와 간호사, 약사 등으로 나누어져 있듯이 범죄를 저지르는 이들도 도둑과 위조범, 납치범 등으로 세분화되어 있다. 이들은 모두 특정 기술을 발전시키며 갈고 닦아 자기 분야의 전문가가 되었고, 결국 그 분야의 최고가 되었다. 하지만 모두가 알다시피, 이 둘은 결코 같지 않다.

의료 산업 종사자들은 경제활동을 하며 동시에 자신이 속한 사회에 공헌한다. 개인의 공헌과 그에 따른 보수가 대체로 균형을 이루는 것이다. 그러나 지하경제에는 이런 균형이 존재하지 않는다. 범죄자는 사회에서 가져갈 것을 전력을 다해 가져간다. 역시나 그 피해는 고스란히 그들이 아닌 우리의 몫으로 돌아온다.

· · · ·

범죄자들이 희생양을 어떻게 골라내는지, 어떤 교묘하고 화려한 수법으로 피해자들을 속여 돈을 뜯어내는지, 윤리 의식은 고사하고 비인간적이기까지 한 지하경제의 내막을 파헤치는 이번 여행이 위험할 거라는 건 예상했다. 하지만 이렇게까지 목숨을 걸어야 하리라고는 생각지 못했다. 요즘에는 대부분의 범죄가 온라인에서 이루어지고 있으니 가장 위험천만한 범죄는 메일함에 도사리고 있는 게 아닌가 싶었지만, 세계를 돌며 깨달은 범죄와 돈의 진실은 전혀 그렇지 않았다. 현실 세계에서 누구나 맞닥뜨릴 수 있는, 끔찍하리만큼 위험하고 소름끼치는 경험들을 이번 여행에서 꽤 자주 하게 됐다.

피해자를 눈앞에서 홀려 현금을 갈취하는 이들부터 약물을 먹이고 고문을 가하는 이들에 이르기까지, 많은 범죄자들이 무고한 사람들에게 해를 입히고는 그저 '일'일 뿐이라며 대수롭지 않게 넘긴다. 그러나 누군가를 거리에서 납치해 한 시간 동안 총을 겨눠 위협하면서 ATM에서 1,000달러(112만 원)씩 빼앗아가는 것을 그저 '일'이라고 말할 수는 없다. 이들은 돈에 눈이 먼 나머지 피해자가 돌이킬 수 없는 상처를 받으리라는 사실은 가뿐히 무시해버린다.

　내가 이 책을 쓰기로 결심한 이유도 이 때문이다. 이들이 돈을 벌기 위한 '경제활동'이라고 부르는 '범죄'의 피해자가 바로 우리 같은 평범한 사람들이기 때문에. 그들의 눈에 우리는 그저 돈벌이 수단일 뿐이다. 이 책은 결코 여행서에서 볼 법한 화려한 관광지의 모습을 보여주지 않는다. 오히려 그 이면에 감춰진 어둡고 추악한 돈과 인간의 이면을 다루고 있다. 확실히 범죄는 돈이 된다. 그리고 그 돈은 모두 우리의 주머니에서 나온다.

　나는 당신이 희생양이 되지 않았으면 한다. 내 여행을 통해 그들이 어디에 도사리고 있는지, 그들을 어떻게 알아볼 수 있는지 알게 되기를 바란다. 항상 기억하라. 돈이 얼마나 무서운 것인지, 또 그 돈 때문에 사람이 어디까지 추악해질 수 있는지를.

Part 1

미국 :
두 얼굴을 가진 축제의 도시,
뉴올리언스

"해피 마르디 그라."

크리스털이 소총을 가볍게 흔들며 내 귀에 달콤하게 속삭였다. 살벌한 배웅에 나는 살짝 비틀거리며 복도를 빠져나왔다. 버번 스트리트는 여전히 술에 취해 파티를 즐기는 사람들로 북적였다. 이제 곧 마르디 그라의 끝을 알리며 경찰들이 사람들을 도로 밖으로 밀어낼 것이다. 그러나 사람들은 경찰을 무시한 채. 다시 거리로 나와 오밤중까지 파티를 이어간다. 오늘 밤, 뉴올리언스 거리의 법은 그저 의미 없는 형식일 뿐이다.

미국

배턴루지
뉴올리언스 빈력시
미시시피강

멕시코만

Chapter 1

당신이 축제를 즐기는 사이,
그들의 축제도 시작된다

카리브해의 최북단, 미국 남부 루이지애나주의 최대 도시 뉴올리언스(현지인들은 '놀린스'라고 말하기도 한다)는 몇 가지 별명으로 불린다. '재즈의 본고장', '망각을 보살피는 도시', 심지어 낙천적이고 느긋한 이곳의 삶의 태도를 빗대어 '빅 이지Big Easy'라고도 한다. 마르디 그라Mardi Gras 축제가 열리는 동안에는 각양각색의 가면을 쓰고, 옷을 벗어 던지고 기름을 흥건히 바르는가 하면, 온몸에 칵테일을 들이붓고 뜨거운 태양 아래 벌거벗은 채 드러눕긴 하지만.

그 별명이 무엇이든, 이런 도시는 전 세계 어디에서든 눈 씻고 찾아봐도 없다. 스페인과 프랑스 식민 지배를 받으며 독특한 문화가 섞인 것도 그렇고, 한때 세계 최대의 노예 무역항이었기 때문인지 인구의 60퍼센트가 흑인, 30퍼센트가 백인인 점도 특이하다. 2005년, 허리케인 카트리나로 온 도시가 만신창이가 된 적도 있었지만 여전히 매년 1,000만 명이 넘는 관광객이 이곳으로 모여든다.

마르디 그라는 '기름진 화요일'이란 의미의 프랑스어로, 공현제(동방 박사들이 아기 예수께 경배한 것을 기념하는 날)를 시작으로 4주간 이어진다. 마

지막 주, 파티가 절정에 이르면 퍼레이드 행렬이 세인트 찰스 스트리트에서 버번 스트리트로 이어진다. 이곳은 뉴올리언스에서 가장 오래되고 유명한, 도심의 악명 높은 중심가로 '프렌치 쿼터'라고 불린다. '지상 최대의 공짜 쇼'로 일컫는 이 거대한 퍼레이드 축제 기간 동안 이곳은 술에 찌들고 햇볕에 그을린 나체의 도시가 된다. 그리고 마침내 뉴올리언스는 '미국 최악의 범죄도시'라는 타이틀을 두고 라스베이거스와 어깨를 견주는 수준에 이르렀다.

나는 그야말로 혼돈의 한가운데에 있는 뉴올리언스에 도착했다. 마르디 그라 축제가 시작되기 일주일 전, 이곳의 열기는 점점 달궈지고 있었다. 이제부터 매일 밤, 전날보다 더 뜨거워진 열기를 마주하게 될 것이고, 본격적인 축제가 시작되면 열기를 넘어선 광기가 최고조에 달하리라.

1,000만 명의 사람들이 모든 걸 내려놓고 제대로 더럽게 놀아보겠다며 작정하고 몰려든 이곳에서, 곤경에 빠지기는 쉬운 일이다. 아니나 다를까, 거리 속 사기꾼들의 눈은 그 어느 때보다 빛나고 있었다. 그들이 도시를 가득 메운 관광객들을 보는 눈은 마치 세렝게티의 대 이동을 바라보는 사자의 눈과 흡사했다. 만찬 시간이다!

내가 여기 온 것도 바로 그 때문이었다. 특히나 나의 구미를 당기는 이곳의 골칫거리가 하나 있었다. 누군가는 '케이준 빙고Cajun Bingo'라고 부르기도 하지만, 대다수가 '레즐데즐Razzle-Dazzle'이라 알고 있다. 줄여서 '레즐'이라고도 한다. 그러나 자세한 내막은 오리무중이다. 확실한 것은 이 게임이 거액을 건 아주 위험한 도박이라는 것. 지난 25년간 이것이 언론에 드러난 건 단 한 번뿐이고, 그마저도 2004년 경찰과 FBI의 합동 작전을 통해서라는 점만 알려져 있다.

레즐데즐은 축제 현장을 따라 이어진 가판대에서 벌어지는가 하면, 프렌치 쿼터의 밀실에서 벌어진다고도 한다. 대부분 판에 주사위나 구슬을 던지는 방식으로 진행되는데, 이때 규칙은 선수가 몸을 굴려 야드를 얻어내는 방식의 미식축구 규칙을 따른다. 셈법 복잡한 변환표에 따라 주사위 숫자를 야드로 바꿔 암산으로 해독하며 진행해야 하는 이 게임은 사실 아무리 머리를 굴려봤자, 대체로 미리 조작된 판에 참가자가 내기를 거는 것이다. 주사위 숫자가 야드로 변환되는 순간, 속임수가 시작된다. 노련

한 딜러는 상대가 곧 이기리라는 믿음을 갖도록 계속 희망고문을 하며 뒤통수를 친다. 그렇게 사람들은 하룻밤에 수만 달러를 잃는다.

2004년 적발된 조직의 운영자는 스트립쇼에서 춤추는 댄서들과 문지기들에게 돈을 쥐어주고 술 취한 표적, 즉 '목표물'을 데려올 것을 지시했다. 잠재적 희생양을 버번 스트리트의 상점 뒤 밀실에서 벌어지는 이 위험한 사기도박에 끌어들인 것이다. 피해자들의 항의가 끊이지 않자, 루이지애나주 경찰과 FBI는 버번 스트리트에 있는 특정 상점을 수사하기 시작했다. 경찰관 한 명이 희생양을 자처하여 게임에 잠입한 결과, 이 범죄 집단이 뉴올리언스 경찰관들의 보호를 받고 있었다는 증거가 포착되었다.

이 게임을 주도한 범인은 체포되어 유죄 판결을 받았다. 93세의 상점주인 미첼 슈워츠Mitchell Schwartz는 상습 사기꾼으로 전형적인 구시대 '마피아'였으며, 그의 전과는 1930년까지 거슬러 올라갔다. 공범인 스코티는 15개의 가명과 5개의 사회 보장 번호(우리나라의 주민등록번호)를 갖고, 최소 7개 주에서 유죄 판결을 받은 유명한 '전국 순회' 범죄자였다. 그는 이곳의 축제 현장을 떠돌다 뉴올리언스에 정착했던 것이다. 앞서 말한, 이들을 보호하고 있던 경찰관 4명은 정직 처분되어 다시는 복귀하지 못했다. 나는 이들을 추적하고 싶었지만 결국 이 일에 연루된 그 누구도 찾지 못했다. 한 정보원은 내가 그들을 결코 찾아내지 못할 거라 장담했다.

"아마 이곳을 오래전에 떠났을 겁니다. 차라리 그들이 죽었다고 생각하는 편이 나을 거예요."

그 이후 언론이나 인터넷에서 레즐 데즐을 다룬 보도는 없었다. 하지만 여전히 이곳에는 그 비밀스러운 게임이 존재한다는 소문이 계속해서 돌고 있었다.

Chapter 2

길거리 타로 카드 사업의
영업비밀

프렌치 쿼터 한복판부터 수색을 시작하기로 했다. 마르디 그라가 열리기 직전의 금요일 주말, 이른 아침에도 불구하고 버번 스트리트를 따라 늘어선 술집들은 이미 음악을 퍼부으며 칵테일을 쏟아내고 있었다. 여기서는 '수류탄'이라는 칵테일이 제일 잘 나간다. 얼음이 띄워져 있고 멜론 맛이 나며 진과 럼, 보드카가 들어가는 것으로 추정되는 이 칵테일은 초록색 수류탄 모양의 컵에 담겨 나와 그런 이름이 붙었다고 한다. 하지만 사실 이 칵테일을 마시기 무섭게 머릿속에서 폭탄이 터질 것 같아서 그런 것은 아닐까 의심스럽다. 정확히 뭐가 들어가는지는 철저히 극비에 부쳐지는 걸 보니, 휘발유와 네이팜(화염성 폭약의 원료로 쓰이는 젤리 형태의 물질)이 들어간다는 의심을 받는 것도 일리가 있다. 어쨌든 이른 아침부터 무수한 수류탄들을 보고 있자니, 속이 느글거렸다.

버번 스트리트를 벗어나면 잭슨 스퀘어가 보인다. 돌을 던지면 닿을 거리에 미시시피강이 흐르고, 자갈을 깐 북쪽 거리는 관광객들이 북적이는 번화가를 따라 이어진다. 프렌치 쿼터 끄트머리의 이 관광명소는 거리 사기꾼들이 먹잇감을 사냥하기에 완벽한 장소다. 나는 인내심을 갖고 조금 더 기회를 엿보았다. 잭슨 스퀘어의 수상한 사람들 틈에 끼어들 기회를. 거리에서 드러내놓고 행상을 하는 이들에게서 최고의 연줄이 뻗어나오리라. 그때 한 무리의 사람들이 내 눈길을 끌었다. 흑마술을 하는 이들이었다.

나는 정원과 길을 가르는 형형색색의 간판을 둘러보며, 그 뒤에 앉아 있는 사람들을 살폈다. 그들의 이름은 간판만큼이나 다채로웠다. 마담 클라라, 집시 조르바, 정부 마리아……. 모두들 자기 앞을 지나가는 나를 바라보며 갖가지 제안으로 끌어들이려 했다.

"거기 잘생긴 오빠."

'정부 마리아'는 뭐 하는 사람인가 훑어보고 있는데(타로, 손금, 수정구슬까지 그녀의 능력은 실로 다양했다) 그녀가 날 불렀다.

"한번 봐드릴까?"

나는 그녀의 맞은편에 놓인 작은 캠핑 의자에 앉았다. 홀치기 염색을 한 보라색 테이블보 위에 타로 카드 몇 벌과 각양각색의 수정들, 그리고 커다란 수정구슬 하나가 놓여 있었다. 얼핏 보기에도 그녀는 범상치 않은 사람 같았다. 마리아는 커다랗고 푸른 눈, 검고 숱이 많은 긴 머리, 이국적인 황갈색 피부까지, 예쁜 얼굴에 필요하다고 생각되는 모든 요소를 갖추고 있었지만 결코 예쁘지는 않았다. 두 눈은 무성한 일자눈썹에 가려져 있었고, 이는 썩어 문드러져 그녀가 메스암페타민(이른바 '히로뽕'으로 불리는 각성제) 같은 유해 약물을 즐긴다는 사실을 암시하고 있었으며, 황갈색 피부에 두드러진 곰보 자국은 건강하지 못한 과거를 말해주는 듯했다. 그녀가 입을 열자 혀 짧은 소리가 새어 나왔다. 마치 뱀이 내는 쉿소리 같았다.

마리아는 미래를 볼 수 있는 다양한 방법을 제시하며 적극적으로 영업

했다. 나는 타로 점을 보기로 했다. 대학 시절에 룸메이트가 재미 삼아 타로 점을 봐주곤 했는데, 점괘보다 그가 보여주는 쇼맨십을 구경하는 것이 상당히 즐거웠다.

"카드 네 장을 골라봐요."

마리아가 오싹해 보이는 카드 몇 벌을 내 앞에 늘어놓았다.

"어떤 카드를 고르느냐가 아주 중요해요. 고민하지 말고, 그냥 본능을 따르세요."

마리아는 내가 고른 카드가 각각 과거의 사랑, 현재의 사랑, 미래의 사랑, 미래의 삶을 나타낸다고 말했다. 결과는, 음……. 과거의 사랑은 재앙이었고, 현재의 사랑도 썩 좋지 않다는 점쟁이의 말을 누가 믿고 싶겠는가. 손가락에 반지 같은 건 끼지 않았으니 내가 미혼이거나 이혼남이라는 사실은 누구나 알 수 있을 것이다. 미래에 대한 이야기가 나왔을 때쯤, 나는 비로소 자세를 바로잡고 귀를 기울이기 시작했다. 마리아는 내 미래에 강인한 여인이 보인다고 했다. 그녀와 결혼할 것이란다. 그 외에 그녀에 관해 달리 말해줄 것은 없는지 물었다.

"출세한 사람이네요. 그리고 아이요, 그 사람한테는 아이가 있어요."

와우, 이건 정말 구체적인데. 나는 실제로 아이가 있는 여인을 만난 적이 있다(그녀와의 만남은 정말이지 교통사고 같은 것이었기에 두 번 다시 그런 일을 하지 않겠노라 맹세했다). 마리아는 온 힘을 주술에 쏟아부으며 자신의 말을 확신하고 있는 듯했다. 게다가 내가 아흔 살까지 살 것이며, 자녀를 2명 낳을 텐데, 돈은 쓸 만큼은 충분히 벌지만 많이는 못 번다고 했다.

뭐, 이 정도면 미래에 대해 꽤 기분 좋은 말을 들은 셈이니, 나는 그녀가 요구한 25달러를 기꺼이 내어주었다. 사실 그녀는 25~100달러(3~11만 원) 사이를 달라고 했지만, 나는 25달러를 내라는 뜻으로 받아들였다. 그녀도 이미 짐작하고 그렇게 말했겠지.

다음은 '집시 조르바' 앞에 앉았다. 그는 자신을 5대째 내려오는 뼈대 있는 집시라고 소개하며, 내게 지금 불륜 관계를 맺고 있는 유부녀를 조심하라고 경고했다(여기서 확실히 밝혀두지만, 그런 여자는 없다). 조르바는 이 여자의 남편이 우리 관계를 눈치챈다면, 내가 정말 심각한 상해를 입게 될 것이라며 진심으로 걱정해주었다. 그러더니 내가 백 살이 넘어서까지 살 것이고, 자녀는 셋을 둘 것이라 했다. 그는 내가 자신의 충고를 따라 질투에 사로잡힌 남편에게 해를 입기 전에, 그녀와의 관계를 정리할 것이라고 굳게 믿는 눈치였다.

이후에도 타로 점술사 2명을 더 만났는데, 그들은 각각 나에게 80세와 85세라는 수명을 점지해주었고, 자녀는 없다, 4명이다, 결혼 생활은 행복하다, 두 번 이혼할 것이다 등등 다양한 삶을 알려줬다. 뉴올리언스의 길거리 타로 집 대부분을 훑고 나니, 이따금 정말 사실 같은 솔깃한 이야기도 있다는 것을 깨달았다. 조금만 골라서 듣는다면, 듣고 싶은 대로 듣고 무엇이든 믿을 수 있다.

총 3명의 점술사가 내게 가까운 미래에 여행을 많이 다닐 운명이라고 말했고, 2명은 우리 가족이 가까운 친척의 병치레로 불안해하고 있다고 말했으며, 4명 모두 내가 향후 1년간은 일 때문에 정신없이 바쁘리라고 확신했다. 놀랍게도 이 말들은 모두 사실이었다.

그런데 이 모든 '예언'이 빈틈없는 관찰의 결과는 아니었을까? 영국식 영어를 하는 걸 보니 여행객일 테고, 그럼 머지않아 또다시 여행을 떠나리라 추측하는 것도 무리는 아니다. 내가 여행 중이라는 사실과 내 옷차림을 보면 돈이 아주 없지는 않겠다는 것도 알 수 있다. 게다가 이 정도 나이에 미혼이라면 아마도 일 때문에 정신없이 바쁘지 않을까. 친척이 아프다는 사실을 맞힌 것은 좀 더 이유를 찾아봐야겠지만, 계산된 비율로 지레짐작할 수도 있는 법이다. 어딘가에 있는 친척이 얼마 동안 병환에 있었던 경험은 웬만하면 다 겪지 않았던가.

이번에도 25달러를 건네려는데 뒤에서 누군가 내 어깨를 강하게 잡아 세웠다. 공격당하는 순간, 벗어나려고 몸부림을 쳤지만 워낙 힘이 완강해서 제대로 저항하지도 못하고 길모퉁이까지 질질 끌려갔다. 발버둥을 멈추고 두 발을 온전히 땅에 디디고 보니, 희끗한 머리에 나이가 오십 살은 되어 보이는 한 남자가 앞에 서 있었다. 나보다 키가 작은 그가 얼굴을 들어 날 마주했을 때, 그의 코를 보고 흠칫 놀랐다. 딱 봐도 몇 번이나 부러진 것 같았고 그 위에 커다란 흉터까지 선명했는데, 마치 부풀어 터진 자리를 그 자신이 거울도 보지 않은 채 바늘과 노끈으로 봉합해버린 듯한 기괴한 모습이었다. 게다가 이 싸움꾼은 단단히 화가 나 있었다.

타로 점술가들도, 다른 관광객도, 그 누구의 시선도 닿지 않을 만한 곳에 그와 단둘이 남겨졌다. 그는 내가 한 시간 동안 왜 타로 점을 네 번이나 봤는지 추궁하기 시작했다.

"잘 들어. 타로 점을 그렇게 많이 보는 사람은 아무도 없어. 당신 누구야!"

이유가 있어야 했다. 나보다 스무 살은 더 많아 보이지만, 이 남자가 날 죽이는 것은 일도 아닐 거다. 솔직히 그가 노려보는 눈빛에 겁먹어 내 정체를 서둘러 밝혔다는 점을 부인할 여지가 없다. 나는 마르디 그라를 즐기러 뉴올리언스에 온 관광객들이 빠지기 쉬운 사기 수법에 대해 조사하고 있다고 솔직히 말했다. 거짓을 말할 이유가 없으니 깨끗이 실토하고 털어버리자는 데 도박을 걸었던 것이다. 내 말을 듣던 그의 표정이 분노에서 호기심으로, 다시 분노로 바뀌더니, 이내 노골적인 격분에 이르렀다. 남자가 몸을 앞으로 뻗어 다시 한 번 나를 움켜쥐려 했지만 내가 한 걸음 물러났다. 그는 계속해서 내게 다가오며 고래고래 소리를 질러댔다.

"여긴 내 구역이야, 이 원숭이 새끼야. 내 구역에 오줌 갈기고 다니지 마! 알아들어?"

전혀 예상치 못한 반응이었다. 나는 두 팔을 들어 그에게 해를 입힐 생각은 추호도 없다며, 경찰을 대동한 것도 아니고 그저 얘기를 하고 싶었을 뿐이라고 하소연했다. 중무장한 무기들을 다 내려놓고 허심탄회한 대화를 시도했지만 소용없었다. 미련 없이 손을 떼고 물러날 타이밍이었다. 나는 서둘러 그 자리를 떠났고, 다행히 그도 더는 뒤따라오지 않았다.

Chapter 3

부당이득을 정직하게
돌려주는 사람이라면

그날 저녁, 산책하러 나온 김에 다시 한 번 내 운을 시험해보기로 했다. 잭슨 스퀘어와 디케이터 스트리트 사이 길모퉁이에 중산모를 쓴 연미복 차림의 남자가 서 있었다. 손가락으로 동전을 빙빙 돌리는 그의 앞에, 마술사의 접이식 녹색 펠트 탁자가 펼쳐져 있었다. 가까이서 보니 그의 눈은 오드아이로 한쪽은 푸른색, 한쪽은 갈색이었다. 마치 언젠가 다른 일을 했던 사람 같았다. 우리는 '어디서 왔는지', '이곳은 처음인지' 등 사기꾼들이 하는 전형적인 질문을 주고받았다. 나는 제발 사기를 쳐달라고 애걸하는 순진한 관광객처럼 성실하게 대답했다. 이 방법이 먹혔는지 남자는 화려한 동전 묘기로 내 머릿속을 정신없이 어지럽혔다. 나도 모르는 사이에 구멍이란 구멍에서 속속들이 동전이 튀어 나왔다. 마술사는 도망가길 포기한 쥐를 움켜쥔 고양이처럼 음흉하게 웃고 있었다. 즐겁다니 다행이었지만, 어쩐지 그가 옷소매로 속임수를 쓰는 것이 티가 나는 것 같았기에, 이제 좀 더 '흥미로운' 것을 보여줄 때가 아니냐고 물었다. 그러자 곧바로 그의 얼굴에서 웃음기가 사라졌고, 눈동자는 초조하게 거리 여기저기를 방황하다 다시 내게 돌아왔다.

"무슨 말씀을 하시는 건지……."

다시 침착하게, 억지웃음을 지으며 그가 말했다. 얼마나 더 간청해야 하는 걸까?

"좋아요. 이제 동전 말고 카드 마술을 해봅시다."

내가 말했다. 전 세계 거리 마술사(라고 쓰고 사기꾼이라 읽는다)들은 대부분 자신만의 '쓰리카드몬테Three-Card Monte'를 갖고 있다. 보통 카드를 써서 '여왕 찾기' 게임을 하거나, 성냥갑과 공을 이용해 '콩 찾기'라는 게임을 하는데, 기본적인 규칙은 같다. 맞는 카드를 선택하면 건 돈의 두 배를 벌고, 틀린 카드를 선택하면 그대로 끝이다. 얼핏 간단해 보이는 이 게임은 능수능란한 마술사에게 걸리면 백전백패다.

마술사는 재빠른 손놀림으로 카드 한 벌을 펼쳐 들었다. 그는 눈 깜짝할 사이에 여왕 카드와 숫자 카드 두 장을 골라낸 뒤, 내가 잘 볼 수 있게 그림 있는 쪽이 위로 오도록 카드를 뒤집었다. 그런 다음 서서히, 그러나 확실하게 카드를 섞기 시작했다. 유난히 빠른 것도 아니었다. 빠르긴 하지만 그렇다고 놓치지는 않을 정도로, 딱 내가 집중할 수 있을 만큼의 속도로 수위를 조절했다. 카드 섞기가 끝나고, 마술사는 마지막 카드 세 장을 내 앞에 내려놓았다. 나는 한 번도 집중력을 잃지 않았고, 여왕 카드는 쉽게 찾을 수 있을 것 같았다. 모든 조건이 그대로라면, 숫자 카드 두 장은 양쪽 끝에 있을 것이다. 나는 지갑에서 10달러(1만 원)를 꺼내 가운데 카드에 올려둔 뒤, 카드를 뒤집었다. 클로버 6. 여왕 카드는 왼쪽에 있었다. 그리 놀랍지는 않았다. 내가 놀랐던 건 그가 10달러를 돌려줬다는 사실이다.

"연습 게임이었어요."

그가 웃으며 말했다. 부당이득을 정직하게 돌려주는 사람이라면 곧바로 믿음이 가기 마련이다. 이런 사람은 자주 만나기 힘들다. 나는 그와 통성명을 했다. 크샌은 뉴올리언스 거리에서 몇 년째 이 생활을 하고 있다고 했다. 그 전에는 카지노 딜러였는데, 가끔 부업으로 이 도시를 떠나 거액의 도박꾼들을 위한 '프라이빗 게임'에 참여하기도 했단다. '그런' 게임은 주최 측에서 딜러 역을 마술사에게 부탁하는 경우가 종종 있는데, 그쪽에서 일반 딜러보다 마술사를 더 선호한다고 한다.

"그쪽 일이 부담스러워져서요. 그래서 더 안전한 거리로 나왔습니다."

하기야, 일이 틀어지면 강물에 몸을 내던져야 하는 딜러보다는 길거리 마술사가 안전하겠지.

이것이야 말로 내가 찾던 틈이었다. 판돈이 큰 위험한 도박, 레즐에 끼어들 수 있는 틈. 나는 크샌에게 '레즐데즐'이라는 것을 들어보았는지 물었다. 그 순간, 모든 상황이 바뀌었다.

크샌은 서둘러 탁자를 접기 시작했다. 고개를 내저으며 나와 눈도 마주치지 않으려 했다.

"이봐요, 여기서 그런 얘기는 입 밖에도 꺼내지 말아요. 골치 아파져요."

마치 '내가 당신 아이의 친부요'라는 말이라도 들은 듯, 한껏 기가 죽은 목소리였다. 나는 떠나려는 그를 막아보려고 탁자를 잡고 외쳤다.

"딱 한 게임만 합시다. 그러면 깔끔하게 떠날게요. 다시는 얼굴 볼 일 없을 겁니다."

내가 애원했다. 크샌은 다시 고개를 가로저으며 곤란한 듯 주름진 이마를 문질렀다. 그러고는 이내 엎어놓은 모자를 다시 탁자 위에 올려놓았다. 나를 의아하게 바라보는 눈빛이 마치 '내가 왜 당신을 도와줘야 합니까?'라고 묻는 듯했다. 나는 그의 고민을 조금이나마 덜어주고자 50달러

(5만 원)짜리 지폐를 모자 안으로 집어넣으며 말했다.

"연습 게임 한 판이면 돼요."

크샌은 지폐를 그대로 둔 채 모자를 썼다. 그리고 다시 카드를 섞고 한 장을 고르라는 듯 나를 바라보았다. 나는 카드를 골랐다. 클로버 에이스.

"잘 들어요. 당신이 마음에 들어서 말해주는 건데, 그 게임은 진짜 위험해요. 머리에 총을 겨누고 모든 것을 잃을 때까지 게임을 계속 시킨다는 얘기가 있어요. 더한 일을 당할 수도 있고요."

"더한 일이 뭔데요?"

"이 강에 얼마나 많은 사람들이 빠져 있는지 아무도 모를 테죠. 친구, 내 충고 새겨들어요. 그냥 다른 게임 알아봐요."

크샌은 내게 악수를 청하더니 탁자를 접어 들고 황급히 잭슨 스퀘어의 어둠 속으로 사라졌다. 나는 술을 한잔하러 버번 스트리트로 발길을 돌렸다. 긴 하루였다. 레즐이 여전히 존재한다는 몇 가지 증거는 찾았지만, 실제로 그 게임 근처에는 가보지도 못했다. 얻은 것이라고는 여행이 끝나고 집에 돌아가면 아픈 친척과 의붓자식이 기다리고 있으리라는 사실뿐이었다.

다시 프렌치 쿼터로 돌아가는 길에, 휴대폰 메시지를 확인하려고 주머니에 손을 넣었다. 그런데 주머니 안에는 휴대폰만 있는 것이 아니었다. 글씨가 적힌 '클로버 에이스' 카드가 펄럭이며 땅으로 떨어졌다.

블루노트 바. 내일 저녁 7시.

Chapter 4

총 맞는 게 뭐 대수인가요?

'블루노트 바'는 방 2개짜리 술집으로, 번화가에서 50미터도 채 떨어져있지 않았지만 그 정도면 거리의 소음을 걸러내기에 충분했다. 도착해보니 갈 곳을 잃은 듯 방황하는 사람이 두어 명 있었다. 마르디 그라의 수그러들지 않는 환락에서 벗어나, 잠시 한숨 돌리기 위해 이곳을 찾은 듯했다. 나는 라임을 넣은 럼주 한 잔을 주문한 뒤 자리에 앉았다. 기분이 묘했다. 내 평생 소개팅에는 몇 번 나가봤어도, 마술사의 비밀스러운 약속에 응한 건 처음이었다.

어느새 내 옆에 '엉클 샘(미국을 의인화하여 말함. 흰 머리에 턱수염이 있고 미국 국기가 연상되는 옷차림을 한 나이든 남자로 그려진다)'이 다가와 앉았다. 키만 멀쑥하게 큰 그는 파티에 가는지 푸른색 중산모에 빨갛고 흰 연미복을 입고 있었다. 남자는 큰 소리로 위스키를 주문하고는 옆에 앉은 여인과 함께 시내 어딘가에서 열리는 파티에 대해 이야기를 나눴다. 하도 주위가 어수선해서 나는 뒤늦게야 내 옆자리에 다른 여인이 앉아 있다는 사실을 알아차렸다. 그녀도 혼자였다.

내가 먼저 다가가자, 그녀는 자신을 멜이라고 소개했다. 한눈에 봐도 매력적인 여인이었다. 나이는 20대 중후반 정도. 풍성한 검은색 곱슬머리가 눈동자와 잘 어울렸다. 내가 술을 한잔 사겠다고 말하자, 그녀는 진토닉과 테킬라 두 잔을 주문했다. 그리고 그 술이 목구멍으로 채 넘어가기도 전에 멜은 두 잔을 더 시켰다. 2분도 안 됐는데 다섯 잔째라니.

프렌치 쿼터는 마르디 그라 축제 동안 온갖 하류 인생들을 끌어들인다. 미국 전역과 그 너머에서 온 사람들은 단 한 가지 목적을 품고 이곳을 찾는다. 코가 삐뚤어지게 마셔보는 거야! 뒤따르는 혼돈 역시 축제의 빠질 수 없는 요소다. 여기에 총을 선호하는 미국의 특성을 더하면 재앙이 펼쳐진다. 예를 들면 오늘 같은 날 말이다.

술집에 난 커다란 2개의 창은 거리를 향해 열려 있었다. 나무 셔터로 되어 있는 모양이 아마도 프렌치 쿼터 건물의 전형적인 모습인 듯했다. 멜과 나는 창과 가까운 의자에 앉아 있었다. 기분 좋게 따뜻한 저녁을 느끼며 그녀와 순조롭게 대화를 나누고 있었는데 느닷없이 총소리가 들려왔다. 창밖의 거리에는 동요한 군중이 분주하게 움직이고 있었다. 정확히 말하면, 버번 스트리트에서 달아나기 위해 여기저기 뛰어다니고 있었다. 멜이 창밖으로 몸을 내밀었다. 그녀는 오른손에 여전히 진토닉 잔을 든 채, 왼손으로 거리의 젊은 흑인 남성을 붙잡고 물었다.

"무슨 일이에요?"

마치 옛날 영화에서 튀어나온 듯한 모습이었다. 남자는 총소리가 들려서 일단 뛰기 시작했는데 경찰들이 곧바로 나타났다고 설명했다. 가서 한번 보고 오자는 나의 말에 멜은 별 흥미가 없는 것 같았다.

"누가 총에 맞았나보죠."

그렇게 무덤덤하게 말하다니. 자기가 무슨 말을 하고 있는지 알기나 하

는 걸까.

"총 맞은 게 뭐가 대수인가요. 가면 이미 죽었거나 죽어가는 사람밖에

더 보겠어요? 그런 건 관심 없어요."

나는 다시 술을 주문했다. 멜은 예의상 고개를 까닥해 보이고는, 재장

전된 진토닉을 마신 뒤 화장실에 다녀오겠다며 일어났다. 나는 자리에 앉

아 그녀가 산책을 안 하겠다고 하면 어떻게 분위기를 바꿔야 할지 고민했

다. 그나저나 날 부른 사람은 나타나지 않을 생각인가. 벌써 8시가 넘어가고 있었다. 8시 10분이 되도록 멜은 돌아오지 않았다.

"바람 맞으셨구먼."

엉클 샘이 관심을 보이며 내게 말했다.

"안 됐지만 마르디 그라에선 흔한 수법이에요. 그 여자한테 몇 잔이나 사줬어요?"

"네 잔이요."

"한 시간 동안 잘도 뽑아 먹었네."

반박할 수가 없었다. 다시는 만나지 못할 여자에게 홀려 술값으로 25달러를 날렸다. 나는 여기 홀로 남겨져 만화를 찢고 나온 듯한 남자와 대화를 나누고 있고, 그녀는 이미 버번 스트리트 어딘가에 있는 다른 술집에서 다음 먹잇감을 찾았을 것이다. 의심할 것도 없다.

새로운 술친구 크리스는 여기 뉴올리언스에서 자랐다고 했다. 마르디 그라 중에는 보기 힘든 진정한 현지인이었다. 나는 그에게 그동안 여기서 얼마나 재미를 보고 다녔는지 털어놓기 시작했다. 먼저 점술사들을 전전했던 이야기부터 꺼냈다. 물론 기괴하게 생긴 싸움꾼을 만났던 무용담도 함께.

"오, 존을 만났어요?"

그가 느릿느릿 말했다.

"너무 그렇게 겁먹을 필요 없어요. 뭐, 그 사람이 원래 좀 그렇긴 한데, 대처만 제대로 하면 돼요. 그건 그렇고, 뭘 그렇게 알고 싶은데요?"

크리스는 존이 싸움꾼이 아니라 잭슨 스퀘어에서 타로 카드 팀을 꾸리는 사람이라고 말해주며 그와의 만남을 주선해주었다. 이제는 그가 진정이 됐으니 날 만나줄 것이라 했다.

다음 날 아침, 나는 미시시피강 남쪽 기슭을 따라 걸어갔다. 이 강물에
그렇게 많은 시신이 빠졌다는 얘기를 듣고 나니 섬뜩해졌다. 내 머릿속을
거북하게 쥐어짜는 두통이 럼주 때문인지, 테킬라 때문인지 가늠이 안 됐
다. 존을 되도록 빨리 만나야 한다고 크리스가 우기지만 않았다면 지금쯤
침대에 계속 누워 있었을 텐데.

다시 만난 존은 선글라스에 말쑥한 갈색 정장 차림으로 기다리고 있었
다. 지난번 만났을 때만큼이나 위협적인 모습이었다. 상황이 간단치 않으
리라는 사실을 직감할 수 있었다. 그는 악수를 청하는 내 손을 경멸하듯
흘끗 쳐다보더니, 내게 다시 한 번 '당신 대체 정체가 뭐냐'고 지체 없이
물었다. 그 후로 나는 몇 분 동안이나 내 매력을 최대한 발산하며 사과의
뜻을 비쳤다. 그러자 존도 점차 누그러지기 시작했다. 나는 물의를 일으
킬 생각은 없었고, 다만 타로 점술가들에게 이 도시에 대한 정보를 얻을
수 있을 거라 생각했다고 설명했다. 존이 연신 고개를 끄덕이며 내 말을
골똘히 듣고 있는 걸로 보아, 크리스가 그에게 상세한 내막까지는 말하지
않은 눈치였다. 마침내 나는 결정타를 날렸다.

"레즐 게임에 들어가고 싶습니다."

길고 긴 침묵이 흘렀다. 이 도시에서 '레즐'이라는 단어를 꺼냈을 때, 얼
굴이 창백해지거나 황급히 내빼지 않은 사람은 그가 처음이었다. 존은 그
저 말없이 고개를 끄덕이더니 말했다.

"그건 내가 도와줄 수 있을 것 같소. 그럼 나한테는 어떤 이득이 있지?"

내 대답을 기다리지 않은 것으로 보아 분명 수사적인 질문이었다. 자

신이 무엇을 얻게 될지 이미 알고 있는 것이다. 그는 돈을 원하지 않았다. 대신 내게 부탁이 있다고 했다.

"내 가려운 곳을 긁어주면 당신 가려운 데도 긁어주지."

우리는 걸으면서 대화를 나눴다. 존은 자신이 가족 간에 오랫동안 이어진 불화의 한가운데에 끼어버렸는데, 상황이 더욱 험악해질 위기에 처했다고 말했다. 그러면서 이미 계획을 모두 세워놓았으니, 나 같은 행동책만 있으면 된다고 덧붙였다. 그는 내가 첩보원이 되길 바랐다.

뉴올리언스의 타로 점 시장은 존의 가문이 6대째 장악하고 있었다. 루마니아 출신의 이 가문은 뉴욕을 거쳐 50년도 전에 루이지애나에 정착했다. 친인척까지 모두 포함된 존의 대가족은 주도면밀하게 조직화된 '운세 사업'에 다방면으로 연루되어 있었다. 존은 사업이라는 게 장단점이 있다고 설명했다. 단점은 대부분 무해한 것이지만 그중 일부가 사업에 지장을 초래하고 있단다. 특히 한 가지가 아주 골칫덩이라고.

변두리에 들어서서 우리는 내 렌터카를 타고 교외로 향했다. 관광객이라면 고속도로를 타고 가야지만 볼 수 있는 풍경들이 펼쳐졌다. 길을 따라 늘어선 작은 광고판은 카지노, 마사지, 모텔 등 뉴올리언스의 유흥거리를 홍보하고 있었다. 타로 점이나 기운을 읽어낸다는 광고 간판도 두어 개 보였다. 존은 사촌 한 명이 그 가게의 주인이라고 말했다. 주요 도로가에 점집을 운영하다니, 통찰력 있는 사람이다.

"바로 그 사촌이 말썽이오. 애초에 도시 밖으로 보내놓은 건데, 이제는 이 주를 떠날 때가 됐군."

존이 루이지애나 특유의 느릿느릿한 말투로 말했다. 이 말이 훨씬 더 험악한 무언가에 대한 완곡한 표현인지 알 수 없었다. 그의 계획은 내가 도청 장치를 단 채, 상담을 빌미로 그녀를 찾아가 추방을 앞당기는 데 한 몫 하는 것이었다. 존은 그녀가 내게서 엄청난 현금을 갈취하려 할 게 분명하니, 그 증거를 녹음해서 집안 어른들에게 들려주고 그녀의 출국 비자에 서명을 받아내고 싶다고 했다. 그는 내가 직접 '집시의 집'을 찾아가길 바랐다.

나는 광고판에 적힌 번호로 전화를 걸어 10분 동안의 상담 일정을 잡았다. 존의 안전을 위해 멀찍이 떨어진 패스트푸드점 주차장에 그를 내려주고, 일부러 빙 둘러 돌아가 약속 장소로 향했다. 진입로에는 다른 차 다섯 대가 더 있었다. 마지막 남은 주차장 자리에 차를 세우는 나를 20대 중반의 젊은 남자 둘이 의심스러운 눈초리로 바라보았다. 내가 여기에 온 진짜 이유를 알게 되면 그들도 썩 유쾌하진 않겠지. 그들을 지나쳐 문으로 걸어가는 동안, 머릿속에서는 경쾌한 밴조(목이 길고 몸통이 둥근 현악기) 소리가 울려 퍼졌다. 단층 건물 옆으로 붙은 별채의 문을 두드렸다. 통통하고 머리색이 짙은 40대 중반의 여성이 자신을 그레이스라고 소개하며 나를 맞이했다.

"코너 씨 맞죠? 앉으세요, 코너 씨."

내 이름을 자꾸 부르는 것이 그녀의 장사 비결인가보다. 안내를 따라 칸막이 뒤로 갔더니, 금속다리가 달린 사무 책상과 의자 2개가 놓여 있었다. 마주 보고 앉자 그녀가 선택사항을 훑었다.

"기본 점은 30달러(3만 원)입니다."

"그렇군요. 좋습니다."

내가 시작해도 좋다고 하자, 그녀가 카드를 섞었다.

점을 보는 동안 달리 특이한 점은 없었다. 전에도 들어본 상투적인 말이 반복됐다. 여행을 할 것이고 누군가를 만날 것이다. 힘든 일도 있고, 좋은 일도 있을 것이다. 존이 벌이는 사업에 문제를 끼칠 만큼 잘못된 점은 찾아볼 수 없었다. 그녀가 내 연애에 대해 묻자, 나는 존이 일러준 대로 대답했다.

"요즘 여자친구와 소원해졌습니다. 그녀의 마음을 돌리고 싶어요."

물론 거짓말이었지만, 이 말은 불이 붙기만을 기다리는 폭탄과 같았다. 그리고 그녀는 힘들이지 않고 다음 단계로 넘어갔다. 다음 카드를 보고 그녀는 내게 시간이 얼마 남지 않았다고 말했다. 내 여자친구가 이미 다른 사람을 만나고 있는데, 그 사람과의 관계를 끊어내고 다시 내게 돌아오게 하려면 즉시 치료 요법에 들어가야 한다고 했다. 그리고 그 치료 요법에는 수천 달러가 필요하다고 덧붙였다. 영험한 양초 하나가 필요한데 그게 1,000달러(113만 원)가 넘으며, 효과가 있으려면 자신이 몇 시간 더 공을 들여야 한다고 했다. 그녀가 차분하게 달래는 목소리로 말했다. 이것이 내게 남은 유일한 희망이라고.

내가 정말 이런 상황에 처해 있고, 마음이 약해질 대로 약해진 상태라면 과연 어떻게 했을지 생각해봤다. 지금 당장 지갑을 열어야 할 듯 상당한 압박을 받을 것이다. 존이 왜 이 여인을 가문의 평판에 도움이 안 된다고 생각했는지 이해가 됐다. 나는 주머니에 손을 넣어 녹음기가 잘 돌아가는지 확인했다. 아직 따뜻했다. 좋아, 목적을 달성했으니 그럴듯한 변명을 둘러대고 어서 이곳을 뜨자. 나를 수상하게 여긴 누군가에게 도청장치를 발각당하기 전에. 나는 그레이스에게 감사 인사를 하고 30달러를 건네며 말했다.

"양초는 한번 생각해볼게요."

그녀는 으르렁거리는 소리를 억누르는 불도그처럼 억지 웃음을 지어 보였다. 주차장에서 나를 노려보던 쌍둥이 같은 두 남자의 눈길을 피해, 천천히 차를 몰고 고속도로로 나왔다. 존을 내려준 곳에 도착해서야 제대로 숨이 쉬어졌다. 그는 내내 헤드폰으로 우리의 대화를 듣고 있었는데 얼굴 표정을 보아 하니 내가 물고 온 것이 마음에 드는 모양이었다. 이렇게 친구 하나를 얻는군. 레즐 게임에 나를 '꽂아줄' 친구!

Chapter 5

100달러면
원하는 건 모두 구해드려요

마르디 그라는 지난 2주 동안 천천히 달아오르더니 오늘 밤 최고조에 달했다. 도로는 통제되고 퍼레이드 카들이 도심으로 쏟아졌다. 사람들은 길에 줄지어 서서 퍼레이드 카가 지나가며 흩뿌리는 수백만 개의 구슬들을 받아 모았다. 나는 존이 일러준 대로 레즐 게임을 찾을 수 있게 도와줄 소녀를 만나러 프렌치 쿼터로 돌아갔다. 그녀가 바로 해결사라는데 이름이 뭐였더라…… 크리스털이라고 해두자.

버번 스트리트를 몇 번이나 들락거리다 보니 서서히 그곳의 매력에 면역이 생겼다. 하늘에서 쏟아지는 구슬에도, 여자들의 나체에도 아무런 감흥이 일지 않았다. 레즐 게임의 정체만 파헤치고 나면 하루빨리 여기를 떠나고 싶었다. 그러려면 먼저 크리스털을 찾아야겠지. 존이 말해준 그녀의 인상착의로는 확신이 서지 않았다. 그녀가 번화가 중간쯤에 있는 술집 '5X'에서 벌거벗은 채 포즈를 취하고 있을 것이라 했는데 벌거벗은 여자들이 너무나도 많았다. 그냥 벌거벗은 '아무나'가 아니라, '저 여자다!' 싶은 여인이라 했다. 이곳에서는 후보를 좁히기가 만만치 않을 것 같지만 최선을 다해보기로 했다.

5X 술집 가까이에 가자 소란스러운 소리가 들렸다. 서로 밀쳐대는 틈 사이로 목을 길게 뽑아, 사람들 사이를 헤집고 나아갔다. 드디어 모두의 관심을 집중시킨 주인공이 눈앞에 선명하게 드러났다. 160센티미터 남짓한 키에, 음부에 걸친 끈 외에는 몸에 아무것도 걸치지 않고 머리부터 발 끝까지 은색 페인트를 칠한 소녀였다. 그녀는 술에 취한 채 사진을 찍어 대는 사내들 앞에서 포즈를 취하고 있었다. 사내들은 10달러면 '어디든 접근할 수 있는 통행권'을 살 수 있다고 생각하는 모양이다. 그들의 손이 아내가 보면 큰일 날 곳으로 들어가고 있었으니 말이다. 크리스털은 이미 얼굴에 붙어버린 듯한 미소를 잃지 않았다. 아마도 이 모든 사진들이 내일 아침이면 황급히 지워지리라 생각하는 듯했다. 그러면서 모든 시선을 그녀의 다리 사이에 자리 잡은 작은 나무 상자로 끌어들였다.

나는 이 발가벗은 은빛 소녀 앞에 서 보겠다고 끝없이 밀려드는 호색한 들의 행렬에 한동안 말을 잃었다. 그러다 다시 정신을 차리고 존이 한 말을 떠올렸다. 빳빳한 100달러(11만원)짜리 지폐를 상자에 넣으면, 그녀가 나를 독대해줄 것이고 그때 레즐에 대해 물어보면 된다고 했다. 정말일까 싶었지만 적어도 내 눈앞에서 펼쳐지는 이 불쾌한 축제를 끝낼 수만 있다 면, 100달러도 아깝지 않았다. 나는 앞으로 나가 그녀가 똑똑히 보는 앞 에서 100달러를 상자에 넣었다. 그러고는 말했다.

"친구가 그러는데, 100달러면 제가 원하는 걸 찾을 수 있게 도와준다면 서요."

내 목소리가 소음을 뚫고 그녀의 귀에 가닿으려면 소리를 조금 질러야 했다. 크리스털의 얼굴에서 미소가 싹 가시고, 순간 원래 표정이 되돌아 왔다. 그녀는 눈을 동그랗게 뜨고 나를 쳐다보더니 허리를 굽혀 상자를 들고는 매서운 눈초리로 한마디 했다.

"따라오세요."

그러고는 이내 몸을 돌려 군중 속으로 사라졌다. 마음에 쏙 드는데!

"그래서, 자기는 찾는 게 뭐예요? 마약? 여자? 어서요, 밤샐 거예요?"

길모퉁이를 돌아 축제에서 멀어지는 골목으로 열 걸음 정도 걸어 들어가며 그녀가 물었다. 어쩌다 이렇게 비현실적인 상황까지 온 거지? 초대형 거리 축제를 뚫고, 발가벗은 은빛 요정을 쫓아왔더니, 그녀가 내게 '악행 쇼핑 리스트'를 건넨다. 다음 모퉁이에 이르자, 그녀는 멈춰 서서 가로등 기둥에 묶어둔 자전거를 풀었다. 그 틈에 나는 정신을 가다듬었다. 갑자기 겁을 주고 싶지는 않았기에, 내가 원하는 것이 뭔지 힌트를 주면서 그녀가 '그것'에 대해 기꺼이 이야기를 꺼내줄 것인지 살펴보려 했다.

"게임을 좀 하고 싶어서요."

"무슨 게임이요? 카지노는 저기 있잖아요."

"아니, 거리 게임이요. 여기에서 할 수 있는."

"포커 게임이라면 소개해드릴 수 있어요. 그런데……"

나는 손을 들어 그녀의 말을 가로막았다. 길을 잘못 들었다. 나는 마치 제대로 된 질문이 신발에 쓰여 있기라도 한 것처럼 발끝을 내려다보며 말했다.

"아니요, 포커 얘기를 하는 게 아니란 거 알잖아요. 여기 뉴올리언스에서만 할 수 있는 게임 말입니다."

그녀의 눈빛이 달라졌다. 내가 정말 '그것'을 말하는 게 맞는지 헤아리려는 듯 미간을 찌푸렸다. 그래, 바로 그 얘기야! 드디어 마지막 주사위를 던질 시간이 왔다.

"케이준 빙고라고도 하고, 레즐이라고도 하던데."

주사위엔 관심이 없는 건가. 크리스털은 자전거에 몸을 실은 채, 반쯤 뛰는 속도로 그곳을 벗어나며 어깨 너머로 소리쳤다.

"지금 무슨 얘기를 하고 있는지 알기나 해요?"

나는 잠시 그 자리에 멈춰 선 채 망설였다. 이렇게 끝나면 안 되는데. 크리스털이 나를 게임으로 이끌어주어야만 했다. 이 도시에서 내가 원하는 건 뭐든 가져다줄 수 있는 소녀라고 하지 않았는가! 그런데 정작 본인이 심한 충격을 받은 눈치였다. 그녀를 쫓아가지 않으면 여기서 막이 내릴 것이다. 어느새 나는 자전거를 탄 발가벗은 은빛 요정을 쫓아 달려가고 있었다.

"크리스털, 크리스털! 잠깐만요!"

교차로에 선 그녀를 겨우 따라잡았다.

"도대체 왜 그래요? 그런 건 세상에 없어요."

크리스털이 다급히 숨을 들이쉬며 말했다.

"내가 들었는데……"

"듣긴 뭘 들어요. 인터넷에서요? 지금 어디에 발을 들이려는 건지 알기나 해요? 돈도 얼마 없잖아요?"

내 말이 끝나기도 전에 그녀가 쏘아붙였다. 잠깐, 앞뒤가 안 맞는다.

"세상에 없는 거예요, 아니면 내가 돈이 없다는 거예요? 둘 다일 수는 없잖아요. 크리스털, 어느 쪽이에요?"

그녀가 다시 나를 바라보았다. 표정을 읽을 수가 없었다. 내 견적을 내보고 있거나, 아니면 자신이 치를 대가를 계산해보고 있을 테지. 어쩌면 둘 다일 수도 있다. 마침내 그녀가 웃었다. 적어도 내 눈엔 그렇게 보였다. 버번 스트리트에서 고객들에게 던지던 그 미소는 아니었다. 더 미묘한 웃음, 자기 자신을 위한 웃음이었다. 어느새 나 역시 미소를 짓고 있었다. 크리스털이 머리를 내젓기 시작했다. 분명 그녀의 마음에 틈이 생긴 거다. 좋아!

"훨씬 더 많은 돈이 필요할 거예요. 100달러로는 그런 질문 던지지도 못해요."

난 여전히 웃고 있었다. 드디어 돌파구를 만났으니.

"물론이죠. 누구한테 물어볼 건데요? 돈은 얼마나 더 필요하죠?"

"그런 사람들이 있어요. 그 전에 나한테 300달러(34만 원)를 선불로 줘요. 그리고 내가 부를 때까지 기다려요. 그들은 당신이 막 부를 수 있는 사람이 아니거든요. 그들을 부를 수 있는 사람을 내가 아는데, 당신은 그냥 여기서 기다려야 해요. 미안해요, 내가 해줄 수 있는 건 여기까지예요."

어쩐지 내키지 않아 하는 모습에 더 믿음이 갔다. 어쩌면 그녀는 300달러를 받아 내려고 사기를 치는 건지도 모른다. 그게 맞다면 나는 300달러를 내고도 아무 연락도 받지 못할 것이다. 그래도 뭐 어떤가. 그 돈 좀 날린다고 뭐가 어떻게 되나? 이번이 마지막 기회다. 여기서 돌아 나가면 레즐이고 뭐고 다 끝이다.

나는 돈을 건넨 뒤 그녀의 휴대폰에 내 전화번호를 입력했다. 그녀는 떠났다. 자전거를 탄 발가벗은 은빛 요정은 군중 속으로, 어둠 속으로 사라졌고 나는 버번을 마시러 가까운 술집으로 향했다. 오랜 기다림이 될 것이다. 그럼 즐겨야지.

Chapter 6

달콤하고 위험한
일확천금의 유혹

약속한 대로 크리스털을 만나기 위해 밤 11시 30분, 버번 스트리트와 세인트 루이스 스트리트가 만나는 길모퉁이로 돌아왔다. 버번 스트리트는 마르디 그라의 환락이 남긴 쓰레기로 뒤덮였다. 술에 취한 미국인 관광객들이 여기저기 휘젓고 다니면서, 망신스럽게도 의기양양해하고 있었다. 약속 장소는 그런 사람들로 미어 터졌다. 대체 왜 이렇게 북적거리는 곳에서 만나자고 한 건지, 알다가도 모를 일이었다. 그때 저 멀리 휴대폰을 만지작거리며 걸어오는 그녀가 보였다.

아직도 그 복장이었다. 아니, 복장이 없었다고 해야 하나? 허리 위로는 여전히 발가벗었고 머리끝부터 발끝까지 은색으로 보디 페인팅을 한 상태였다. 그녀는 또다시 뜻 모를 미소를 지어 보였다. 그녀의 볼에 살짝 입맞춤을 하려는 찰나, 크리스털은 몸을 돌려 세인트 루이스 스트리트를 따라 황급히 걸어갔다. 이미 알아차렸겠지만, 우리 사이에서 내 역할은 그저 따라가는 것뿐이었다. 그녀를 따라잡기 무섭게 크리스털이 마지막으로 경고했다.

"마지막으로 한 번만 더 말할게요. 나라면 지금이라도 돌아서서 가버릴 거예요. 그래도 게임을 해야겠다면 원하는 곳으로 데려다주겠지만요."

맥박이 요동쳤다. 전 세계에서 가장 포착하기 힘든 사기수법의 진실에 가까이, 아마도 코앞까지 다가갔음을 느낄 수 있었다. 뉴올리언스에 도착한 뒤로 내 목표는 줄곧 레즐 게임의 정체를 마주하는 것이었다. 이곳에 온 이후 나는 거리의 좀도둑이든, 깡패든, 만나는 모든 사람에게 레즐에 대해 물었지만 그들은 나를 피하거나 막거나 여기를 떠나라고 경고할 뿐이었다. 그간 들었던 온갖 경고가 머릿속에서 빠르게 스쳐 지나갔다. 머리에 겨눈 총과 미시시피강에 떠내려가는 시체들에 대한 크샌의 말, 레즐 게임에 대해서는 질문도 하지 말라던 크리스의 취중 경고, 그 단어 하나에 크리스털이 보인 극단적인 표정 변화까지. 이제 와서 돌아갈 길은 없었다. 나는 발가벗은 은빛 요정을 따라 살인 도시의 조용한 거리로 걸어 들어갔다. 모두가 쉬쉬하는 이 게임을 하기 위해. 목숨이 위험할지라도 말이다.

우리는 세인트 루이스 스트리트의 어느 출입구 앞에 돌연 멈춰 섰다. 가면을 쓴 키가 크고 멀쑥한 남자가 문 앞에서 어슬렁거리고 있었다. 보통은 거리에서 가면 쓴 남자를 보면 겁이 나겠지만, 여기는 마르디 그라 축제가 한창인 뉴올리언스이니 유연하게 받아들이자. 남자가 그녀와 눈빛을 교환하더니 문을 열었다. 크리스털은 어두운 복도 안으로 나를 안내했다. 이내 등 뒤에서 문이 닫혔고 우리는 어둠 속에 단둘이 남겨졌다.

눈이 서서히 어둠에 익숙해졌다. 복도 끝에 있는 방에서 희미한 빛이 새어 나왔다. 촛불인가? 확신할 수는 없었지만 크리스털의 얼굴을 알아볼 수 있을 만큼은 밝았다. 그녀가 내 귀에 속삭였다.

"좋아요, 자기. 가져온 돈 좀 보여줘 봐요."

나는 50달러 지폐로 가득 채운 지갑을 꺼내 보여줬다. 1,000달러였다. 그녀는 안심한 듯 미소 짓고는 지갑을 톡톡 치며 다시 넣어두라고 일렀다.

"복도를 따라 저 끝 방으로 가요. 돈은 탁자 위에 올려놓고, 절대 가면은 건드리지 말아요."

차갑고 무뚝뚝한 목소리였다. 내가 받게 될 설명은 이것으로 끝이겠지. 나는 문 앞에 그녀를 두고 들은 대로 행동했다. 천천히 발걸음을 옮겨 방으로 향했다. 방 안에는 낮은 탁자와 의자 2개가 있었고, 탁자 위의 작은 흰색 쿠션 위에는 가면이 놓여 있었다. 그녀의 말대로 가져온 1,000달러를 테이블 위 가면 옆에 올려놓자, 금속이 돌에 부딪히는 소리가 들려왔다. '딩, 딩, 딩.'

온 신경이 계단 너머의 소리에 쏠렸다. 어둠 속에서 처음 눈에 들어온 것은 발이었다. 그리고 서서히, 그것이 야구방망이 소리라는 것을 알아차렸다. 모자 달린 옷을 입고 커다란 가면을 쓴 남자가 한 계단 한 계단 내려올 때마다 돌로 된 계단 모서리에 야구방망이를 두드렸다. 목구멍에서 씁쓸한 피맛이 났다. 아, 진짜 싫다.

남자가 가까이 다가오자 가면 뒤로 짙은 눈이 보였다. 남자는 방망이 끝으로 내 가슴을 밀치며 말했다.

"앉아."

길게 끄는 남부 특유의 발음. 여기 사람이다. 나는 순순히 앉았다.

"그래서 너, 정체가 뭐야?"

남자가 내 얼굴에 대고 소리쳤다.

내 이름은 코너 우드먼이고 런던에서 왔다고 설명하자, 그가 내 말을 막으며 같은 질문을 던졌다.

"아니, 젠장! 너 뭐냐고?"

이번에는 더 성난 목소리다. 다시 같은 대답을 하려다 그의 얼굴이 일그러지는 것을 보고는 말을 아꼈다.

"네 놈이 여기 온 뒤로 계속 쫓아다녔어. 우린 거리에서도 널 봤다고. 묻지 말아야 할 질문들을 하고 다녔던 거 다 알아."

"레즐 말인가요?"

"그래, 레즐 같은 거. 그런 건 대체 어디서 듣고 온 거야? 여기선 20년 동안 그런 게임 하지도 않았다고."

나는 인터넷에서 찾은, 이 게임이 일망타진되었고 부패한 경찰들은 공모 죄로 수감되었다는 기사에 대해 이야기했다. 그리고 버번 스트리트에서 이 게임이 계속되고 있다는 것을, 그게 20년 전의 이야기가 아니라는 것을 알고 있다고 덧붙였다. 이 게임이 여전히 존재한다는 소문을 들었다고 말하는데, 심장이 미친 듯이 뛰어서 혈액이 흐르는 소리가 다 들릴 지경이었다. 남자는 고개를 끄덕이더니, 다리 사이에 세운 방망이 손잡이에 기대 몸을 앞으로 기울였다.

"그래서 레즐을 하고 싶다고?"

그가 다시 한 번 웃더니 내 어깨 너머에 눈길을 주었다.

"괜찮겠어, 크리스털?"

크리스털을 잊을 뻔했다. 어느새 그녀도 방에 들어와 내 뒤에 서 있었다. 게다가 돌격용 소총 AK-47을 어깨에 둘러메고 나를 겨냥하고 있었다.

"응, 괜찮아요."

녹아버릴 듯이 천사처럼 부드러운 남부 억양으로 그녀가 말했다.

나는 가면 쓴 남자에게로 몸을 돌렸다. 이 남자가 허락하지 않는 한, 내가 여기서 빠져나갈 길은 없다는 사실쯤은 누구나 알 수 있었다.

"좋아요. 그럼 이제 게임을 시작하는 건가요?"

"레즐을 하고 싶다 이거지. 좋아, 그러자고."

남자는 탁자 위로 손을 뻗어 양초 옆 쿠션 위에 놓여 있던 가면을 들어 올렸다. 그 아래로 6연발 권총과 총알 하나가 보였다.

"이게 레즐이야. 아직도 하고 싶나?"

남자가 낮게 으르렁거리며 말했다. 순간 입안의 침이 바싹 말랐고, 시선은 갈 곳을 잃었다. 대체 어쩌다가 여기까지 와버린 건가. 프렌치 쿼터의 어두운 방에 갇혀서 등에는 총이 겨눠진 채 러시안 룰렛을 해야 한다니. 여기서 죽을 확률은 6분의 1. 거액을 건 도박 게임을 기대하고 왔는데, 갑자기 걸어야 할 판돈이 감당할 수 없이 커져버렸다.

"레즐이 러시안 룰렛 게임이라는 건가요?"

이미 명백한 사실을 되묻고 있었지만, 한편으로는 다른 선택지가 있을지 모른다는 희박한 가능성에 매달리고 있었다. 가면을 쓴 친구가 웃으며 말했다.

"아니, 그게 진짜 레즐은 아니지. 이건 너같이 온실 속 화초처럼 자란 흰둥이 관광객용 레즐이야. 어차피 넌 이 내기를 할 배짱도 없잖아. 이제 자리에서 일어나. 꺼져."

그의 말이 맞다. 나는 내기를 걸었고 탁자 위에는 내가 올려놓은 판돈 1,000달러가 있다. 게임은 할 수 있다. 6분의 1의 확률이 날 기다리고 있지만, 당연히 안 할 거다. 누가 이 미친 게임을 하겠는가. 이것이야말로 완벽한 사기다. 언제나 하우스가 이기는 도박 게임. 고객이 제 발로 걸어나가든, 게임에 참가하든 손님이 사라져야 게임이 끝나는 거니까.

자리에서 일어나자 어질어질하고 속이 메스꺼웠다. 가면 쓴 남자는 벌써 내가 올려둔 돈을 세고 있었다.

"이제 나갈 시간이에요, 자기."

크리스털이 소총을 가볍게 흔들면서 말했다. 살벌한 배웅을 이제 가도 좋다는 신호로 알아듣고 나는 살짝 비틀거리며 복도를 빠져나왔다. 크리스털이 뒤에 바짝 붙어 걸었다. 그녀는 문을 열어주며 다시 한번 달콤하게 내 귀에 한 마디 속삭이고는 나를 거리 밖으로 내보냈다.

"해피 마르디 그라."

자정이 넘은 시간, 마르디 그라도 거의 끝나가고 있었다. 내일은 재의 수요일, 부활절이 시작된다. 버번 스트리트는 여전히 술에 취해 파티를 즐기는 사람들로 북적였다. 이제 경찰이 거리를 걸어가며 축제의 끝을 알릴 것이다. 예전에는 걷거나 말을 탄 경찰 행렬이 사람들을 도로 밖으로 밀어내면, 이 행진이 곧 집으로 돌아가라는 신호였다. 그러나 요즘에는 사람들이 술집으로 잠시 들어가 경찰들이 지나갈 때까지 기다렸다가 다시 거리로 나와 오밤중까지 파티를 이어간다. 가소롭다는 듯 '경찰 골려 먹기'를 즐기는 오늘 밤, 뉴올리언스 거리의 법은 그저 의미 없는 형식일 뿐이다.

Part 2

아르헨티나 :
위조지폐가 판치는 도시,
부에노스아이레스

"이게 다 위조지폐인가요?"

나는 탁자 위에 쌓여 있는 지폐에 손을 뻗으며 물었다. 그 순간, 상황이 걷잡을 수 없이 나빠졌다. 해야 할 것과 해서는 안 될 것. 그중에서 가장 중요한 규칙은 '무슨 일이 있어도 돈을 만지려 해서는 안 된다'는 것이었다. 구석에 있던 덩치가 갑자기 펌프 연사식 산탄총을 집어 들고 규칙을 어기지 말라는 강력한 경고를 보냈다. 돈을 만져보기는 커녕 상황은 벼랑 끝에 몰렸다.

Chapter 1

거리에 흘러넘치는
위조지폐 '팔소'

앞서 너무나도 강렬한 경험을 한 탓에 폭력적인 인물은 되도록 피하고 싶었다. 몸보다는 머리로, 총보다는 간사한 꾀에 기대려는 이들 역시 얼마든지 있다. '머리 쓰는 범죄자'들은 대부분 두 부류로 나뉜다.

하나는 자만심에 가득 찬 사기꾼으로, 기꺼이 전면에 나서서 활동한다. 천진난만하게 웃으며 둘도 없는 친구 행세를 하다가, 뒤통수를 쳐서 우리가 힘들게 번 돈을 가로채는 부류다. 이런 부류는 다음에 알아보기로 하고, 우선은 조금 더 추적하기 까다로운 다른 부류를 만나볼까 한다. 이들은 거의 '얼굴 없는' 범죄자들인데, 결코 우리 같은 사람들의 눈에 띄지 않는다. 어둠 속에서 배후를 조종하고, 결정권을 쥔 채 지저분한 일은 다른 잔챙이들의 손에 맡기며, 자신은 대의를 품은 슈퍼영웅인 양 범죄의 온갖 추잡한 면면에서 멀찍이 떨어져 홀로 고고하다. 그중에서 가장 나의 흥미를 끈 것은 각종 영화에서 한두 번쯤 봤을 법한 '위조범'이다.

위조범들이 단기 수익을 노리고 복제하거나 바가지 씌울 만한 것은 넘쳐난다. DVD부터 위대한 예술작품에 이르기까지, 누군가의 지적 재산을 복제한 모조품을 헐값에 팔아넘기는 시장은 생각보다 크다. 아이튠스 ·

아마존·넷플릭스 혁명이 일기 전, 나는 방콕과 발리의 너저분한 거리를 걸어 다니다가 할리우드 최신 개봉작 DVD가 단돈 1달러(1,131원)에 팔리는 광경을 마주한 적이 있다. 심지어 여덟 장을 사려면 5달러(5,655원)로 충분했다. 그런가 하면 어느 날 밤, 내 친구의 친구라는 사람(사실상 남이다)이 동네 술집으로 들어와 L.S. 로리(독특한 그림체와 어두운 분위기의 작품들로 유명한 영국의 예술가)의 그럴듯한 위작을 몇 백 파운드에 팔던 기억도 난다. 그도 몰랐겠지만, 사실 그 작품은 L.S. 로리의 도난당한 원작으로 값어치가 10만 달러가 넘는 것으로 밝혀졌고, 그는 결국 장물 거래 죄로 징역 3년을 살았다. 실상이 뭔지 감 잡았는가?

부에노스아이레스에 도착한 것은 한여름이었다. 이제 막 크리스마스가 지난 1월, 영국에 있었다면 쌀쌀하고 우중충했을 텐데, 여기에는 화창한 햇빛이 내리쬐고 있었다. 거리에 널린 1달러짜리 최신영화 DVD와 위대한 예술작품의 모조품을 만난 후부터, 머릿속을 떠나지 않는 의문점이 있었다.

'그렇게 모든 것을 만들어낼 수 있으면서, 왜 직접 돈을 복제하지는 않는 걸까?'

지폐, 현금, 수표 말이다. 결국 우리의 궁극적인 목표는 이것들이 아닌가. 그리고 끈질기게 나를 괴롭히던 그 질문의 답을 찾고자 여기 부에노스아이레스에 왔다. '라 아티스타la atista'라고 불리는 지구상에서 최고로 악명 높은 위조범을 찾아서 말이다.

위조범과 관련해 아르헨티나는 화려한 역사를 자랑한다. 1970년대 중반, 이사벨 페론Isabel Peron의 치하에 있던 파시즘 시대에 반혁명 지하조직은 정부를 와해시키기 위해 '위조'를 활용했다. 그들은 수백만 페소의 위조지폐 '팔소Falso'를 불법 생산하여 시장에 투입했다. 이 더러운 돈이 유입되어 통화 공급량이 늘어나면 초인플레이션이 초래될 것이고, 결국 정권이 와해되리라는 것이 반란 세력의 논리였다. 계획은 성공이었다. 아르헨티나 전역에 파업과 폭력시위가 잇따랐고 결국 1976년, 페론은 여느 파시스트들이 그랬듯 스페인으로 망명했다.

이후 위조범들은 새로운 기회를 맞았다. 그들은 돈을 마음껏 위조할 수 있는 기계와 노하우를 모두 겸비하게 되었지만, 더 이상 '명분'이 없었다. 파시스트를 추방하고 난 뒤, 맞서 싸울 것이 없어진 그들은 축적한 기술을 개인 용도로 사용하기 시작했다. 인쇄기는 다시 힘차게 돌아갔고, 혁명가는 순식간에 갱스터로 몰락했다. 워낙 중차대한 일이다보니, 위조시장 지배권을 두고 불가피한 싸움이 벌어졌다. 물론, 갱과 총이 있는 곳에는 언제나 죽음과 파괴가 뒤따르기 마련. 내분이 일었다. 그러나 이 지옥 같은 내분 속에서도 결코 무슨 일이 생겨서는 안 될 핵심인물이 있었다. 누구도 감히 죽일 수 없는 인물. 다들 알다시피 인쇄기만 지배해서는 아무 소용이 없다. 기계를 조작할 수 있는 사람, 그가 있어야 했다.

인쇄기는 그것을 다룰 줄 아는 사람이 있어야 비로소 그 가치가 빛난다. 지폐를 정확히 디자인하고 복제하는 과정은 분명 극도로 까다로운 일이다. 이런 이유 때문에 위조 작업은 대부분 예술적 재능이 있는 이들이 맡는다. 작고 세밀한 부분을 다루는 성가신 일이니까. 부에노스아이레스 거리에서 위조지폐의 작품성 차이는 런던이나 뉴욕 미술관에서 마주하는 예술품만큼이나 분명하다. 만약 직접 당신의 눈으로 확인하고 싶다면 방법은 간단하다. 택시를 타보라.

Chapter 2

택시기사의 손은
눈보다 빠르다

나는 호텔에서 멀지 않은 부에노스아이레스 도심에서 택시를 불렀다. 여느 관광객들처럼 가벼운 셔츠와 청바지 차림에, 관광객 필수품인 여행 안내서를 들고 의심을 사지 않도록 최대한 무심하게 행동했다. 길모퉁이에선 택시에 올라타 이곳에서 가장 인기 있는 관광지인 보카 지구로 가달라고 말했다. 안내서에 따르면 그곳까지 요금은 90페소(5,396원) 정도 나올 것이다. 기사는 통통하고 머리가 벗어진 50대 남자로…… 음, 전 세계 어디서나 볼 수 있는 택시기사처럼 생겼다.

호텔에서 보카 지구로 가는 길에는 특별할 것이 없었다. 부에노스아이레스는 강둑을 따라 지어진 상업도시로, 중심가는 마치 유럽을 옮겨놓은 듯했다. 도로는 넓고 대형 랜드마크 건물들도 유럽식이었다. 과연 '남미의 파리'라 부를 만하다. 하긴 예전에는 어디에나 파리라는 이름이 붙었다.

보카 지구가 관광객들의 인기를 끈 것은 중심가인 형형색색의 보행자 전용 도로인 '카미니토 거리' 때문이다. 술집과 레스토랑이 즐비한 이곳에서는 현지인이 추는 탱고도 볼 수 있고, 거대한 스테이크와 말벡(아르헨티나에서 유명한 레드와인)도 맛볼 수 있다. 서로 팔다리가 엉킨 채 배회하는 반라의 라틴 커플이 꽤 로맨틱한 분위기를 만들어내지만, 한가하게 거리를 오가며 사진을 찍고 엽서를 사는 외국인들이 그 정취를 한풀 꺾는다.

택시는 카미니토 거리 북쪽 끝자락에 멈췄고 기사는 다행히 택시비로 80페소(4,797원)를 불렀다. 웬일로 정확한 요금을 부르는 건가 의심스러웠지만, 일단 그를 믿어주기로 하자. 80페소면 싸게 왔으니 이를 기념해 근처 카페에서 커피나 한잔할까. 점심시간이라 거리는 이미 부산스러웠다. 나는 줄무늬 차양이 쳐져 있고 거리를 따라 안락한 의자가 늘어선 아주 작은 카페에 들어섰다. 커피를 주문하고 택시에서 거스름돈으로 받은 20페소(1,199원)짜리 지폐를 계산대 위에 올려놨다. 계산대 뒤에 서 있던 남자가 다가와 미소를 지은 뒤 지폐를 확인했다. 지폐를 불빛에 비춰보며 재차 확인하던 그는 고개를 내저었다.

"죄송합니다, 손님. 이건 팔소예요. 위조지폐요. 이걸로는 계산이 안 됩니다."

그가 지폐를 돌려주며 말했다. 나는 꼬깃꼬깃한 지폐를 들여다봤다. 그의 말을 확신하긴 어려웠지만 우선 지갑에서 다른 지폐를 꺼내 건넸다. 남자는 이것 역시 꼼꼼히 확인했다.

"네, 이건 괜찮네요. 좋아요."

그제야 나는 커피를 마실 수 있었다.

자리에 앉자 우리의 대화를 우연히 들은 관광객 두 사람이 다가왔다. 자신들을 남미 횡단 여행을 하고 있는 미국인 커플이라고 소개한 커플은 자기들도 비슷한 경험을 했단다. 택시에서 부실한 위조지폐를 건네받았다는 것이다.

"요금도 더 받더라고요. 그러고는 위조지폐를 거슬러 주더라니까요?"

이런, 이중으로 당했군. 내 얘기를 털어놓자 그들은 지금 숙소에 머무는 다른 여행객들에게서도 그런 얘기를 열 번도 넘게 들었다고 말했다. 택시기사가 진짜 지폐를 위조지폐와 바꾼 뒤, 위조지폐가 손님의 것인 양 돌려주고는 다른 지폐를 내라고 요구하는 경우도 있다고 했다. 진짜 지폐를 처음에 한 번 챙기고 나중에 또 한 번 챙기는 셈이다. 정말로 재수가 없을 경우, 잔돈까지 위조지폐로 돌려받을 수도 있단다. 어이쿠, 그럼 한자리에서 이중, 삼중으로 당하는 건가? 계산도 힘들다.

집을 떠나 안락한 곳을 벗어나면 우리는 범죄의 취약한 표적이 된다. 이유는 두 가지다. 첫째, 화창한 휴가지에서의 낭만과 휴식에 매료된 나머지, 고국에서는 꽉 조였던 경계의 끈을 느슨히 풀어놓기 때문이다. 둘째, 휴가 중에는 시간이 곧 돈이기 때문에 범죄의 희생양이 되어도 웬만해서는 강력한 응징을 요구하지 않는다. 귀중한 휴가 중에 경찰서에 앉아 지갑을 도난당했다는 둥, 택시기사가 위조지폐를 건넸다는 둥 범죄 사실을 신고하며 시간을 허비하고 싶은 사람이 얼마나 되겠는가? 나는 잠시 카페에 앉아 계산대 뒤에서 지폐를 이리저리 살피는 남자를 보았다. 그는 30분 사이에 두어 명의 고객에게 위조지폐를 돌려주었다. 문제가 심각하다.

이번 여행에서 알게 된 한 가지 사실, 우두머리를 찾고 싶으면 먼저 제일 밑바닥에 있는 사람에게 접근할 것. 그렇기에 나는 일단 실상을 알려줄 부정한 택시기사를 찾아야 했다.

그래서 계획을 세웠다. 카미니토 거리에서 호텔까지 몇 번을 오가기로 하고, 매번 택시에 오르기 전에 기사에게 건넬 100페소(5,996원)짜리 지폐를 사진으로 몰래 찍어두는 것이다. 내가 가진 지폐는 모두 ATM에서 바로 나온 것이니 이들은 진짜겠지. 만일 기사가 지폐를 바꿔치기 한다면 사진이 증거가 될 것이다. 처음 만난 택시기사 2명은 특별할 것이 없었다. 그리고 세 번째…… 걸려들었다!

이번에도 역시 머리가 벗어지고 살이 조금 찐 50대 남자였다. 택시에 올라타 행선지를 말하자 그는 알았다는 듯 말없이 이제는 익숙해지기까지 한 길을 내달렸다. 미터기가 정확한 비율로 올라가는 걸로 보아, 먼 길을 에둘러서 바가지 씌울 의향은 아닌 모양이다. 목적지에 도착하니 요금은 앞선 두 번과 마찬가지로 정확히 80페소로 맞아떨어졌다. 나는 몰래 지폐의 13자리 번호를 미리 찍어둔 100페소짜리 지폐를 건넸다. 끝자리는 99K였다.

기사는 지폐를 받더니 잔돈을 찾는 듯 몸을 돌렸다. 얼마 뒤, 그가 지폐를 돌려주며 말했다.

"손님, 이거 팔소예요."

나는 지폐를 받아 자세히 들여다보며 대답했다.

"정말요?"

그가 돌려준 지폐는 99K가 아니라 76L로 끝났다. 이건 내가 준 게 아니다. 드디어 현행범을 잡았다. 증거도 있고.

"이건 제가 드린 게 아닌데요."

"맞아요."

그가 당당하게 말했다. 나는 두말할 필요 없이 그에게 사진을 보여주었다. 기사는 내가 뭘 하는지 알아채지 못했는지, '그거 위조지폐라니까요'라는 말만 되풀이했다.

"맞아요, 위조지폐. 그런데 이건 제 돈이 아닙니다."

내가 그의 말에 동조하자 조금 혼란스러운 눈치였다. 이윽고 내가 무엇 때문에 그에게 따져 묻는지 알아차리자 기사는 아니라며 딱 잡아뗐다. 다시 한 번 99K로 끝나는 일련번호를 찍은 사진을 보여줬다. 내 휴대폰을 다시 들여다본 그는 그제야 서서히 사태를 파악하기 시작했다.

'들켰다. 도망칠 곳도 없다!'

그는 허공으로 두 손을 휘저으며 잘못은 내가 했다는 듯, 분노에 가득 차 소리를 질렀다.

"이봐요, 아저씨, 100페소는 어떻게 되든 신경 안 써요. 그냥 가지세요. 저는 그냥 아저씨 이야기를 듣고 싶어요. 이야기만 해주면 경찰을 부를 필요도 없습니다."

"경찰이라고? 아니, 경찰은 부르지 마쇼!"

그는 어쩔 줄 몰라 하며 내 돈을 돌려주려 했다. 내가 그냥 넣어두라고 하자 더욱 혼란스러운 모양이다.

"대신 이런 사기가 어떻게 벌어지는지 알려주세요."

기사가 숨을 삼키며 의심스러운 듯 주위를 살폈다. 눈앞에 놓은 선택지를 저울질하는 것 같았다. 잃을 건 없고 100페소가 들어온다?

"이건 가지라고 했죠?"

나는 어깨를 으쓱하며 고개를 끄덕였다. 잠깐의 고민을 끝낸 기사는 100페소를 지갑에 챙겨 넣고는 얘기를 시작했다.

위조지폐는 시내에 있는 중개상에게서 구입한다. 50페소와 100페소짜리 상태 좋은 위조지폐를 각각 반값에 사들일 수 있다고 한다. 벌이가 좋을 때는 순진한 관광객들에게 스무 장이 넘는 위조지폐를 건네고 한 주에 2,000페소(12만 원) 이상을 번다고 한다. 저위험 고수익 투자다. 대상은 관

광객에 국한하여 일석이조의 효과를 노린다. 관광객은 현지인보다 위조
지폐를 알아채지 못할 확률이 높고, 알아챈다 한들 경찰을 개입시킬 확률
이 낮다. 10달러(1만원) 되찾자고 금쪽같은 휴가의 하루를 허비하는 사람
은 없을 테니까.

　놀라운 점은 그가 자신이 벌이는 사기행각에 대해 별다른 거리낌이 없
었다는 것이다. 나쁜 사람 같아 보이지는 않았지만, 양심의 가책을 느끼

는 기색은 찾아볼 수 없었다. 그는 자녀와 부인을 둔 가장으로, 다른 사람들이 하지 않는다면 덩달아 하지 않을 사람이었다. 재미있는 것이, 그의 이야기를 듣다 보니 그에게 믿음이 갈 뿐만 아니라 그 사람이 좋아지기까지 했다. 마치 그가 어쩔 수 없이 본래의 좋은 모습을 숨기고 사기꾼의 가면을 써야만 했던 사람처럼 여겨졌다.

　나도 팔소를 좀 구입하고 싶다며 몇 번 설득하자, 기사는 내게 중개인을 연결해주겠노라고 약속했다. 이 중개인은 시내 몇 군데서 환전 가판대를 운영하고 있는데, 팔소 거래를 하고 싶으면 이곳을 찾아가라고 했다. 새로 사귄 친구에게 고마움을 전했다. 서로의 건투를 빌고 헤어진 뒤, 나는 카미니토 거리에서 몇 시간 더 때우면서 먹이사슬의 상위 포식자를 기다리기로 했다. 그렇게 아침은 순조롭게 흘러갔다.

Chapter 3

아르헨티나의 시장경제를
쥐고 흔드는 자

카미니토 거리는 부에노스아이레스 최고의 관광 명소지만, 동시에 범죄
가 가장 판치는 곳이기도 하다. 카페와 레스토랑이 늘어선 3개의 거리를
벗어나 관광객들에게서 한 블록만 떨어져 나와도 화를 자초하는 셈이다.
나는 점심시간에 머리보다 큰 스테이크를 주문해 맛보면서 탱고를 추는
프로 댄서들의 현란한 춤사위를 바라보다가, 다시 택시를 타고 호텔로 돌
아와 저녁의 만남을 준비했다.

　약속 시간은 저녁 7시, 장소는 시내 중심부 번화가에 자리한 어느 가판
대로 잡혔다. 그곳에 도착하니 인상착의가 일치하는 남자가 보였다. 그는
가판대 밖에 무심히 서서 담배를 피우고 있었는데, 그 옆으로 무장 경찰
대여섯 명이 보였다. 이게 혹시 함정이 아닐까 싶어 살짝 당황했다. 내가
속은 건가? 함정 수사에 빠진 건 아닐까? 나도 나름 알려진 사람인데 이
렇게 아르헨티나에서 위조화폐 거래로 체포되고 싶은 마음은 추호도 없
었다. 얼른 이곳을 떠나 꽁무니를 빼려 하자 남자가 나를 알아보고는 태
연하게 담배를 튕겨내고 다가와 악수를 청했다. 그는 페르난도라며 자신
을 소개했다.

"경찰들은 다 뭐예요?"

페르난도는 경찰이 있는지도 몰랐다는 듯 그쪽을 힐끗 보며 말했다.

"아, 걱정하지 말아요. 그래도 불편하다면 자리를 옮기죠."

그와 함께 붐비는 상점가를 따라 걷다 보니, 경찰은 순식간에 시야에서 사라졌다.

"경찰은 걱정 안 해도 됩니다. 제 물건도 대부분 저들한테 사들이는 건데요."

페르난도가 웃으며 말했다.

"엄밀히 말하면 저들이 아니라 그 위에 있는 사람들이죠. 제가 하는 거래는 대부분 연방 경찰의 고위 관료와 이루어지거든요."

이 남자가 그저 허풍을 떨고 있는 건지 아닌지 알 수 없었다. 정말 사실일까? 믿기 힘들었지만 그만큼 돈이 되는 일이니, 누가 알겠는가?

내가 진지하다는 걸 보여주기 위해 바로 본론으로 들어갔다. 5,000페소를 그에게 건네니 페르난도가 위조지폐를 주었다. 이런 지폐들이 거리에서 어디로 흘러가는지 궁금했다. 다 택시로 가는 건가?

"아니요. 택시뿐만이 아니에요. 이런 지폐를 넘기는 전문 업자들이 있습니다. 택시는 물론 스트립 클럽, 카페, 환전소 등 붙잡힐 일 없이 팔소를 유통할 수 있는 사람이라면 누구든지 가리지 않죠. 그중에서도 관광객을 대하는 사람이 최고예요."

말쑥한 옷차림에 생김새도 준수한 데다가 나이도 20대 후반 정도밖에 안 되어 보이는 남자가 그런 말을 하다니 놀라웠다. 누가 봐도 갱스터는 아니었다. 길의 끝에 다다르자 페르난도가 악수를 청했다. 나는 마지막으로 궁금한 질문을 하나 더 했다.

"이 지폐를 만드는 사람은 누굽니까?"

기계를 다룰 줄 알고 종이와 잉크 등 상태 좋은 위조지폐를 만드는 데 필요한 모든 것을 처리할 줄 아는 누군가. 분명 이 A급 위조지폐들을 만드는 '누군가'가 있지 않겠는가. 위조지폐 제작은 아무나 할 수 없는 일이다. 그렇지 않고서야 다들 집에 인쇄기 한 대씩 들여놓고 있을 것이 아닌가.

"물론 있죠. 그가 없으면 큰일 나죠. 모든 것은 그 사람 손에서 태어나니까요."

그가 잠시 멈춰서며 말했다. 내가 평범한 고객이 아니라는 사실을 눈치챈듯 했다. 그의 얼굴에 미소가 스쳤다.

"그 사람 이름이 뭐죠?"

"글쎄요. '예술가'라고 불러요."

"그러니까요. 나도 그 얘기는 들었어요. 진짜 이름이 뭡니까?"

'예술가'라는 이름만으로는 정확한 정보를 찾을 수 없었다. 페르난도는 고개를 가로젓더니 담배에 불을 붙이며 말했다.

"더는 말씀 못 드려요. 그냥 그 정도로 해둡시다."

범죄자를 인터뷰할 때 두 가지 흥미로운 순간들이 있다. 하나는 거짓말을 그만두고 진실을 말하게 되는 순간. 그러기까지 30~40분이 걸린다. 상대가 위협이 되지 않는 사실을 파악하고 편안해지기까지 그만큼의 시간이 걸리는 것이다. 다른 하나는 진실을 그만 말하게 되는 순간. 자신이 하는 말이 자신에게 불리하다고 생각할 때 다다르는 지점이다. 페르난도는 두 번째 지점에 이르고 말았다. 나에게 이 '중요한 사람'에 대해 그 이상 털어놓지 않는 것이 그가 정해놓은 선이었다.

"행운을 빌죠."

페르난도가 악수를 청하고는 군중 속으로 사라졌다. 나는 어서 오늘의 수확물인 위조지폐가 어떻게 생겼는지 보고 싶어서 참을 수 없었다. 물론 이 이야기는 예술가를 찾기 전에는 끝나지 않을 테지만.

안락한 호텔방으로 돌아와 예술가의 작품을 들여다보았다. 새로 구입한 위조지폐와 여기 머무는 동안 손에 넣게 된 다양한 위조지폐를 비교해보았다. 여러 차이가 났다. 한쪽 끝에는 아주 끔찍한 위조지폐도 있었다 (누구나 집에 인쇄기를 들여놓는다는 생각이 아주 없는 얘기는 아니었나 보다). 종이가 너무 두껍거나, 잉크가 손에 묻어나거나, 아니면 워터마크가 중심에서 벗어나 있거나 심지어 아예 없는 것도 있었다. 이런 것들은 형편없는 위조품임을 쉽게 알 수 있었다. 그보다 나은 것들, 오늘 손에 넣은 예술가의 지폐더미는 상태가 전혀 달랐다. 예술가의 100페소짜리 위조지폐를 진짜 지폐 옆에 두고 보니, 무엇이 진짜인지 가늠하기가 매우 힘들었다. 종이 재질도 똑같고, 그림과 서체도 같았으며, 심지어 워터마크까지 정확했다. 누군지는 몰라도 '예술가'라는 사람은 수준이 달랐다.

나는 부에노스아이레스의 주요 신문사 중 하나인 「클라린Clarin」에서 일하는 기자 친구에게 전화를 걸었다. 그에게 '예술가'라 불리는 위조범에 대한 기사가 있는지 찾아봐달라고 부탁했다. 몇 시간 뒤, 실마리를 찾은 친구가 전화를 걸어왔다. 2007년에 위조범 집단이 체포되어 기소되었다는 기사가 한 건 있다는 것이다. 경찰이 용의자의 집을 급습한 결과, 인쇄기와 판, 종이, 잉크 등 위조지폐 수십만 장을 제작하는 데 필요한 모든 도구가 발견되었다. 그 집의 소유주이자 현장에서 체포된 남자, 헥토르 페르난데스Hector Fernadez. 그가 바로 '예술가'라 불리는 사나이였다.

헥토르 페르난데스에 관해 좀 더 캐낸 끝에, 그가 2007년 처음 체포된 것이 아니라는 것을 알아냈다. 그는 총 다섯 번의 유죄 선고를 받았으며 그 역사는 1990년대 초반까지 거슬러 올라간다. 그런데 그의 전과 기록이 특이했다. 200만 달러(22억 6,192만 원)에 달하는 위조지폐 소지죄로 체포된 적이 있었는데, 그가 가장 오래 복역한 기간은 겨우 4년이었다. 전과도 있는 데다 이 정도 규모의 범죄라면 그를 교도소에 가두고는 열쇠를 내던져버려도 시원치 않을 판이다. 그런데 페르난데스는 부에노스아이레스 북부 교외 지역인 호세 세파스에서 새처럼 자유롭게 살고 있다. 누군지는 몰라도 고위직 친구가 좀 있는 건가.

이틀 뒤, 친구가 헥토르와 접촉했으며 약속을 잡았다고 알려왔다. 헥토르 페르난데스, 수백만 달러의 위조지폐를 만든 예술가가 기꺼이 나를 만나준단다. 그것도 그의 집에서!

Chapter 4

113억 위조지폐 사건의 전말

~~~~~~~~~~~~~~~~

두려움 반, 설렘 반으로 그의 집 앞에 도착했다. 지난 24시간 동안 헥토르에 대해 더 많은 자료를 찾아 읽었다. 역시나 그는 아르헨티나의 심상치 않은 갱스터들과 결부되어 있었다. 그는 '밤의 제왕'이라 불린 갱스터, 다니엘 벨리니Daniel Bellini와 자주 어울렸다. 벨리니는 발레리나였던 여자친구를 살해한 혐의로 종신형을 살고 있다. 이런 얘기들은 지어내려고 해도 힘든 것들이다. 도대체 그가 왜 나를 만나기로 했는지 모를 일이었다.

차가 멈춘 곳은 거대한 기계식 대문이 설치된 단독주택 앞이었다. 거리는 역시 거대한 기계식 대문이 설치된 집들로 가득했다. 마치 초콜릿 상자 같았다. 운전석에 앉은 남자가 축구선수 카를로스 테베스Carlos Alberto Tevez도 이 근처에 산다고 귀띔해주었다. 그리고 나니 여기가 어떤 동네인지 감이 잡혔다. 나는 대문에 있는 초인종을 누른 뒤, 작은 인터폰에 대고 이름을 말했다. 그러자 문이 활짝 열리면서 긴 진입로가 나타났고, 우리는 구불구불한 길을 따라 정문에 다다랐다. 가까이 다가가서 보니 키 작은 노인이 문 앞에 서서 나를 기다리고 있었다.

드라마 〈소프라노스The Sopranos〉를 본 적 있는가? 주인공 토니 소프라노의 정신병자 삼촌 주니어가 어떤 모습이었는지 기억하는가? 그것이 헥토르의 모습이었다. 드라마를 본 적이 없다면, 잘 다린 흰 셔츠와 바지를 말끔하게 입고, 과시하듯 테가 굵은 안경을 썼으며, 키가 작고 머리가 벗어진 60대 후반 노인을 떠올려도 좋다.

"집이 정말 멋진데요?"

내가 말했다. 농담이 아니었다.

"우리 집 아니요. 그러니까, 본가는 아니란 소리야. 아내가 본가에 살고 있는데 날 내쫓았지. 그래서 지금 여기 살고 있는 거요."

그는 정원으로 나를 안내했다. 분홍색 꽃이 터질 듯 만개한 커다란 부겐빌레아가 둘러싼 가운데 수영장이 있었다. 우리는 나무 벤치에 앉았다.

"아내가 최후통첩을 보냈지 뭐요. 계속 이런 식으로 이 일을 하면서 살 생각이면, 집을 아예 나가라고 말이오. 어쩔 수 없이 선택을 해야 했지. 그런 상황에서는 집을 나오는 게 좋겠다 싶었소."

"부인을 사랑하지 않으시나요?"

"나는 내 일을 사랑한다오."

나는 헥토르에게 왜 여기에 왔는지, 어떻게 그의 이름을 알게 됐는지 설명했다. 어색함을 없앨 겸 부에노스아이레스에서 손에 넣게 된 다른 위조지폐들도 보여주었다. 그중 그가 알 만한 것이 있는지도 궁금했다. 그는 차례대로 지폐를 들여다보더니 첫 번째 지폐를 들고 말했다.

"별로네. 정말 형편없어. 최악이군."

그는 위조지폐들을 대충 확인한 뒤 내게 다시 돌려주었다.

"정말 미쳤군. 아르헨티나에서 이런 저질을, 심지어 최악인 것들까지 쓸 수 있다는 게 미쳐 돌아가는 거 아니고 뭐겠어."

"그럼 이것들은 전부 선생님 작품이 아닌가요?"

"아니, 내 건 아니오. 난 이미 그만뒀소."

"그런데 거리 사람들은 이게 선생님 작품이라고 하던데요? 그만큼 전설이 되신 건가요?"

"뭐, 그런가 보네. 자랑스럽긴 하지. 어리석게도."

그는 다시 한 번 '어리석게 말이야……'라며 되뇌었다.

헥토르는 1980년대의 상황이 어떠했는지 이야기했다. 그는 메넴 대통령에 반대하는 여러 정부 기관의 지원을 받아, 일찌감치 위조범으로서 경력을 키웠다. 위조지폐 제작에 필요한 인쇄기와 종이는 모두 정부 기관에서 제공받았는데, 명목은 경제 와해였지만 더 중요한 목적은 정부 인사 개개인의 부를 축적하기 위함이었다. 몇 번 체포된 적도 있었지만 감옥에 그리 오래 갇혀 있진 않았다고 한다. 감옥에서 썩혀두기에 그는 워낙 값비싼 자원이었으니.

"타협의 문은 언제든 열려 있었어. 여기서는 죽음 빼고는 모든 것을 손볼 수 있다고."

그가 쓴웃음을 지으며 말했다.

얼마 뒤 헥토르는 더 큰 야심을 품고 달러를 위조하기 시작했다. 그는 벨리니와 의기투합하여 그의 갱을 위해 일하기 시작했다.

"그들을 위해 1,000만 달러(113억 960만 원)가 넘는 위조지폐를 만들었지."

그가 의기양양하게 말했다.

"벨리니가 부인 살해 혐의로 징역을 살기 전까지 말이오. 이제는 다들 끔찍해졌어요. 처음에는 참 좋은 사람들이라고 생각했는데, 알고 보니 전부 범죄자고 마약쟁이야. 내가 생각한 것과 정반대였지."

헥토르는 자기가 저지른 범죄의 희생양에 대해서는 어떻게 생각할까. 특히 관광객들에 대해 말이다.

"난 가난한 사람 등쳐 먹은 적은 없소."

그가 자랑스럽게 말했다. 그들을 만난 적이 없으니 생각해본 적도 없다는 말에 깜짝 놀랐다. 관광객들을 직접 본 적도 없는데 왜 그들한테까지 마음을 써야 하는 거냐며 되묻는 그의 말에 할 말을 잃었다.

"내 돈이 마약 구입에 쓰인다는 걸 알고 죄책감을 느낀 적은 있지. 난 마약은 반대하거든."

풀이 죽은 목소리로 그가 말했다. 3주 전, 이웃 주민의 딸이 자신의 위조지폐로 마약을 사들였다가 거래가 틀어지는 바람에 목숨을 잃고 말았단다.

"마약 때문에 아이가 죽었소. 내가 만든 돈으로 산 마약 때문에 말이오. 그때 죄책감이 들었소."

꽤 최근이다. 그가 아직 이 일을 하고 있다고 할 수 있을 만한 기간이다. 그의 얼굴이 일그러졌다. 생각 없이 내뱉은 말에 스스로 화가 난 것이리라. 어느 쪽이든 그는 교묘하게 빠져나가려 했다.

"유혹적이지. 그래도 결말이 어떤지 아니까 더는 이 일을 하고 싶지는 않아. 끝이 너무 안 좋아."

그의 목소리가 차츰 잦아들었다. 순간 그가 노쇠하고 평범한 노인으로 보였다. 다시 정신을 차리고 그렇게 평생 다른 이들을 위해 만든 위조지폐로 얼마나 벌어들였는지 물었다.

"언제나 내 몫은 30퍼센트였소."

이쪽 업에서 가장 힘든 부분은 위조지폐를 합법적인 시장에 들여놓는 것이오. 큰 돈은 거가서 벌거든.

1,000만 달러의 30퍼센트라.

"그럼 그 300백만 달러(33억 9,288만 원)는 어디 있습니까?"

"다 써버렸지. 더 좋은 인쇄기 들이고, 더 나은 기술 익히는 데 거의 다 썼어. 결과물이 완벽하지 않으면 그렇게 괴로울 수가 없더라고. 완벽을 추구하는 데 결국 시간과 돈을 다 써버린 거지."

그가 웃으며 대답했다. 이제 무엇을 믿어야 할지 모르겠다. 내 옆에 앉아 있는 이 점잖은 노신사는 먹이사슬의 정점에 서 있는 냉혈한 갱스터와는 멀어도 너무 멀어보였다. 헥토르는 자신이 한낱 보병에 지나지 않는다고 했다. 물론 재능이 있는 보병이긴 하지만.

헥토르의 집에는 그가 직접 그린 그림이 몇 점 걸려 있었다. 대형 유채화와 수채화. 그중 포효하는 사자 그림은 거실 한쪽 벽에 위풍당당하게 걸려 있었다. 내가 그림에 감탄하고 있을 때 그가 말했다.

"이쪽 업계에서 가장 힘든 부분은 위조지폐를 합법적인 시장에 들여놓는 것이오. 큰돈은 거기서 벌거든. 그러니 언제나 폭력과 총이 함께할 수밖에. 그런데 난 이 일 하면서 총 한 번 쏜 적 없소."

나는 그의 말에 퍽 감동받았다. 헥토르의 눈에는 슬픔이 묻어 있었다. 자신이 유발한 상황에 대한 일말의 후회도 있으리라. 열정적이고 창조적으로 일했지만 되돌아보니 자신이 선택한 직업이 무수히 많은 부정적 결과를 낳았다는 사실을 뒤늦게 깨달은 남자의 모습이 보였다. 총을 한 번도 쏘지 않았다는 말은 사실일 거다. 죽은 소녀에 대한 슬픔도 진심이라 믿는다. 그렇게 죽은 소녀들이 여럿 있을 것이다.

호텔로 돌아와 침대에 누워 위조범이 과연 그렇게 매력적인 직업인지 자문하고 있을 때 휴대폰이 울렸다. 「클라린」의 기자 친구였다. 헥토르가 오늘 즐거웠다고 전해달라고 했단다. 그리고 부에노스아이레스 경찰에서 연락이 왔는데 강력반 고위 관료가 '몇 마디 나누고 싶다'며 나를 호출했다고 한다. 그가 원하는 날짜는 바로 오늘 밤.

침대에서 일어나 산책을 나갔다. 부에노스아이레스에서 인상 깊은 것 중 하나는 쓰레기 문제다. 분명 여기 사람들도 쓰레기 문제에 관심이 있긴 하다. 매일 저녁 쓰레기더미를 봉투에 담아 길모퉁이에 모아둔다. 쓰레기

처리는 확실히 제대로 하는 것 같은데, 수거 요령을 아직 터득하지 못한 것인지 쓰레기는 며칠 내내 길거리에 그대로 쌓여 있다. 이런저런 생각을 하며 경찰들과 만나기로 한 약속 장소까지 걸었다. 모퉁이를 돌자 이곳에 도착한 이후 본 사람 중에서 가장 거대한 남자가 눈앞에 나타났다.

말 그대로 거대했다. 이두박근이 내 허벅지만 했고, 가슴팍은 곰이나 다름없었으며, 목은 흔적도 없이 파묻혀 있었다. 야구 모자를 눈 언저리까지 깊게 눌러쓴 것으로 보아 남들 눈에 띄고 싶지 않은 사람임을 바로 알 수 있었다. 눈에 띄고 싶지 않다니, 그런 생각은 아르헨티나 절반을 들어 올리고도 남을 몸을 만들기 전에 했어야 하는 거 아닌가?

내가 지난 며칠 동안 거리를 돌아다니며 이것저것 캐묻고 다닌 것이 문제였나 보다. 경찰은 내게 왜 부에노스아이레스에 왔는지 물었다. 어제 헥토르 페르난데스를 만났다는 말은 하지 않으려 했는데, 그쪽에서 먼저 내가 어제 그를 만난 것을 알고 있다고 말을 꺼냈다. 그러면 경찰이 날 미행했거나 헥토르가 아는 사람을 그도 알고 있거나 둘 중 하나다. 그는 내게 전할 말이 있다고 했다.

"아르헨티나에서 위조지폐 문제가 얼마나 큰지, 이제 어렴풋이 알게 됐을 거요. 한데 이 사업을 아주 높은 수준의 조직적인 거대 갱단이 꾸려가고 있다는 사실도 알고 있나 해서 말이오."

내게 경고하는 건가?

"이자들은 아주 위험합니다. 위험천만한 무기도 소지하고 있는데 경찰과는 비교도 안 돼요."

경고다. 그것도 아주 확실한 경고.

"그들은 농담 따먹기 같은 거 안 합니다. 발각되는 즉시, 당신은 처단될 거요. 당신을 조각조각 토막 내서 쓰레기봉투에 처박아 넣을 거라고요."

아…… 길가에 널브러진 쓰레기봉투가 이제 달리 보이겠군.

나는 부에노스아이레스에서 조용히 며칠 더 묵었다. 이곳에 온 목적은 이미 여러모로 달성했다. 남미에서 가장 악명 높은 위조범인 '예술가', 헥토르 페르난데스도 만났다. 그런데 어딘지 모르게 찜찜한 구석이 있었다. 경찰이 나를 토막 내버릴 거라 말한 끔찍한 이들. 그들은 멋진 정원에서 만난 차분한 노신사와 거리에서 만난 말쑥한 젊은이의 모습과는 연결되지 않았다. 그럼 그들은 대체 누구일까?

궁금증을 참지 못한 나는 헥토르에게 메시지를 남겼다. 지저분한 일을 도맡는다는 갱의 일원을 소개해줄 수 있는지, 경찰이 찾아볼 생각도 하지 말라던 그자들을 만나볼 수는 없는지 물었다. 사실 나에게는 도전이었다. 전 세계를 돌아다니며 수많은 범죄자들을 만나고 질 나쁜 무수한 사람들을 인터뷰했지만, 이야깃거리만 찾을 뿐 선을 넘지는 말자는 나름의 규칙이 있었다. 이 선이 바로 '갱스터 라인'이었다. 갱스터는 라틴 아메리카는 물론 세계 전역에 퍼져 있다. 가장 잘 알려진 것이 멕시코의 마약 범죄 조직으로, 그들의 악행을 파헤치려던 언론인이 살해당했다는 기사를 심심찮게 볼 수 있다. 그리고 나는 멕시코 밖에서도 갱스터 라인을 넘으면 더한 위험이 닥치리라는 사실을 알고 있었다.

헥토르의 입김이 닿았는지는 확실하지 않지만 어쨌든 친구가 좋은 소식을 전했다. 아주 분명한 지시를 담은 메시지를 받았다는 것이다.

차를 몰고 도시에서 가장 난폭한 지역 중 하나인 저소득층 주택단지로 가서, 다음 지시를 기다릴 것.

무기를 소지하거나 보안 요원을 대동하지 말라는 조항도 함께였다. 내가 만나고 싶은 이들은 철저히 신분을 가리려 했다. 분명 그들은 무장한 채 나타날 것이다. 친구는 가지 말라고 하면서도 확률로 보면 괜찮을 것도 같다고 말했다. 그러면서 그 어떤 것도 장담하지 못하겠다고 덧붙였다.

"갱스터는 좀처럼 종잡을 수가 없으니까 말이야……."

나는 밤새 약속 장소에 갈지 말지 따져보느라 한숨도 못자고 뒤척였다. 비밀에 붙여진 장소에서 무장한 아르헨티나 갱단을 만났을 때를 상상하고 또 상상했다. 마주하게 될 결과에 겁을 잔뜩 집어먹다가도, 한편으로는 그렇지 않았다. 연락을 받자마자 든 생각은 '그들의 실상에 얼마나 가까워질 수 있을까'였다. 분명 흥분되는 일이었다. 나는 이제 망설이지 않기로 했다. 이 찜찜한 기분을 해결할 수 있는 마지막 퍼즐 조각을 찾을 수 있다면, 당연히 가야지!

Chapter 5

통제 불가능한 화폐의 몰락

다음 날 저녁, 친구와 함께 차를 타고 교외의 빈민 거주 지역으로 향했다. 공동주택과 저층 임대주택이 도시 노동자 계층의 안식처였다. 유럽풍의 장대한 아르헨티나의 도심에서 100만 킬로미터는 떨어져 있는 듯했다.

우리는 몇 번씩 문자 메시지를 주고 받으며 목적지를 바꾼 후에야 최종 약속 장소를 정할 수 있었다. 자정이 가까운 시간, 차에서 몇 시간째 기다리고 있는데 드디어 연락이 왔다. 초대받지 못한 친구는 나를 약속 장소의 정문에 내려주고는 사라졌다. 나는 홀로 그곳에서 승강기를 타고 3층으로 올라가 누군가를 기다려야 한다. 차에서 내려 길을 건너 정문으로 향하는데 손이 덜덜 떨렸다. 아니, 몸 전체가 떨리고 있었다. 지난밤의 허세는 온데간데없이 사라지고 끔찍한 두려움이 온몸을 휘감았다.

공포는 점점 커져가기만 했다. 승강기 문이 열리자 아르헨티나 젊은이가 나를 기다리고 있었다. 그는 나를 위아래로 훑더니 따라오라고 말했다. 길게 뻗은 복도를 말없이 지나, 어느 문 앞에 다다르자 그가 세 번 노크했다. 거대한 빗장이 안쪽에서 한 번, 두 번, 세 번 풀리는 소리가 났다. 문이 열리자 젊은이가 안으로 들어가라며 손짓했다. 나는 크게 심호흡을 하고 안으로 들어갔다. 몸은 여전히 떨렸지만 마음은 변하지 않았다. 곧이어 등 뒤에서 문이 닫혔고 내 뒤에는 한 남자가 서 있었다. 눈에 들어온 것은 끔찍한 좀비 가면뿐. 가면 쓴 남자는 세 잠금장치를 모두 걸어 잠그더니 내 몸을 수색하기 시작했다. 무기가 없다는 것을 확인한 뒤 그는 나를 밀쳐 다음 방으로 들여보냈다. 그리고 다음 방에는 상상하지도 못한 것이 기다리고 있었다.

어디서부터 말해야 할까?

더웠다. 말도 못 하게 더웠다. 방금 만난 가면 쓴 남자와 마찬가지로 다른 가면 쓴 남자가 두 사람 더 있었다. 그들 중 한 명은 권총을 이리저리 흔들면서 걸쭉한 아르헨티나 비속어를 마구잡이로 내뱉었고, 다른 한 명은 펌프 연사식 산탄총을 들고 있었다. 그는 방 한쪽 구석에서 가면 너머로 눈을 부라리며 나를 쏘아보고 있었다. 방 안은 위조지폐로 가득했다. 내게 강한 인상을 남기려고 일부러 늘어놓은 건가? 위조지폐가 그렇게 펼쳐진 채 널브러져 있다니 이상했다.

상황을 파악하기까지 몇 분이나 걸렸다. 다들 뭐라고 그리 고함을 지르는지 정신이 없었다. 남자들은 서둘러야 한다고, 이딴 걸로 허비할 시간이 없다고 소리치고 있었다. 그들은 내 얼굴에 총을 겨누며 나에게 공격적으로 질문을 던졌다. 다들 극도로 불안해 보였다. 나는 숨을 가쁘게 쉬며 몇 가지 궁금한 점이 있을 뿐이라고 설명했다. 오래 걸리지 않을 것이라고도 했다. 이 말에 그들도 조금 누그러지는 듯했다.

"좋아요, 바로 시작할 수 있어서 다행이네요. 그럼 시작하죠."

첫 번째 질문을 던지려던 참인데 그들이 다시 산만해졌다. 뭘 어찌해야 좋을지 몰랐다. 그야말로 패닉이었다. 그들은 날 보고 있지 않았다. 그들은 뒤쪽에 놓인 탁자 위의 가루 더미에서 코카인을 한가득 들이마시고 있었다. 다시 처음의 긴장 상태로 되돌아갔다. 그러던 중, 우두머리인 듯한 남자가 엄청나게 킁킁거리면서 불룩한 가슴을 내밀고 내 앞으로 총을 흔들며 질문을 시작하라고 말했다.

"이게 다 위조지폐인가요?"

나는 탁자 위에 쌓여 있는 지폐들을 가리키며 물었다.

"그렇지. 전부 다."

그가 다시 한 번 큰 소리로 코를 킁킁대며 말했다. 코카인이 목구멍 뒤에 닿으면서 머릿속이 온통 윙윙거리는 모습이 그려졌다.

"만져봐도 됩니까?"

나는 지폐 한 장을 만져보려고 몸을 앞으로 기울이며 말했다. 그 순간, 상황이 걷잡을 수 없이 나빠졌다. 친구는 내게 가장 기본적인 것을 알려주지 않았던 것이다. 해야 할 것과 해서는 안 될 것. 그중에서 가장 중요한 규칙은 '무슨 일이 있어도 돈을 만지려 해서는 안 된다'는 것이었다. 내가 돈을 만지려고 손을 뻗은 순간, 구석에 있던 덩치가 갑자기 산탄총을 집어 들고 규칙을 어기지 말라는 강력한 경고를 보냈다. 돈을 만져보기는커녕 상황은 벼랑 끝에 몰렸다.

나는 무엇에든 잘 사로잡힌다는 게 문제다. 언제나 그랬다. 목표에 집중하다 보면 주변에 아무것도 보이지 않았다. 멈춰야 할 때를 몰랐다. 그렇지만 지금은 아주 현실적으로 냉정하게 생각해야만 한다. 아르헨티나 위조지폐의 진실을 파헤치려다가 목숨을 잃을 수도 있다. 노쇠한 악한을 그의 근사한 집에 딸린 정원에서 인터뷰하는 것과, 마약에 취해 미친놈처럼 총을 휘둘러대는 남자들과 한 방에 갇혀 있는 것은 전혀 다른 문제였다.

지금 상황은 도무지 종잡을 수도, 손을 쓸 수도 없는 지경에 이르렀다.

머리가 빙빙 돌았다. 경찰이 경고한 대로 이 방에서 죽는 것인가. 부에노스아이레스 거리 모퉁이에 며칠째 방치된 채 쌓여있는 무수한 쓰레기 봉투와 같은 운명에 빠질 것인가. 그러다 불현듯 생각이 스쳤다. 나는 왜 여기까지 오게 된 건지, 이들이 나에게 왜 그렇게 중요한지.

바로 그거다. 마침내 어지러웠던 머릿속에 안개가 걷히고 모든 것이 선명해졌다. 이들은 아르헨티나 위조지폐 범죄의 중심에 서 있는 인물이고, 나는 그 실상을 파헤치기 위해 목숨까지 걸고 이들에 대해 캐려 한 것이다. 그러니 필요한 정보를 빨리 얻어내고 어서 이곳을 빠져나가야 한다.

나는 속사포처럼 질문을 쏟아냈다. 이런 일은 어떻게 하는지, 법망은 어떻게 빠져나가는지, 이 일로 돈은 얼마나 버는지, 배후세력은 누구인지, 반대하는 사람은 없는지, 당신들에게 반대하는 이들에겐 어떤 일이 생기는지…….

그쪽에서 내가 던질 것이라 예상한 질문도 바로 이런 것들일 거라 생각했다. 그게 아니라면 이 다음에 어떤 일이 벌어질지 아무도 모르겠지만. 잠깐의 정적이 흐른 뒤, 그들이 관심을 보이며 질문에 하나둘 대답하기 시작했다. 아마도 마약 때문이리라. 그들도 마음의 짐을 덜어내고 싶었을 테니. 어쩌면 그저 허풍을 떠는 것인지도 몰랐지만 어쨌든 슬슬 털어놓기 시작했다.

"거리에서 먹고 자랐소. 많은 걸 알고 있지. 하지만 큰돈 벌기에는 이만한 게 없어."

우두머리는 납치 및 무장 강도 출신이라고 했다. 그들은 도시에 떠도는 거의 모든 위조지폐의 유통을 장악하고 있다고 했다. 중앙은행에서 사용하는 것과 정확히 똑같은 인쇄기를 쓴단다. 중앙은행 내부의 누군가가 종이와 잉크를 지원해준다는데, 그럼 진짜 지폐와 다를 것이 없다는 말이 된다.

"이것들은 어때? 지금 말리고 있는 거야. 같은 종이, 같은 잉크를 쓴다고. 알겠나? 우린 모든 게 다 있어."

그가 내 앞에 놓인 지폐를 가리키며 말했다.

"일주일에 이런 지폐를 얼마나 만들 수 있나요? 10만 페소(600만 원)?"

방 안에 웃음소리가 가득 울렸다. 덕분에 방 안에 무겁게 자리 잡고 있던 긴장감은 한층 누그러졌다.

"10만 페소라고? 그 정도는 하루면 만들어. 유통할 데가 얼마나 많은데. 택시, 환전소, 심지어 은행까지 말이야."

"은행이라고요?"

충격적이었다. 내가 깜짝 놀라 되묻자, 웃음소리는 더 요란해졌다.

"그래, 품질 좋은 건 은행에서도 반값에 사 가. ATM에서 나온 돈은 다 진짜라고 생각했어? 틀렸어. 이 사업에 연루된 사람이 몇이라고 생각해? 권력을 쥔 자들도 수두룩해. 우리 혼자 하는 게 아니라고."

"그럼 경찰은요? 경찰과 문제 있던 적은 없었어요?"

"그럼, 있지. 한두 번쯤. 얘가 말이야."

우두머리를 제외한 한 명이 다른 한 명에게 손짓하며 말했다.

"이 놈이 경찰한테 한 방 맞았어. 그래서 우리도 한 방 돌려줬지."

남자는 셔츠를 올려 배에 난 흉터를 보여주었다.

"여기를 맞았어."

그러고는 손가락으로 나의 이마 정중앙을 가리켰다.

"그래서 난 여기를 쐈었지."

나는 할 말을 잃었다. '무슨 말인지 알아듣겠지'라고 묻는 그에게 확실히 알아들었다는 말밖에 할 수 없었다. 이제는 떠나야 할 시간이었다. 나는 왔던 길로 돌아 나갔다. 복도를 지나 승강기를 타고 내려가, 길을 가로질러 친구가 기다리고 있던 차에 올라탔다. 그러고는 내 생애 가장 무시무시했던 경험을 뒤로하고 말없이 그곳을 빠졌나왔다.

차분히 생각해보니 그들은 그야말로 엉망진창이었다. 자신의 손에 희생된 사람들을 아무렇지도 않게 무시하며, 자신이 저지른 무자비한 폭력을 웃어 넘겼다. 코카인에 잔뜩 취해 있는 대로 허세를 부리며, 사람 목숨은 파리 목숨일 뿐이고 돈이라면 언제든 원하는 만큼 가질 수 있다는 듯이 굴었다. 그들 중 한 명이라도 잘못 건드렸다면 나 역시 토막 난 채 쓰레기봉투에 담겼을 것이다. 나는 헥토르 페르난데스의 소개로 그들을 만날 수 있었고, 또 그의 명성 덕분에 살았다. 그래도 확실히 깨달은 불변의 진실은 '사건이 있는 곳에는 반드시 마약과 총이 있다'는 것이었다.

여러 흑백영화를 통해 믿었던 점잖은 위조범에 대한 나의 생각은 순진해빠지고 미련한 것이었다. 피치 못할 사연 있는 범죄자, 아무도 다치지 않는 고결한 범죄에 가담한 평화주의적 범죄자가 있을 거란 생각은 이제 옛날 얘기다. 모든 헥토르 페르난데스 옆에는 가면을 쓴 채 코카인을 마시고, 아무렇지도 않게 경찰의 머리에 총을 쏘는 남자들이 있다는 걸 기억하라.

전 세계 거의 모든 문명화된 도시에서 화폐 통제는 단단히 잠긴 문 뒤의 삼엄한 경비 속에 행해지고 있다. 포트 녹스(미국 켄터키주의 연방 금괴 저 장소가 있는 곳. 엄청난 양의 금괴와 철옹성 같은 보안으로 유명하다)가 명성을 떨치는 것도 그만한 이유가 있다. 하지만 지금 이 순간에도 아르헨티나의 위조지폐 문제는 급속도로 확산되고 있다. 오랜 옛날 아르헨티나에서 '위조'는 진보적인 자유의 전사들이 파시즘의 잔혹한 족쇄를 깨부수겠다는 고귀한 목표로 이루어졌다. 하지만 그 목표는 이미 오래전에 잊힌 과거가 되었고, 이제는 범죄자들이 그 명맥을 잇고 있다. 이제 아르헨티나에서 택시를 타면, 평범한 택시기사에서 두 다리만 건너도 가면을 쓰고 총을 휘두르는 남자들에게 닿는다는 사실이 떠오른다.

Part 3

인도 :
속고 속이는 도시,
뭄바이

몰리는 우선 포트폴리오가 있는지 물었다. 감독에게 보여주려면 꼭 필요하단다. 당연히 평범한 사람이라면 휴가지에까지 그런 걸 들고 오지는 않겠지. 나는 휴대폰으로 사진을 찍어 몇 장 현상하면 되지 않느냐고 했다. 그녀가 고개를 저으며, 우리는 좀 더 전문적인 배우처럼 보여야한다고 말했다. 그럼 어찌해야 한단 말인가? 아는 사람 하나도 없는 낯선 땅에, 휴대폰 카메라 말고는 카메라도 없는데.

"음……. 제가 해결할 수 있을 것 같아요. 물론 약간의 돈이 들겠지만요."

Chapter 1

세상에서 가장 황당한
납치사건

"꿈이 뭐예요? 할리우드를 찾은 사람들은 다 꿈이 있잖아요."

1950년대 로스앤젤레스, 버스에서 내리는 젊은 배우 지망생들을 꾀어 내려는 사기꾼들이 흔히 쓰던 작업멘트다. 순진한 젊은이들이 집에서 갖고 나온 소중한 돈을 자신의 추잡한 손에 넣기 위해, 사기꾼들은 프로듀서며 캐스팅 담당자를 연결해주겠다는 등 온갖 제안을 건넸다. 꿈을 한가득 품은 채 눈을 동그랗게 뜬 이 청년들이 이름 없는 동네 출신으로 생애 처음 대도시에 온 것이라면, 유명인들의 연락처를 두둑이 갖고 상냥한 얼굴로 달콤한 말을 쏟아내는 이들을 거부하기란 쉽지 않은 일일 것이다. 하지만 안타깝게도 대부분의 청년들은 꿈은 그리 쉽게 실현되지 않는다는 값비싼 교훈만 얻고 돌아간다.

물론 요즘의 LA 영화 산업은 훨씬 더 정교해졌다. 이제 누군가 나를 알아봐주리라는 희망을 품고 무작정 스튜디오를 찾아가는 이는 없다. 더군다나 LA는 더 이상 전 세계에 유일무이한 영화 산업지가 아니다. 새롭게 떠오르는 시장, 뭄바이가 있기 때문이다.

뭄바이도 꽤 훌륭한 영화 산업지로 급부상했다. 기준에 따라 세계 상위

10위 안에 들기도 하는 이 도시는 사실 무엇을 기준으로 하든 1,500만 명이 떠도는 대도시임은 틀림없다. 사람들이 '미국' 하면 LA를 찾듯이 '인도' 하면 찾는 곳이 바로 이곳이니까. 이름을 떨치거나 부를 거머쥐겠다는 야망을 품은 인도 젊은이들이 꿈을 좇아 스며드는 곳 역시 뭄바이다.

나는 뭄바이 여행 안내서에서 읽은 대로, 예전 LA에서 성행하던 영화 사기 수법의 최신판을 들여다보기 위해 이곳을 찾았다. 공항을 걸어 나오면서 은막의 신예 스타가 된 기분이 어떨지 상상해보았다. 누군가의 눈에 띄어 스타로 도약할 수 있는 큰 배역을 따낸다면 얼마나 흥분될까…… 이런저런 기분 좋은 상상을 하고 있는데, 어느덧 키 작은 친구들이 다가와 가방을 들어주겠다고 했다. 여전히 환상에 눈이 멀어있던 나는 그들에게 가방을 맡겼다. 그러고는 열렬히 환호하는 환상 속의 대중들을 향해 걸어갔다. 가방? 가방은 당연히 다른 사람이 들어야지. 난 스타니까. 안녕, 뭄바이!

현실로 돌아와보니, 내 가방을 들고 있는 그는 택시기사였다. 검은색 바탕에 노란색 피아트를 모는 뭄바이 택시기사. 그와 딱 들어맞는 차는 작고 동그스름해서 마치 장난감 같았다. 오랜 비행으로 빨리 눈을 붙이고픈 마음이 절실했기에, 호텔 이름을 알려주고는 빨리 가달라고 부탁했다. 그가 인도식으로 고개를 흔들었다. 세계 어디서든 '아니요' 라는 뜻의 몸짓이 무슨 이유에선지 이곳에서는 '네'로 통한다.

뭄바이는 덥다. 찌는 듯이 덥다. 기온이 40도가 넘어가는 데다, 도시가 해안을 따라 이어져 있고, 우기가 코앞에 닥쳐 있기 때문에 습도는 90퍼센트가 넘었다. 마치 주전자 안을 걸어 다니는 듯했다. 조금의 과장도 없이 말하는데, 택시에 들어섰을 때 셔츠는 이미 등에 달라붙어 있었다. 게다가 차 안에 에어컨이 없어서 실망이 이만저만이 아니었다. 장난감 같은 택시가 공항을 빠져나가자, 나는 기사에게 최대한 빨리 가달라고 말했다. 서둘러 고속도로를 진입해 도시를 내질러 가도 40분은 족히 걸릴 테지만, 나는 찬물 샤워와 쾌적한 침대시트가 너무나 간절했다. 공항 출구를 나와 간선도로에 이르기 전, 갑자기 한 남자가 도로에 나와 미친 사람처럼 팔을 휘저었다. 나는 너무 더운 나머지 그를 단칼에 내치길 바랐지만 기사의 생각은 달랐다. 세워달라는 필사적인 몸부림에, 귀찮게도 기사는 속도를 줄였고 남자는 조수석 창문으로 몸을 기울였다.

남자는 통통한 체구에 툭 튀어나온 눈이 마치 방금 머리를 한 대 제대로 맞은 만화 캐릭터 같았다. 30대 초반쯤 되어 보이는 나이에, 엷은 붉은색 셔츠와 바지를 입고 있었고 땀에 젖어 있었다. 서류철 같은 것도 들고 있었다. 남자는 몸을 더욱 기울여 나를 대충 흘끗 보더니, 기사와 얘기를 나누기 시작했다. 온통 힌디어로 말하니 무슨 얘기를 하는지 도무지 알길이 없었지만, '서둘러 얘기를 끝내고 각자 가던 길을 갔으면' 하는 생각뿐이었다. 그런데 내가 뭐라 할 새도 없이 남자가 조수석에 올라탔고 택시는 다시 출발했다.

"이봐요, 죄송합니다만 누구시죠? 지금 제가 탄 택시에서 뭐하시는 거예요?"

지금 이 상황에서 지극히 합당한 질문들이었다.

"손님, 저는 당신의 여행 상담사입니다."

새로운 동승자는 품 안의 서류철에서 종이 뭉치를 한 아름 꺼내더니, 자신이 이 택시에 탄 게 전혀 이상한 일이 아니라는 듯 사무적으로 말했다.

"이거 작성해주세요."

그가 건넨 서류들에는 회사명도 없었고, 쓰인 영어도 형편없었으며, 철자 역시 오자투성이였다. 그는 이것이 뭄바이에 도착한 모든 관광객이 써야 하는 문서라고 설명했지만, 대충 봐도 공식적인 문서는 아니었다. 내 집을 걸고 맹세하는데, 이건 그가 직접 인쇄한 가짜 문서였다. 그는 내 눈을 똑바로 바라보며 가슴에 손을 얹고 엄숙한 목소리로 말했다. 자신은 나의 '공식' 여행 상담사이며 내 경우에는 미리 선임되었으니 서식을 채우고 서비스를 받으면 된다고 말이다. 그 외에 다른 선택사항은 없다고 했다. 나는 무릎 위에 놓인 종이들을 다시 한 번 들여다보다가, '요금 20달러(2만원)'라는 문구를 발견했다. 아, 무슨 일인지 이제야 감을 잡겠군.

"이 요금은 도로교통사업부 요금입니다. 인도에 처음 오셨으니까, 이 요금을 내야 합니다."

나는 인도에 처음 온 게 아니지만, 꽤 긴 여정이 될 것 같으니 일단 동의하는 척해보자.

"선생님, 저는 평판 좋은 여행 상담사입니다. 브래드 피트Brad Pitt와 안젤리나 졸리Angelina Jolie가 인도를 찾았을 때도 제가 그들을 담당했지요."

"그들도 20달러를 냈나요?"

"물론이죠."

그가 무표정한 얼굴로 말했다. 얼굴에 웃음기조차 없었다. 뻔뻔한 사람들을 수도 없이 만나봤지만, 단연 그가 최악이었다. 하는 말이 죄다 어처구니없는데도 그는 그 상황극에 완전히 몰입해 있었다.

"브래드 피트는 어땠나요?"

"아주 좋은 사람이었습니다. 정말 멋졌어요."

숨도 안 쉬고 거짓말을 하다니.

"자, 호텔로 가길 원하신다면 아주 좋은 호텔이 있는데 말이죠."

"호텔은 이미 예약했습니다. 다른 호텔은 필요 없어요."

어느새 택시는 고속도로를 벗어나 좁을 길로 들어서더니 쇠락한 동네에 이르렀다. 여긴 절대 내가 예약한 호텔이 있을 만한 곳이 아닌데?

"잠깐만요, 고속도로는 왜 벗어난 거죠?"

"교통 체증 때문에요. 앞에 도로가 막혀서 다른 길로 갈 겁니다."

여기에 반박할 새도 없이 기사는 내게 돈을 요구하며 또 다른 종이를 내밀었다. 도로 교통 어쩌고라고 적힌 문서는 역시 너무나도 허술한 가짜였다.

"돈이요? 돈을 왜 드려야 하죠?"

그는 내 질문을 무시하며 말했다.

"선생님, 여기에 서명하시고 1만 1,000루피(20만 원) 주시면 됩니다."

1만 1,000루피면 가격이 거의 1,000퍼센트나 오른 셈이다.

"이 문서와 돈은 제가 직접 도로교통 담당관에게 전달하겠습니다."

"도로교통 담당관을 어디서 찾게요?"

내가 강하게 나가자, 그가 눈을 부라리며 말했다.

"그럼 내가 만날 일도 없고, 나를 알지도 못하는 그 사람에게 돈을 내야 하는거죠?"

"그러니까 손님, 손님이 돈을 내지 않으면 제가 대신 내야 합니다."

감정적 협박. 새로운 수법이다. 어이없는 상황에 최대한 이성적으로 대처하려 애쓰고 있는데, 갑자기 차가 멈춰 섰다. 덥다. 너무 덥다. 우리는 빈민가 한복판의 흙길 위에 서 있었다. 길 양옆으로는 낮은 콘크리트 건물들이 늘어서 있었지만 호텔은 눈 씻고 찾아봐도 없었다. 설상가상 택시는 길 한가운데서 춤을 추며 차 주위를 둘러싸기 시작한 군중들에 막혀 그 자리에 멈춰선 것이다. 도대체 이게 무슨 상황이지. 정신이 혼미하다.

스스로를 여행 상담사라 칭했던 남자가 차에서 내렸다. 그는 드럼을 치고 종을 울리며 탬버린을 흔들기 시작한 사람들과 몇 마디 나누고는, 난처한 표정으로 돌아와 이렇게 말했다.

"선생님, 이 길로는 못 간다는데요."

왜지?

"종교 의식이랍니다."

좋다, 그래. 그럼 돌아서 다른 길로 가면 될 것 아닌가.

"아니요, 여기는 일방통행로입니다."

뭄바이 교외의 이런 낡아빠진 빈민가 흙길이 일방통행로라고? 당최 무슨 소리인가. 그런데도 택시기사는 차를 돌릴 수 없다는 말을 칼같이 지키고 있었다. 군중들은 이제 택시 지붕 위로 올라가 요란하게 쿵쿵대기 시작했다. 이제 이성적 사고는 불가능해졌고 덜컥 겁이 나기 시작했다. 여행 상담사가 다시 차에서 내려 군중 속으로 사라졌다. 나는 자리에 앉아 창밖으로 춤추는 사람들의 얼굴을 내다보았다.

어쩌다 이 지경까지 온 건가? 사내들의 얼굴에는 광기가 서려 있었고, 그들이 추는 춤에도 광적인 에너지가 흘렀다. 급기야 그들 중 하나가 창문을 두드리기 시작했다. 좀비로 초토화된 세상의 끝에 온 것 같았다. 여행 상담사가 돌아오는 모습을 보고 나는 진심으로 안도했다. 성가신 사람이긴 하지만 그래도 이 미친 사람들보다는 덜 위협적이었다. 그의 뒤로 흰 가운에 흰 터번 차림의 한 남자가 따라와 차에 올라탔다.

"선생님, 이분이 종교 지도자이십니다."

"우리 좀 지나가면 안 되겠습니까?"

내가 묻자, 그는 손가락을 까닥거리며 이건 종교 문제라 안된다고 답했다. 나폴레옹이 말했던가, 가난한 자가 부자를 살해하는 일이 종교로 인해 멈춘다고. 하지만 지금은 그 반대다.

"뭔가 방법이 없을까요?"

나는 계속해서 이곳을 빠져나갈 방법을 강구했다. 그러자 여행 상담사가 제안을 하나 했다.

"선생님, 그가 말하길 이 길을 지나가고 싶으면 5만 1,000루피(89만 원)를 내랍니다. 그럼 길을 터주겠다는군요."

뭐라고? 얼마?

다음 순간 나는 폭발 직전에 이르렀다. 반대편에서 다가오는 또 다른 차가 얌전히 갈라지는 무리 사이를 유연히 빠져나와 우리를 지나쳐 갔기 때문이다.

"저 차는 뭡니까? 일방통행이라면서요? 왜 반대편으로 가는 거죠? 저 차 운전자는 한 푼도 안 낸 것 같은데?"

내가 쏘아대자 종교 지도자라는 사람이 차에서 내렸다. 여행 상담사도 뒤따랐다. 그러자 갑자기 상황이 새로운 국면으로 접어들었다. 북소리와 종소리가 더 빠르고 커졌으며, 모두 미치광이처럼 빙글빙글 돌며 창문을 내리쳤다. 이제는 여행 상담사도 가세했다. 나는 푹푹 찌는 택시 안에 홀로 앉아 있었다. 바깥 온도는 45도에 이르는데 차 안에는 에어컨이 없고, 누구도 물러날 생각이 없어 보였다. 어느새 택시기사는 차에서 내려 이 상황을 그저 멍하니 바라보기만 하고 있었다. 차에서 내려 걸어갈 수도

있겠지만 간선도로까지는 몇 킬로미터나 가야 했다. 게다가 이런 더위에
서는 10분도 못 견딜 것이다.

나는 납치되었다. 지금까지 그들은 내 몸값으로 1,000달러(113만 원) 가
까이를 요구했다. 그것도 나 자신에게! 지갑을 열어 현금이 얼마나 있는
지 확인했다. 그러자 그 남자가 다시 나타나 내 얼굴에 대고 기도문을 외
우며 내 이마에 붉은 빈디(힌두교도 여자들이 이마 중앙에 찍거나 붙이는 장식용

점)를 찍었다. 손목에 팔찌를 두르면서 신의 가호를 빌기도 했다. 자기 역할을 충실히 수행한 그의 공로를 인정해줘야 하는 건가?

여행 상담사가 다시 나타나서 그냥 돈을 내라고 간청했다.

"선생님, 너무 덥잖아요."

"나한테 덥다는 얘기 하지 말아요! 당신들은 날 납치했어."

점차 뚜껑이 열리기 시작했다.

"선생님, 납치가 아닙니다. 제가 같이 있잖아요. 제가 선생님 여행 상담사인걸요."

저 천진난만한 표정이라니.

"그냥 돈 주세요. 그럼 갈 수 있어요."

말도 안 되는 악몽에 시달리는 것 같았다. 납치범들에게 내 몸값을 치르지 않으면 갈 수 없다는데, 이게 납치가 아니란다. 나는 불판 위에 올려져 익어가는 듯한 택시 안에 납치범과 앉아 있었고, 창밖에서는 여행 상담사가 춤을 추고 있었다. 더는 내가 어떻게 될까 봐 겁이 나지는 않았지만 그래도 할 수 있는 것이 없으니 자유롭지도 않았다. 이제는 돈을 줘야 할 것만 같았다. 그래도 1,000달러는 안 된다. 어쨌든 여기는 흥정의 나라 인도 아닌가. 내 몸값이라고 깎지 못할 것 없지.

낮은 가격부터 시작하기로 했다. 그에게 먼저 40파운드(6만 원)를 제안했다. 눈앞에 지폐를 내보이니 그가 돈뭉치를 받아들고 세기 시작했다. 그가 머리를 세게 흔들었다. 좋다는 건가, 아니라는 건가? 남자는 여행 상담사에게 힌디어로 뭐라 내뱉더니 자리를 떠났다. 그러자 여행 상담사 역시 그를 따라 건물 안쪽으로 사라졌다.

뭐가 어떻게 돌아가는 건지 전혀 감이 안 잡혔다. 내가 실수한 건가? 내 몸값을 너무 후려쳤나? 제시 금액의 6퍼센트 정도를 불렀으니 너무했나? 얼마 지나지 않아 둘은 다시 모습을 드러냈고, 남자는 무리를 향해 다시 무언가를 말했다. 저 백인 남자에게 폭력을 가하라고 명령하는 걸까? 아마 아니겠지. 돌연 그가 박수를 치자 무리가 흩어졌다. 사내들은 북과 종을 챙기기 시작했고 순식간에 거리는 텅 비었다. 사람 그림자도 보이지 않았다. 종교 의식은 끝났다. 여행 상담사가 차 안으로 뛰어들자 택시기사가 돌아와 시동을 걸었다. 모든 것이 한 순간의 악몽이었다는 듯 차는 다시 거리를 내달려 고속도로에 올랐다. 몇 분간의 침묵 끝에 여행 상담사가 몸을 돌려 날 바라보았다. 그래도 사과는 하겠지.

"저는 선생님의 문제를 해결해 드리기 위해 여기 있는 겁니다."

"제 문제는 단 하나, 당신이에요. 당신이 제 유일한 문제입니다. 당신을 만나기 전까지는 아무 문제도 없었다고요!"

그러자 그가 울기 시작했다. 정말이다. 잠깐 사이에 그는 눈물을 뚝뚝 흘리며 말했다.

"선생님, 제겐 정말 곤란한 문제가 많습니다. 제발 저 좀 도와주세요."

Chapter 2

성공하는 사기꾼은
이익에 욕심내지 않는다

두 시간째 택시에 앉아 있었다. 온몸이 땀으로 흥건했고 더위에 진이 다 빠져버렸다. 남자는 여전히 흐느끼며 애처로운 표정으로 내 무릎 위에 놓인 문서를 집어 들었다.

"제발, 제발 저를 도와주세요."

나는 이 택시에서 내리고 싶은 마음이 굴뚝같아서, 눈앞의 남자를 무참히 내칠 수도 있을 것만 같았다. 무엇보다 찬물 샤워가 절실했다. 그런 뒤 단잠에 빠져서 이 세상에서 가장 황당했던 납치 사건을 깡그리 잊어버리고 싶었다. 발리우드 사기를 조사하러 왔건만, 지옥 길을 오간 택시에서 나만의 공포 영화를 한편 찍은 기분이었다. 느닷없이 고속도로 가에 차가 멈춰 섰다. 여행 상담사가 길 건너의 건물을 가리키며 말했다.

"여기가 선생님 호텔입니다."

분명 건너편에 호텔이 있었지만 내가 예약한 곳은 아니었다. 나는 이미 뭄바이 중심가에 있는 호텔을 예약했고 계산도 마쳤다. 고속도로 한편에 있는 이런 허름하고 흉흉한 지저분한 호텔은 절대 아니었다. 이 남자는 도대체 내게 무슨 원한이 있어서 이렇게 시간을 들여가며 나를 지옥의 구렁텅이로 데려가는 건지 의문이 들었다.

"여긴 제가 예약한 호텔이 아닌데요."

"선생님, 그 호텔은 문을 닫았어요. 보수 공사 중이거든요. 여기가 더 좋은 호텔입니다."

아, 그럼 그렇지. 이 자는 이 호텔과 관계가 있는 게 틀림없다. 관광객을 데려오는 대가로 뒷돈을 받은 거겠지. 이제야 분명해졌다. 이건 또 다른 사기일 뿐이다. 남자는 내게 택시 요금으로 200달러(23만 원)가 나왔다고 대수롭지 않게 말했다. 그래, 이제 더 이상은 안 된다. 그만 끝낼 시간이다.

흥미로운 쇼였지만 솔직히 한참 전에 끝냈어야 했다. 이제 사건의 내막을 다 털어놓고 상황이 어떻게 돌아가는지 지켜봐야 할 시간이다. 나는 상담사에게 지금까지 숨긴 것이 있다고 말하며 내가 순진한 관광객이 아님을 고백했다. 그의 공로는 인정한다. 이번 사기는 내가 겪어본 사기 중에 가장 독창적이었다. 그래도 사기는 사기다. 그는 천진한 표정으로 나를 물끄러미 바라보며 내가 하는 말에 고개를 끄덕였다. 제대로 듣고 있는 듯했다.

"선생님."

그가 침착하게, 흔들림 없는 목소리로 말했다.

"전 선생님의 여행 상담사입니다. 사기를 치는 게 아니에요."

휴우. 얘기가 길어지겠는데?

우리는 한 시간 반이나 더 실랑이를 했다. 나는 이 수상한 호텔에 가지 않을 것이며, 200달러나 되는 터무니없는 택시 요금도 낼 수 없다고 단호히 말했다. 그는 계속해서 자신이 진짜 여행 상담사이며 절대 사기를 치는 것이 아니라고 우겼다. 그렇게 끔찍한 뭄바이의 더위 속, 스모그가 짙게 깔린 먼지투성이 길가에서 우리는 한참 동안 옥신각신했다. 어느 한쪽도 물러서지 않았다.

비밀리에 활동하는 이런 범죄자들을 인터뷰할 때면 꼭 비슷한 상황이 벌어진다. 이미 상황이 종료됐음에도 눈치 게임을 이어가는 그런 상황. 상대가 내막을 알고 있다는 사실을 본인도 알지만 게임을 끝내지 않는 지점에 도달했다. 범죄자 쪽에서 궁지에 몰렸다고 느끼는 탓이다. 지금의 상황에서 그가 할 수 있는 일은 계속 사기를 치는 것뿐일 테니까. 내가 200달러를 내지도, 저 수상한 호텔에 가지도 않을 거지만, 그가 기꺼이 협조해준다면 여전히 무언가 건질 수 있는 사람임을 스스로 깨우치게 만들어야 했다. 동시에 그가 곤경에 빠지는 일도 없을 것이라고 안심시켜야 했다. 하지만 그는 상황을 이미 파악하고도 계속 시치미를 떼서 내가 포기하게 만드는 것이 최선책이라 판단한 모양이다. 그 생각이 틀렸다는 것을 알려주려면 인고의 시간과 끈기가 필요하다.

먼저 그의 마음을 사로잡는 방법을 택했다. 택시 사기는 워낙 흔해서 웬만한 경우는 다 겪어봤기에 이골이 난 참이었다. 그런데 오늘, 그들이 보여준 쇼의 어마어마한 규모와 상상력에 감동받았다며 장황하게 떠들었다. 국립극장에서 햄릿을 연기하는 로렌스 올리비에를 보는 것만 같다면서.

아무 반응이 없었다. 미동도 하지 않았다.

이번에는 전략을 바꿔 당근을 제시했다. 엄밀히 말하면 당근과 채찍이었지만. 200달러의 절반을 줄 테니 지금 이 상황에 대해 솔직히 말해달라고 제안했다. 경찰에는 절대 알리지 않겠다는 약속도 빼먹지 않았다. 단, 내 제안에 응하지 않으면 바로 경찰을 불러 그들의 처분에 맡기겠다고 했다. 그러자 그가 드디어 당근을 물었다.

우리는 일단 굉음을 내며 지나가는 차들을 피해 다시 택시에 올랐다. 그는 자기 이름을 꼭 익명에 부쳐달라고 당부하면서, 자신의 사기 수법이 어떻게 돌아가는지 설명하기 시작했다. 당연한 말이지만 그는 여행 상담사가 아니라 전문 사기꾼이었다. 거리에서 만난 미친 사내 무리의 난동도 그가 꾸민 것이며, 얼마를 받든 그들과 50대 50으로 나눈단다. 시나리오는 여러 개였다. 흔히 쓰는 수법은 노부인이 복통을 호소하며 차에 뛰어들어 병원까지 태워달라고 간청하는 것이란다.

"관광객들은 항상 다른 사람을 도우려 하더군요. 그렇게 병원에 도착하면 돈을 좀 더 달라고 하는 겁니다. 잘하면 100달러(11만 원)를 얻어낼 수도 있어요. 물론 병원 역시 우리랑 한 패죠."

이 수법은 정말 기발한데? 오늘은 왜 노부인이 없었는지 묻자, 역설적이게도 오늘은 아파서 못 온다고 했단다. 그들의 궁극적인 목표는 택시 요금 200달러였다. 실제 택시 요금은 5달러(5,655원)면 충분하다고 한다. 여기에 손님이 자기가 '안내'한 호텔에 묵으면 더할 나위 없단다. 운 좋은 날에는 호텔 수수료까지 포함해서 순익이 500달러(73만 원)가 넘는다고 한다.

"지쳐서 나가떨어지게 만드는 거죠. 오랜 비행 뒤에 푹푹 찌는 택시 안에서 세 시간을 보내고 나면 다 필요 없고 그저 쉬고 싶어지잖아요. 그래서 다른 호텔을 예약했어도 그냥 여기 묵는 겁니다. 포기하는 거예요."

그의 얘기를 듣고 이 사기극에 그렇게 많은 노력이 들어가다니 놀랍다고 말했다.

"여긴 발리우드잖아요. 뭄바이 사람들은 모두 배우를 꿈꿉니다."

그가 으쓱해하며 대답했다. 그는 이 일에 수년 전에 뛰어들었는데, 시간이 지나면서 수법을 조금씩 정교하게 다듬었다고 한다. 진심으로 이 일을 즐기는 것 같아 보였다.

"맞아요. 난 이 일이 좋습니다."

"정말로 연기를 즐기시는군요."

나는 약속한 100달러를 건네며 말했다. 그러자 그가 웃으며 덧붙였다.

"돈 버는 것도 좋고요."

그와 헤어진 뒤 택시는 차를 돌려 나를 원래 예약했던 호텔로 데려다줬다. 뭄바이는 내게 예상치 못한 깨달음을 주었다. 과연 사기를 파헤치기에 흥미로운 장소가 될 것이다. 탈진할 만큼 피곤했지만 호텔에는 아직 도착하지도 않았다. 내일부터는 이곳에 온 원래 목적인 발리우드 영화 사기를 본격적으로 파헤쳐볼 생각이다. 아, 그전에 잠부터 실컷 자야지.

Chapter 3

발리우드 스타가 되기 위한
투자 비용

다음 날 아침, 피로를 떨쳐내고 산뜻한 기분으로 호텔 방 발코니에서 아침식사를 하며 아무렇게 뻗어나간 도시를 내다보았다. 뭄바이는 도시의 케케묵은 낭만이 남아 있는 곳이다. 꿈을 꾸는 사람들과 그 꿈을 좇아 스타가 되기 위해 모인 젊은이들, 그리고 갱스터까지 한곳에 모여 떠도는 곳. 구걸하는 사람들이 예술가와 종업원, 어부와 함께 어울리는 곳. 그리고 세계 어느 도시보다 억만장자도 많고 빈민가도 많은 그런 곳. 인도의 금융 강자이자, 패션의 진원지이며, 결정적으로 인도 영화 및 방송 사업의 중심지. 이곳이 바로 발리우드다.

인도에서 처음 찾은 곳이 뭄바이라면 마음을 단단히 먹는 편이 좋다. 신체적으로 크게 위협이 될 일은 없지만, 이곳의 순수한 에너지만으로도 압도당하고 말 테니까. 도시의 심장부에는 이례적으로 웅장한 식민지 시대풍 기차역이 있다. 유럽 기독교 교회 지붕 네 귀퉁이에나 붙어있을 법한 가고일 상과 작은 탑, 첨탑 등이 있는 화려한 고딕양식 건축물이다. 길 모퉁이를 돌면 세계 어디서든 볼 수 있는 흥미진진하고 전위적인 신축 건물들이 있다. 그중에는 세계에서 가장 비싼 개인 주택으로, 10억 달러에 달하는 건물도 있다. 조금 더 깊숙이 들어가면 상점가와 사원들을 만날 수 있을 뿐만 아니라 생기 넘치는 레스토랑과 술집에서 떠들썩한 밤 문화도 즐길 수 있다.

나는 콜라바 코즈웨이에서 가까운 길모퉁이에 서 있었다. 서양인이 차고 넘칠 정도로 많은 이곳이, 여행 안내서에는 관광객이 조심해야 할 지역이라고 나와 있었다. 나는 그 경고를 믿고 여행 안내서와 지도를 손에 든 채, 전형적인 관광객처럼 보이려 최선을 다하며 두 시간째 이곳 모퉁이에 서 있었다. 직무 설명서에서는 말해주지 않았지만, 내 일이라는 게 원래 발품을 많이 팔아야 하는 일이다. 유약한 여행자처럼 보이려고 오랜 시간 애쓰는 것도 지친다. 게다가 순진한 표정을 지어 보이는 것은 또 얼마나 힘든지.

여느 번잡한 국제도시가 그렇듯, 사람들은 자기 볼일을 보며 부산스럽게 나를 스쳐갔다. 내게 접근한 이들은 텅 빈 눈빛의 거지들뿐이었다. 말벗 삼아 그들에게 말을 걸어볼까도 생각했지만 그만뒀다. 그들에게서 멀어지기 위해 길모퉁이를 돌아가는데, 나를 죽 훑어보는 한 남자가 눈에 들어왔다. 그는 나와 눈이 마주치자 다가와서 인사를 건넸다. 조금은 후줄근한 행색과 어딘가 멍한 눈빛이 대마초 때문은 아닌지 의심스러웠다. 그래도 그가 오늘 오전을 통틀어 내게 말을 걸어준 유일한 인도인이었기에 말동무가 생겨서 기뻤다. 우리는 인도 사람들이 어떤 대화를 시작하든 의무적으로 묻게 되는 질문들('결혼 하셨나요?' 같은)을 주고받았다. 그 뒤 뭄바이에 있는 동안 무엇을 할지 얘기하는 동안, 나는 계속해서 이 남자가 무슨 꿍꿍이가 있는 건지 알아내려 애썼다. 그가 무심히 내게 영화배우냐고 물었다.

이상한 질문이었다. 이게 책에서 읽은 사기의 시작인 건가? 나는 영화배우는 아니지만 그렇게 물어봐주니 기분이 좋다고 대답했다. 그는 조금 실망한 기색을 보이더니, 내게 영화배우 같다며 진심 어린 듯한 칭찬을 건넸다. 그러고는 내가 고맙다고 말할 새도 없이 그는 인사를 하고 떠났다. 실망한건 내 쪽이었다. 우선 그가 내게 사기를 치려 하지 않았다는 점이 실망스러웠고, 둘째로 거리에서 그저 우호적으로 다가오는 사람을 체질적으로 못 미더워하는 내가 실망스러웠다.

근처에서 점심을 먹으며 잠시 쉬기로 했다. 그러면서 아까 만난 남자를 생각하고 있는데 단정한 옷차림에 예쁘장한 젊은 여성이 다가와 말을 걸었다.

"안녕하세요. 배우세요?"

우연의 일치겠지? 하지만 난 우연 같은 건 믿지 않는다. 꿈자리가 좋았거나 아니면 무슨 일이 생기려는 것이거나. 레이더가 켜졌다. 전에 만난 남자가 일종의 앞잡이가 아니었을까. 제발 그러길. 나는 다시 순진한 관광객 모드로 돌아가 가식적인 표정을 장착하고는 이 멋진 아가씨에게 말했다.

"하하, 배우는 아니지만 매력적으로 보이려 애쓰고 있죠."

"배우 하실 수 있잖아요."

어쩐지 낯선 표현이다. '배우 하셔도 되겠네요'나 '배우 해볼래요?'도 아니고 '배우 하실 수 있잖아요'라니.

"농담 아니에요. 요즘에는 그쪽 같이 생긴 남자들을 많이 찾으니까요."

백인을? 발리우드는 좀 더 인도 느낌이 강하지 않나?

"상관없어요. 카트리나 카이프Katrina Kaif나 에이미 잭슨Amy Jackson 모르세요? 인도인이 아닌데도, 지금 발리우드에서 제일 잘나가는 스타가 됐잖아요."

나의 새로운 팬이 자신을 소개하기 시작했다. 이름은 몰리. 캐스팅 디렉터. 신인 배우를 찾는 게 자신의 일이란다. 그러고는 시간 있으면 자신이 커피를 한잔 살 테니, 내가 어떻게 스타가 될 수 있는지 들어보란다. 나는 이것이 사기인지 아닌지 계속 의심하고 있었다. 그런데 몰리는 내가 전에 만난 다른 사기꾼들과는 달랐다. 자신만만하고 매력이 넘쳤으며 언변도 좋은 데다, 여성이었다. 만약 그녀가 사기꾼이라면 적중률이 상당하겠지. 매력적인 캐스팅 디렉터가 거리에서 말을 걸어와 내가 차세대 카트리나 카이프가 될 수 있다고 말한다면 그 누가 마다하겠는가? 게다가 이곳은 발리우드인데! 사실 카트리나 카이프가 누군지는 나도 잘 모른다. 그래도 분명 엄청난 부자겠지.

둘 중 하나다. 내 예상이 틀려서 그녀가 날 정말 스타로 만들려 하는 것이든지, 아니면 예상대로 이것이 사기이든지. 나는 '레오폴드'라는 카페로 가서 얘기를 좀 나누자는 그녀의 제안을 받아들였다. 아이스커피를 앞에 두고 열변을 토하는 그녀는 열정적이고 진지했다. 몰리는 자신이 새로운 영화의 배역을 캐스팅하고 있는데 곧 촬영에 들어갈 거라고 했다. 지금 준비가 거의 다 됐지만 외국인 배역 하나를 아직 구하지 못했다고 한다. 요즘 인도 영화에는 외국인 배우가 특별 출연하는 것이 필수가 되었는데, 이 외국인 배우가 일종의 고속 기억 장치 역할을 한다고 한다. 이국적으로 보이기도 하고. 아무튼 굉장한 영화가 될 거란다. 원래 이 배역을 맡기로 한 배우가 있었는데, 그가 막판에 손을 떼는 바람에 이렇게 거리에 나와 스타가 될 만한 멋진 서양인을 찾고 있다고 했다. 이 모든 말은 내가 한 말이 아니다. 그녀가 직접 한 말이다. 물론 반박하지는 않았다. 몰리는 이 동네 카페들이 남들 눈에 띄길 바라는 신인들이 많은 곳으로 유명해서, 일종의 비공식 캐스팅 라운지라고 덧붙였다. 사실은 내가 자기 같은 사람들에게 선택되길 바라며 의도적으로 여기를 서성이고 있던 게 아니라는 사실에 깜짝 놀랐단다. 그녀는 1950년대의 LA에서 넘어온 사기꾼인지도 몰랐다. 지금 그녀에게 나는 부와 명예에 목마른 순진한 신인 배우로 보이겠지. 적어도 그녀가 이렇게 생각하고 있길 바라며, 나는 그녀가 이 상황을 이용해서 어떻게 내게서 돈을 뜯어낼지 알고 싶어 안달이 났다.

몰리는 감독이 100퍼센트 나를 마음에 들어 하리라 확신하지만, 그래도 전문가답게 접근해야 할 것 같다고 했다. 그녀는 우선 포트폴리오가 있는지 물었다. 감독에게 보여주려면 꼭 필요하단다. 당연히 평범한 사람이라면 휴가지에까지 그런 걸 들고 오지는 않겠지. 그래도 문제없다. 내겐 생각이 있다. 나는 휴대폰으로 사진을 찍어 몇 장 현상하면 되지 않느냐고 제안했다. 그녀가 고개를 흔들었다.

"그걸로는 안 돼요. 우린 좀 더 프로페셔널처럼 보여야죠."

그럼 어찌해야 한단 말인가? 아는 사람 하나도 없는 낯선 땅에, 휴대폰 카메라 말고는 카메라도 없는데.

"음……. 제가 해결할 수 있을 것 같아요."

믿어지는가? 몰리에게 해결책이 있단다. 그녀는 휴대폰으로 연락처를 조금 훑어보더니 말했다.

"서두르면 오늘 안에 포트폴리오를 만들 수 있겠어요. 그런데 사진을 찍으려면 작가가 필요한데 무료로 봉사하는 사람은 없거든요. 돈을 좀 투자할 수 있겠어요?"

아하, 드디어 왔군. 내가 돈을 건넬 순간. 바로 이거지!

"그럼요, 안 될 거 뭐 있나요?"

나는 한껏 고조된 목소리로 대답했다. 그녀가 웃었다. 내가 걸려들었다고 확신한 모양이다. 몰리는 전화를 걸어 사진작가와 내 포트폴리오에 대한 협상을 하기 시작했다. 몇 분 뒤 전화를 마친 그녀는 사진작가와 이야기를 잘 끝냈으니 이제 계약을 하자고 말했다. 지금 최고의 연기가 자신의 눈앞에서 펼쳐지고 있다는 걸 그녀도 알았더라면. 나는 극도로 흥분한 표정으로 연신 고개를 끄덕였다. 내가 묵는 호텔에서 촬영한다면 400파운드(60만 원)에 사진을 찍고 완전한 포트폴리오를 전달할 수 있을 거란다. 비싼 것 같다며 머뭇거리는 나를 그녀가 이것도 저렴한 거라며 설득했다. 이 돈은 하루면 다 벌 거라고 안심시켰다. 원하는 것이 있으면 스스로 투자를 해야 한단다. 내가 생각할 시간을 좀 가지면 안 되겠냐고 물으니 안 된다고 했다. 촬영이 내일이니 오늘 다 정해야만 한다고.

"빨리 정하셔야 돼요."

그녀는 오늘 또 다른 일이 있기 때문에 지금 이 자리에서 결정하라고 했다. 선택은 나한테 달렸다. 결정적인 순간이었다. 나는 적당히 마음속으로 고민하는 척 시간을 끌었다. 물론 내 대답은 '좋아요'였다. 내 예상이 맞다면, 이것이 내가 뭄바이에서 찾아내려던 사기 수법이었다. 나는 용기를 내는 척 말했다.

"한번 해보죠."

그녀가 하이파이브를 건넸다. 우리는 한 시간 안에 호텔 로비에서 사진작가와 함께 만나기로 했다.

호텔에서 만난 사진작가, 아디트야는 자신을 '밥'이라고 부르라고 했다. 밥에게 그도 사기에 가담한 건지, 아니면 이제 막 예약을 받은 진짜 사진작가인지 묻고 싶었다. 양쪽이 작당한 음모인지 알고 싶었지만, 내 정체가 탄로 날 위험까지 무릅쓸 수는 없었다. 밥은 사진 찍을 장소에 대해 파격적인 제안을 했다. 수영장에서 프로필 사진을 찍는다니. 우리는 그곳에 도착해 입을 옷을 골랐다. 깔끔한 옷, 캐주얼한 옷 화려한 옷. 나는 여전히 순진한 관광객 행세를 하면서 본전을 뽑는 편이 낫겠다는 쪽으로 생각을 굳혔다. 밥이 내게 매력을 뽐내보라고 했다. 내가 수영장 옆을 여기저기 오가며 무대에서 쓸 법한 포즈를 몇 가지 선보이자 밥이 연신 셔터를 눌러댔다.

"좋아요, 좋아."

그가 계속 격려하며 말했다.

"타고났네요."

몰리도 가세했다. 인정한다. 어느새 나도 이런 공상을 즐기고 있었다. 내가 정말 영화에 출연하기 위해 뭄바이 수영장에서 사진을 찍고 있는 거라면 어떨까? 정말 끝내줄 것 같았다. 나 역시 관심을 받으니 좋았고 촬영을 진심으로 즐겼다. 누구든 이것이 진짜라는 환상에 빠져들 수 있겠다는 생각이 들었다. 걸어가는 사진을 찍고 나니 몰리가 서둘러 수영복으로 갈아입고 수영장에 들어가 상반신 노출 사진을 찍자고 말했다. 그녀는 이것을 '나쁜 남자' 사진이라 불렀다. 입술을 삐죽여 보라, 얼굴을 찡그려 보라, 제임스 본드James Bond처럼 해보라는 둥 온갖 주문이 떨어졌다. 우습다는 생각도 들었지만 몰리는 계속 재잘거렸다.

"멋있어요. 훌륭해!"

밥도 만족하는 듯했다. 모두가 만족스러운 촬영을 이어가고 있었는데 몰 리가 문득 무언가를 기억해내고는 다음 단계로 넘어갔다.

"배우 조합 카드 없으시죠?"

진심으로 걱정하는 표정이었다. 이 정도 연기면 오스카상도 받겠는데. 물론 내게 그런 카드가 있을 리 만무하다. 배우가 아니니 없을 수밖에.

"그게 문제가 되나요?"

"심각한 문제죠. 그게 없으면 세트장에서 촬영 못 해요."

사기가 한 층 더 덧씌워지는군.

"그럼 어떻게 해야 하죠? 방법이 있나요?"

"그럼요. 있고 말고요."

휴우. 다행이다. 하마터면 스타가 될 수 있는 이 엄청난 기회를 놓칠 뻔했네.

물론 다들 눈치챘겠지만, 이번에도 몰리의 해결책에는 돈이 들었다.

"카드를 서둘러 만들어야 해요."

얼마일까?

"300파운드(44만 원) 정도 되는데 지금 당장 필요해요. 안 그러면 내일 촬영 못 해요!"

영화배우가 되는 데 필요한 돈이 조금씩 늘어났다. 다 하면 700파운드(100만 원)다. 이 정도면 대책 없이 순진한 멍청이에게 안심을 시켜줘야 할 순간이다.

"영화에는 분명히 출연할 거예요. 그건 걱정할 필요 없어요. 그런데 조합에는 가입비를 내야 돼요. 다른 방법이 없어요."

이 모든 위장의 목적은 표적에게 한껏 바람을 넣는 것이다. 몰리의 계획이 효과가 있다면 지금쯤 표적은 약속된 유명세에 취해 이미 스타가 된 기분일 거다. 그런 상태라면 700파운드쯤이야 얼마 안 되는 돈으로 보일 테지. 스타가 되면 이틀 만에 메꿀 수 있는 돈이니 말이다. 손실이라기보다는 투자다. 그럼 누가 밀어붙이지 않겠는가? 너무나 자연스러운 흐름이다. 더 생각할 것도 없다.

나는 몰리에게 촬영비와 카드 비용을 합해 700파운드를 건넸다. 그녀는 여전히 급해 보였다. 허비할 시간이 없다고, 어서 빨리 배우 협회 사무실로 가서 서류를 쓰고 카드를 제때 받아 와야 한다고 했다.

"빨리 가봐야 돼요. 이 사진들을 보여주고 카드를 만드는 게 제 일인데, 너무 늦어졌네요. 그럼 우리는 내일 아침 10시에 레오폴드에서 볼까요?"

그곳에서 함께 세트장으로 가면 감독을 만날 수 있단다. 그녀가 내 양볼에 키스하며 오늘 밤은 푹 자두라고 말했다.

"잠을 잘 자둬야 돼요, 슈퍼스타."

머릿속이 윙윙거렸다. 꽤 괜찮은 하루였다. 발리우드 사기 현장에 실제로 뛰어들어 캐스팅과 사진 촬영까지. 이제부터 시작이다. 지금 나는 몰리의 낚싯 바늘에 걸린 물고기다. 이다음 어떤 일이 벌어질지 궁금해서 기다릴 수가 없었다. 그날 밤, 잠자리에 들면서 언제쯤 몰리에게 내 실체를 알리는 게 좋을지 전략을 짰다. 그녀에게 나도 가담할 수 있느냐고, 공범이 되어 사진작가 역할이라도 해볼 수 없겠냐고 설득해봐야지. 내일 있을 일을 예행연습을 하면서, 내가 익을 대로 익어 떼어먹을 게 많은 표적임을 보여줄 생각을 하니 마음이 들떴다. 내일 정말 재미있겠는데.

Chapter 4

1퍼센트의 가능성도 믿지 말 것

다음 날 오전 10시. 레오폴드에서 몰리를 기다렸다. 오늘은 또 어떤 사기 수법이 기다리고 있을까. 이번에는 감독도 합세하겠지. 나는 유명세를 좇아 더 많은 현금을 기꺼이 빼앗기고 말, 적극적이고 고분고분한 표적이었다. 그런 생각을 하며 커피를 주문하고 기다렸다.

11시. 몰리가 오지 않았다. 휴대폰에 몇 번 전화를 해봤지만, 신호음만 갈 뿐 받지 않았다. 혹시나 몰리가 이곳의 단골일지도 모르니 레오폴드 웨이터에게 그녀를 기억하는지 물었다. 약속 시간을 착각한 걸지도 모르니 20분을 더 기다렸다. 그래도 몰리는 나타날 기미가 없었다. 이렇게 잘 속는 나를 두고 돈을 더 뽑아내려 하지 않다니, 적잖이 실망했다. 그러나 시간이 지나자 이런 결과를 예상하지 못한 내가 바보처럼 느껴졌다. 어제 기회가 있을 때 정체를 밝혔어야 했는데. 나를 발리우드 영화 사기의 세계로 인도할 끈을 놓치고 말았다. 깊은 실망감을 안고 호텔로 돌아왔다. 혼자서.

다음 날, 몰리가 한 말이 생각났다. 누구든지, 무엇인지 되고 싶은 사람들은 모두 콜라바이의 카페들을 서성인다고 했다. 혹시나 그곳에 가면 그녀를 만날 수 있지 않을까? 확신은 없지만 인구가 1,500만 명이나 되는 도시에서 그밖에 다른 선택지가 뭐가 있겠는가.

나는 마치 '스타가 되고 싶어요'라고 말하는 듯한 옷으로 갈아입었다. 레이밴 선글라스를 끼고 청바지에 셔츠 차림으로 최대한 차려입고 나왔다. 그러고는 발리우드의 새 영화 개봉을 알리는, 발리우드 스타의 광고판이 있는 번화가의 한 카페로 들어갔다. 길 바로 옆에 있는 좋은 자리를 잡고 막연하게 영화계 종사자 같아 보이는 사람이 지나가면 입술을 내밀어 최대한 섹시한 표정을 지어 보였다. 돌아오는 것은 불안한 눈초리뿐이었다. 세 시간 동안 그런 표정을 짓다 보니 입술이 저려왔고 내 자신이 바보가 된 기분이이였다. 이것이 관심을 받고 싶어 몸부림치는 자의 현실이리라.

카페에는 나 같은 사람이 한둘이 아니었다. 맞은편에 한 무리의 아름다운 청년들이 있었다. 모두 유행하는 머리 스타일에 선글라스를 낀 20대였다. 적을 이길 수 없으면 그들과 손을 잡으라고 했던가? 젊은이들에게 다가가 배우인지 물었다. 다들 웃음을 터뜨렸다.

"아니요, 우린 학생이에요. 배우는 이렇게 일찍 안 일어나죠!"

여기서 배우를 만나려면 오후 늦게 와야 한단다. 그럼, 오늘은 여기까지만 할까.

다음 날 저녁, 다시 그곳을 찾았다. 카페는 더욱 북적였고 학생들 말대로 그 일대는 어제보다 더 활기가 넘쳤다. 이번에도 오랜 기다림이 될 것 같아 읽을거리를 좀 가지고 왔다. 맥주 한 잔에 『론리 플래닛』 뭄바이 편을 곁들였다. 흥미롭게도 책에는 몰리와의 경험을 거의 그대로 옮겨 놓은 대목이 있었다.

언젠가 관광객 한두 명이 적당한 때에 적당한 장소에 서 있던 덕분에, 실제로 영화 관계자의 눈에 띄어 발리우드 영화에 진출했다고 한다. 영화에 출연할 이국적인 서양인을 찾던 초기 발리우드 제작자들은 배우 못지않은 외모에 몸값은 아주 저렴한 서양인 관광객이 제격이라고 생각했다.

이 길거리 캐스팅 신화가 전해지면서, 관광객들이 자신에게도 그런 일이 일어날지 모른다는 환상을 품게 되었다고 한다.

발리우드는 그 이후 몰라보게 발전했고 이런 이야기들은 모두 옛날 일이 되었지만 신화는 아직 살아남았다. 충족되지 않은 기대가 있으면 기회도 있는 법. 이를 이용해 사기꾼들이 발을 들여놓기 시작했다. 몰리는 분명 진짜 캐스팅 디렉터는 아니었지만 그렇게 보일 만큼 웬만한 전문 용어를 알고 있었고, 700파운드면 하루 일당치고 괜찮은 셈이었다. 이곳에는 그런 사기꾼이 수두룩하다고 한다. 카페 밖에 앉아 이 책을 읽고 있으니, 사이비 캐스팅 디렉터들이 실제로 찾는 것이 무엇인지 알 것 같았다. 이들은 '재능'이 아니라 '취약함'을 찾고 있는 거다.

"안녕하세요. 여기 앉아도 될까요?"

누가 다가왔다는 사실조차 모르고 있었다. 남자는 유행을 쫓는 번지르르한 젊은 인도인 친구로, 가죽 재킷에 근사한 선글라스를 끼고 있었다. 그는 콜라를 주문한 뒤 블랙베리 휴대폰으로 메일을 확인했다. 그가 나를 보고 있는지조차 알 수 없어서 나는 그냥 읽던 책을 계속 읽었다.

"실례지만…… 배우세요?"

오, 드디어 왔군.

"아니요, 배우 아닌데요. 왜 그러시죠?"

"배우 같아 보여서요. 제가 캐스팅 디렉터라 잘 알아보거든요."

토니는 지금 작업 중인 영화에 대해 이야기하기 시작했다. 감독이 전도유망한 분이다, 이번 주부터 촬영에 들어간다, 외국인 배역을 맡기로 한 배우가 막판에 하차해서 문제였는데 내가 바로 그들이 찾던 그 얼굴이다 등. 몰리가 장황하게 떠들던 대본과 말 그대로 거의 똑같은 상황이었다. 그런데 이번 대본에는 예상 밖의 반전이 있었다. 사진이 필요 없다는 것이다. 간단한 스크린 테스트만 하면 된단다. 그럼 그 테스트에는 돈이 얼마나 들까나. 내 생각을 읽었는지 그가 허를 찔렀다. 비용은 자기가 부담할 것이니, 나는 한 푼도 낼 필요 없다고 했다. 흠, 이번 편은 좀 흥미로운데?

우리는 토니의 차에 올라타고 길을 따라 몇 블록 떨어진 스튜디오로 향했다. 그곳에 토니가 아는 매니저가 있단다. 대본을 몇 줄 외운 뒤 카메라 앞에서 연기를 하면 그걸 감독에게 보내고, 그가 마음에 들어 하면 배역을 따내는 간단한 일이었다. 감독이 마음에 안 든다고 해도 나로선 잃을 것이 없었다. 돈 한 푼 들이지 않았으니까. 도대체 뭐가 함정일지 궁금해 죽겠다.

스튜디오는 완전히 합법적인 곳 같았다. 작은 방에 그린 스크린 배경이 있고, 한쪽 끝에는 삼각대 위에 카메라가 놓여 있었다. 토니는 영화의 배경을 알려주고 내가 대사를 하면서 해야 할 행동을 대강 일러주었다. 대본을 읽어보니 나는 적진에서 인도 군인에게 체포된 영국 군인 역할이었다. 내가 맡은 인물은 힌디어를 잘 모르는 설정이기 때문에 첫 줄만 힌디어로 하고 다음 세 줄은 영어로 하면 된단다. 힌디어를 한 번도 해본 적이

없어서 토니가 몇몇 단어를 정확히 발음하도록 도와주었다. 이제 됐다 싶
을 때 자유롭게 시작하면 된단다. 잘 몰랐다면 내가 진짜 캐스팅이라도
된 줄 알았을 거다.

학교 다닐 때, 연극을 몇 편 한 적이 있었는데 그때는 정말 즐기면서 했
다. 이번 촬영도 우습기는 했지만 이왕 하는 거 열심히 해보자고 마음먹

었다. 나는 이게 사기라고 99퍼센트 확신하는데, 혹시나 단 1퍼센트의 가능성이 있을지도 모르니까 말이다(우습다는 거 나도 안다. 그래도 잠시나마 꿈이라도 마음껏 꿀 수 있게 해주자). 이것이 진짜 오디션이며 내가 실제로 발리우드 영화에 캐스팅될 수도 있다고 되뇌었다. 어쨌든 진실을 확인할 길은 하나밖에 없으니 일단 오디션에 열과 성을 다하자. 토니는 내 힌디어가 어색하다며 괜찮아질 때까지 몇 번 더 촬영을 하게 했다. 그의 태도가 워낙 완고해서 1퍼센트의 가능성은 1.5퍼센트, 아니 2퍼센트까지 올라갔다. 이게 사기라면 왜 계속 재촬영을 할까. 토니가 이렇게 사서 고생을 할 필요가 없지 않은가. 그냥 훌륭하다는 말 한마디 던져주고 다음 단계로 넘어가 내 돈을 낚아채면 되는 거 아닌가? 아직도 앞으로 어떻게 흘러갈지 도무지 종잡을 수가 없었다. 모든 게 혼란스러워지기 시작했다.

혼란은 좀체 가시지 않았다. 촬영이 다 끝났고 토니도 흡족해했다. 우리는 스튜디오를 떠나 다시 카페로 돌아왔다. 토니는 내가 보여준 가능성에 진심으로 흥분하면서 어서 빨리 촬영 테이프를 감독에게 전달하고 싶다고 말했다. 돈은 한 푼도 요구하지 않았다. 아니, 돈 얘기는 아예 꺼내지도 않았다. 그저 내 번호를 받고는 결과가 나오는 대로 연락을 주겠다고 했다. 토니는 나를 안아준 뒤 내가 스타가 될 거라 말하고는 떠났다. 잠깐, 그럼 사기는 어떻게 된 거지?

며칠이 지나도 토니에게 연락이 오지 않더니 드디어 연락이 왔다. 드디어! 감독이 테이프를 봤단다. 그렇다. 감독도 내 연기를 마음에 들어 했단다. '설마. 이거 농담이죠?'라고 물으니 그가 농담이 아니라고 단언했다. 모든 일이 순조롭게 진행되고 있고 감독도 나를 영화에 캐스팅하고 싶어 한다고 말했다. 축하 파티를 해야 하지 않겠냐고 묻는 토니에게 오늘 저녁 내 호텔로 오라고, 샴페인을 준비해놓겠다고 말했다. 전화를 끊고 나니 이제야 안심이 됐다. 휴우. 드디어 사기가 시작되는군. 다시 익숙한 영역으로 돌아오니 두근거리던 마음도 조금 진정이 됐다.

Chapter 5

알코올 소지
벌금 2,000달러?

그날 저녁, 토니는 파티 의상을 입은 젊은 아시아 여성과 함께 제시간에 나타났다. 여성은 20대 초반쯤 되어 보였는데 자신도 배우라고 했다. 이름은 멜로디. 그녀는 정말이지 너무 예뻤지만, 이제부터 내가 어떻게 사기를 당할지 모르는 상황이라 신경이 다른 곳에 곤두서 있었다. 토니는 기세등등해져서 이게 얼마나 멋진 기회인지 모른다고, 어서 샴페인을 따고 영화계의 발전을 위해 건배하자고 쉴 새 없이 떠들어댔다. 나도 조금씩 긴장이 풀리기 시작했다. 즐거운 분위기 속에 멜로디가 자기 얘기를 들려주었다. 그녀는 필리핀계 인도인 어머니와 필리핀인 아버지 사이에서 태어나 배우의 꿈을 안고 뭄바이로 왔다고 한다. 지금까지 영화에서 단역을 몇 번 맡았는데 그게 다 토니 덕이란다. 토니는 그녀를 무척이나 자랑스러워했다. 어찌나 자랑스러워하던지 그녀에게 일어나서 즉석에서 연기를 보여달라고 청할 정도였다. 몇 분 동안 민망한 댄스 오디션의 한 장면이 재현되었다. 그저 이런 건 내 취향이 아니라고만 해두자. 샴페인이 한두 잔 들어가면서, 나도 이 시간을 즐기기 시작했다. 룸서비스로 샴페인을 더 시키고 음악도 크게 틀었다. 토니라는 좋은 친구도 얻었고 멜로디도 내가 캐스팅 된 것이 기쁜 눈치였다. 물론 내게 조금 질투도 난다고 인정했다. 잠시 후, 문을 두드리는 소리에 부리나케 뛰어가 문을 열었다. 어라, 룸서비스가 아니었다.

문을 열자마자 거대한 덩치의 두 사람이 밀치고 들어왔다. 한 사람은 키가 190센티미터가 넘었고, 몇몇 인도 남자들이 그렇듯 녹색 눈동자가 번득였다. 제임스 본드 영화에서 조스 역할을 맡았던 리처드 키엘Richard Kiel이 떠오르는 얼굴이었다. 그의 동행은 대머리에 건장한 사내인데 서류철을 들고 있었다. 이들은 대체 누구인가. 왜 이렇게 당당하게 남의 방에 들어오는 거야?

뭄바이에서는 매 순간 또 다른 반전이 기다리고 있다. 덩치 큰 사내가 멜로디를 가리키며 물었다.

"저 여자 누구요?"

"그러는 당신은 누구요?"

내가 맞섰다. 그가 배지를 들어올렸다. 경찰이었다.

"그냥 가만히 앉아 있어요."

그가 내 자리를 가리키며 말했다.

"여기 또 누가 없나 찾아봐."

덩치 큰 사내가 대머리 사내를 보내 내 방을 훑게 했다. 아니, 경찰이면 다인가? 내 방에 무단 침입한 그들 때문에 화가 나기 시작했다.

"도대체 여기서 뭐하는 거요?"

"경찰이라잖아요. 그냥 앉아 있어요. 여긴 뭄바이라고요."

토니가 내 어깨에 손을 올리며 숨죽여 말했다. 나는 심호흡을 했다. 침착하게 앉아 있자. 난 잘못한 게 없으니 문제를 일으킬 이유도 없다. 덩치도 자리에 앉았다. 그가 몇 자 갈겨쓰더니 나를 올려다보았다.

"당신, 지금 뭐가 문젠지 알고 있습니까? 지금 큰 잘못 하고 있다고요."

모른다. 나는 그저 내 방에서 친구들과 술 한잔 하고 있었을 뿐, 법을 어긴 적은 없다. 누구에게도, 어떤 말썽도 일으키지 않았다. 대체 내가 무슨 잘못을 했단 말인가?

"음주 면허 있습니까?"

그가 완전히 험악한 말투로 물었다.

"난 스물한 살 넘었는데요."

당연한 말씀을. 그러자 경찰이 고개를 흔들며 말했다.

"뭄바이에서는 알코올 허가증이 없으면 알코올 소지가 불법입니다. 그리고 뭄바이에서 알코올 소비가 가능한 합법적 나이는 25세예요. 25세 미만인 미성년자에게 알코올을 제공하면 5년 이하의 징역에 처합니다."

이런 얘기는 지금까지 들어본 적도 없다. 나는 토니를 바라보았다. 그가 조심스레 고개를 끄덕였다. 이번에는 경찰이 멜로디를 유심히 보더니 물었다.

"저 여자는 몇 살이오?"

멜로디는 바닥만 바라보고 있었다. 대답이 없었다. 잔뜩 겁에 질린 표정이다. 경찰은 다시 멜로디를 가리켰다.

"미성년자구먼."

상황이 어떻게 돌아가는지 모르겠다. 음주 면허라니 들어본 적도 없었다. 뭄바이에서는 25세부터 음주를 할 수 있고, 게다가 멜로디가 미성년 자라니. 무슨 소린지 믿을 수가 없었다. 미성년자를 파티에 데리고 오다니, 그것도 내 방에. 토니는 대체 무슨 생각이었던 거지?

토니가 경찰에게 다가가 그의 귀에 뭐라고 조용히 속삭였다. 곧 경찰이 폭발했다. 그는 토니를 밀어붙이면서 무섭게 쏘아붙이기 시작했다. 이러다 싸움으로 번지겠다는 생각에 그들 사이에 끼어들어 둘을 진정시켰다.

"그만하세요. 알겠어요, 알겠다고요. 다 몰라서 한 실수 아닙니까."

경찰이 토니의 팔을 잡고 알 수 없는 힌디어로 뭐라 말했다. 토니에게 물었다.

"뭐라 그래요?"

토니는 조용히 나를 한쪽 구석으로 데려갔다.

"2,000달러(230만 원)를 달라는데요. 심각해요, 코너. 돈을 줘야 할 것 같아요. 그래야 이 상황에서 빠져나올 수 있어요."

정말 겁을 먹은 표정이었다. 그러면서 어처구니없는 말을 했다.

"저들은 멜로디가 매춘부인 줄 알고 있어요."

뭐라고? 갑자기 찬물을 확 끼얹은 기분이었다. 그럼 그렇지, 이거였군. 이게 바로 사기였다. 왜 진작 알아보지 못한 걸까? 이 둘, 어쩌면 셋 모두 동료이고 나는 그들의 먹잇감이었다. 멜로디는 미성년자가 아니고, 내가 체포되는 일도 없을 것이다. 다 날 뜯어먹기 위해 벌이는 짓이다. 그래도 순간 내가 깜빡 속아 넘어갈 정도의 연기력을 보여줬으니 그 공로는 인정해줘야 하나. 그래도 내가 그들의 사기 수법을 알아차렸다는 사실을 당장 알려주진 않을 것이다. 일단 이 연극에 동조하는 척하면서 상황이 어떻게 흘러가는지 봐야겠다.

나는 토니 쪽으로 몸을 돌려 겁먹은 연기를 했다. 다들 열연을 펼치고 있으니 나도 그만큼 해야 하지 않겠나. 물론 각자 다른 영화이긴 하지만.

"멜로디가 매춘부였어요? 토니, 이게 대체 다 무슨 일이에요?"

"당연히 아니죠. 그런데 코너, 저들이 매춘부라고 생각하는 미성년자와 같이 경찰서에 끌려가고 싶진 않잖아요. 내 말 들어요. 뭄바이 사람들이 항상 진실을 듣고 싶어 하는 건 아니라고요. 그냥 돈 주고 끝내는 게 나아요."

나는 펄쩍 뛰었다. 토니에게 윽박지르다시피 말했다.

"이건 미친 짓이라고요! 어떻게 상황을 이 지경까지 몰아넣어요?"

경찰들이 조용히 말을 꺼내려하자 갑자기 멜로디가 울음을 터뜨렸다. 혹시 그녀가 아무 죄도 없이 이 모든 사기극의 중간에 낀 건 아닐까 잠시 진지하게 고민했다. 경찰 하나가 다가가 그녀의 팔꿈치를 잡았다. 멜로디는 겁먹은 표정이었다. 누가 연기하는 것이고 누가 아닌지 이제 알 수 없었다. 경찰이 멜로디를 문밖으로 데리고 나자가 토니가 일어나 그들을 쫓아 나서려고 했다.

"어디 가요? 나만 두고 가면 어떡해요!"

"그녀를 혼자 둘 순 없잖아요. 그냥 돈 좀 쥐어주고 보내요."

토니는 짐을 챙기며 숨죽여 말했다. 그는 맡은 역을 완벽히 소화하고 이제 퇴장하려 했다. 멜로디와 함께. 나 혼자 다 떠안게 생겼다. 맞은편에 앉은 저 거대한 짐승과 단둘이 남겨져서 말이다. 나는 지난 며칠간 있었던 일을 떠올려보았다. 오디션, 토니의 연락, 오늘 밤 만나 파티하자는 그의 제안, 그리고 이 사내들의 등장과 2,000달러짜리 청구서……. 잠시 흔들렸던 마음에 다시 확신이 들었다. 내 직감은 이 모든 게 우연의 일치가 아니라, 철저히 계획된 사기라고 분명하게 말하고 있었다. 이미 뭄바이에서는 누구도 믿지 말자는 교훈을 얻지 않았던가. 지금까지 이곳에서 만난 모든 사람들에게는 연기자의 피가 흐르고 있었다.

경찰 역을 맡은 남자가 담뱃불을 붙이고 내 눈을 뚫어지게 쳐다보았다. 내가 관광객이고 그를 진짜 경찰이라 생각한다면 어떻게 했을지 상상해 보려 애썼다. 물론 이게 실제 상황이라면 그들에게 돈을 쥐어주고 말 것이다. 타국의 경찰서까지 끌려가, 왜 하필 경찰이 불쑥 들어왔을 때 미성년자 매춘부와 술을 마시고 있었는지에 대해 해명하고 싶은 사람은 아무도 없을 테니까. 내 감을 믿자. 이건 사기다. 확실하다. 아주 감쪽같았지만 그래도 확실히 사기다. 불현듯 모든 내막을 알아야겠다는 충동이 일었다. 결정의 순간이다. 이제 그만 끝낼 때가 됐다.

문밖으로 나가려던 토니를 불러 세웠다.

"토니, 연기 그만하고 이게 대체 어찌 된 일인지 안 털어놓을 거예요?"

그가 돌아섰다. 경찰이 자리에서 벌떡 일어나 휘청거리며 내 쪽으로 다가왔다. 토니가 그를 막고는 잠깐 기다리라 손짓하더니 나에게 달려왔다.

"젠장, 지금 무슨 소리 하는 거예요?"

그가 으르렁거렸다. 경찰 역시 내게 앉으라며 소리쳤다. 나는 순순히 앉아서 내 패를 펼쳐 보였다.

"나는 사기 현장을 추적하려고 뭄바이에 왔습니다. 그런데 이 모든 상황이 내가 찾던 사기극 같다는 생각이 드네요. 내 돈을 뜯어내려고 말이죠."

Chapter 6

뭄바이 사람들은 모두
배우를 꿈꾼다

순간 다들 얼어붙었다. 토니가 꽁무니를 빼려는지 휴대폰을 찾아 쥐고 전화를 걸었다. 경찰은 계속 나에게 눈을 부라렸다. 우리가 한동안 그렇게 앉아 노려보고 있는 사이, 토니가 돌아오더니 경찰과 옥신각신하기 시작했다. 토니는 언짢은 듯 보였고 경찰은 토니에게 잔뜩 화가 나 있었다. 내가 무슨 일인지 파악하기도 전에 토니가 인사도 없이 떠나버렸다. 결국 경찰과 나, 단둘이 남겨졌다.

"진짜 뭐하는 사람이요?"

경찰이 물었다. 내가 뭘 원하는지 말하는 내내 그가 날 쏘아보았다. 그는 몇 분 동안 눈 한 번 깜빡이지 않았다. 엄청난 집중력이었다. 위협을 가하려는 게 아니다, 그저 당신이 경찰이 아니며 경찰이었던 적도 없다는 사실을 알기 때문에 몇 가지 묻고 싶을 뿐이라고 말했다. 가만히 내 얘기를 듣던 그가 마음의 결정을 내렸는지 천천히 고개를 끄덕였다. 음울하고 뒤틀린 미소가 얼굴에 스치더니 깊고 우렁찬 웃음을 토했다.

"아주 훌륭해."

그는 나를 가리키며 한 마디 내뱉고는 다시 웃었다. 이제 연극은 끝났고 각자 맡은 역에서 빠져나오면 된다는 뜻인가. 나는 악감정을 몰아내고 안도의 한숨을 깊이 내쉬었다. 이제는 그가 이대로 떠나버릴까 봐 두려워지기까지 했다. 그런데 어쩐지 그는 기분이 좋아 보였다. 심지어 다 말해 주고 싶어 안달이 난 듯했다.

내가 먼저 이 공연이 얼마나 기발했는지 모른다며 말문을 열었다. 그가 겸손하게 고개를 숙여 화답했다. 내가 완전히 속아 넘어갔다고 하자 기뻐하는 눈치였다. 어떻게 이런 일을 하게 되었는지 궁금했다. 배우를 했었는지 묻는 내게 그가 담뱃불을 붙이고는 자기 얘기를 들려주기 시작했다. 그의 이름은 란지트, 어렸을 때 경찰에 체포된 적이 있었단다.

"난 아무 잘못도 하지 않았소. 그런데 부모님이 경찰에게 돈 몇 푼 쥐어주니까 풀어주더라고. 돌이켜보면 그때 가짜 경찰 행세를 하며 사람들 돈을 뜯어낼 수 있겠다고 생각하게 된 것 같소."

그의 첫 번째 사기 희생양은 친구들이었다. 1985년 어느 날 밤, 란지트와 친구 하나가 가짜 칼부림 사건을 벌였다고 한다. 그가 가짜 칼을 찌르면 친구는 땅에 쓰러지는 역할을 맡았다. 그 광경을 지켜본 다른 친구들은 모두 달아났고, 나중에 경찰 역을 맡은 다른 공범이 친구들을 찾아가 여러 가지 질문을 하며 겁을 준 뒤 친구들에게서 각각 400달러(45만 원)씩 뜯어냈단다.

"친구가 속이기는 제일 쉽죠. 내가 잘 아는 사람들이니까."

그가 웃으며 말했다. 생전 처음 듣는 사기 수법이었다. 사기꾼이 포식자인 줄은 알았지만, 그들의 사냥감은 언제나 불특정한 이방인들이라 생각했다. 그런데 란지트는 가장 친한 친구들도 표적으로 보고 있었다. 아무런 감정의 동요 없이 친구들에게까지 사기를 칠 수 있는 사람을 만나다니, 대단한데.

"관광객도 아주 쉬운 먹잇감이지. 토니하고는 같이 일한 지 몇 년 정도 됐소. 토니 같은 동료들이 몇 명 더 있는데, 누구와 작업하든 한 달 안에 표적이 될 관광객 한두 명쯤은 찾아낸다오."

그들이 항상 '발리우드 사기'를 치는 건 아니란다. 약으로 사기를 칠 때도 있다고 한다.

"한 명이 관광객에게 약을 권하면 다른 한 명이 경찰로 둔갑해서 나타나는 거요."

하지만 어떤 방법을 쓰든 결과는 언제나 같다. 관광객은 대부분 뇌물을 주고 만다고 한다. 하긴 경찰서까지 갔다가 혹시나 감옥에 갇혀 시간을 허비하느니 돈을 주는 게 낫다고 생각하겠지. 잘하면 1,000달러까지도 뜯어낼 수 있단다.

"그들이 얼마나 겁을 집어먹었느냐에 달렸어요."

오늘 밤 있었던 일을 진짜 경찰한테 말한다면 어떻게 되는 걸까.

"그때그때 다르겠지만, 보통 실상을 알고 나면 우리에게 자기들 몫을 요구할 겁니다."

가짜 경찰이 진짜 경찰에게 돈을 건넨다?

"맞아요. 돈은 누구나 좋아하잖소. 돈이면 다 해결됩니다."

여러모로 그는 배우에 가까워 보였다. 자신 외의 인물을 연기하는 사람. 가짜 경찰이라는 배역에 너무 몰입해서 이 역할이 그의 양심을 가려버린 걸까.

"어차피 사람은 다 배우 아닙니까. 누구나 다 연기를 하며 살아가잖소. 이 능력을 어떻게 선택하느냐에 따라 세일즈맨이 되거나 나 같은 가짜 경찰이 되거나 하는 거고, 그 일로 얼마나 많은 돈을 벌어들이느냐가 중요한 거요. 나 같은 경우에는 시작하면…… 끝을 봅니다."

그가 결의에 찬 표정으로 나를 뚫어지게 바라보았다. 무슨 광고 문구 같았다.

"나는 일할 때 자신감을 갖고 해요. 가장 중요한 건 일을 즐기는 거죠."

발리우드에서 배역을 맡을 생각도 있는지 물었다.

"안 될 거 뭐 있소? 제의만 받는다면 무엇이든 할 수 있습니다."

좋은 남자와 나쁜 남자 중에 어떤 역을 더 잘할 것 같은지 재차 묻자, 이런 대답이 돌아왔다.

"나쁜 남자가 낫겠죠. 코미디도 할 수 있어요."

소름 끼치게 차가운 목소리로 그가 말했다. 주변 사람들은 그가 무슨 일을 하는 걸로 알고 있을까?

"감자나 양파 같은 것을 팔고 다닌다고 생각해요."

그가 방 안이 떠나갈 듯 웃어젖혔다. 정말 코미디도 할 수 있겠는데. 문득 란지트가 즉흥 연기의 달인이라는 생각이 들었다. 게다가 큰 덩치에 금방이라도 벼락을 칠 것 같은 얼굴을 유리하게 잘 사용하고 있었다. 그런데 정작 본인은 언제나 물리적 충돌을 피하려고 한다고 말했다. 자기는 그저 협박으로 끝내는 편이고, 다급한 상황에선 주먹보다 머리를 쓰는 편이라고. 언제나 치밀하게 계획을 세우지만, 그를 비롯한 공범들은 모두 상황이 어떻게 변하든 자신감과 책임감을 가지고 행동한다고 한다. 결국 목표는 피해자가 잘못된 길로 빠져서 상황이 좋지 않게 흘렀으며, 도움을 구할 사람이 그밖에 없다는 사실을 믿게 만드는 것이니까. 물론 다 돈을 위해서지만 말이다.

란지트는 자신이 무엇을 원하는지 잘 알고 있으며, 그것을 얻기 위해서라면 언제든 도덕적인 틀을 벗어날 준비가 되어 있는 사람이었다. 사건의 진실은 별로 중요하지 않았다. 친구들을 등쳐먹으면서도 아무렇지 않은 사람이었다. 다른 생에서는 은막 위의 배우가 되었을지도 모르지만, 이번 생에서는 자신의 재능을 다른 쪽으로 써먹는 길을 택했다.

작별 인사를 하고 그가 뭄바이의 어둠 속으로 사라지는 모습을 지켜보며 나는 이곳에서 보낸 시간을 되돌아보았다. 뭄바이의 사기꾼들은 전 세계에서 만난 그 누구보다 독창적이었다. 그들의 능란한 솜씨에 혀를 내둘렀고, 여기서 밝혀낸 사실들에 짜릿한 전율을 느꼈다. 아마 그들 주변에서 일어나고 있는 영화 산업의 마법에 어느 정도 영향을 받은 것이리라. 전 세계의 도시마다 다양한 사기 수법들은 어떻게 보면 그 도시의 정신세계를 반영한다. 이곳에서 연달아 펼쳐진 사기극에 빠져있는 동안 나 역시 멋지게 짜인 한 편의 영화에 출연한 느낌이었다.

가짜 여행 상담사와 그의 열연, 사진작가까지 준비된 캐스팅 디렉터, 그리고 하이라이트였던 발리우드 캐스팅 일당과 축하 파티, 미성년자 매춘부와 가짜 경찰까지. 이 모든 사람들은 내 돈을 갈취하기 위해 고안된 정교한 농간 릴레이에서 맡은 역을 다했을 뿐이다. 그들 모두 제값을 톡톡히 해냈다.

브라보 뭄바이, 브라보!

Part 4

스페인 :
소매치기의 성지,
바르셀로나

대니가 피하는 건 다른 패거리만이 아니었다. 도둑들 사이에도 도리가 있단다. 스페인 사람 물건은 훔치지 않는다는 것이 그의 규칙이었다.

"스페인 사람은 안 건드려요. 내가 곤란해질 수 있으니까요. 재수 없으면 재판까지 갈 수 있거든요. 관광객은 안 그래요. 설령 문제가 생긴다고 해도 그들은 그냥 가던 길을 가요. 어쨌든 여기를 떠날 사람들이잖아요. 게다가 그들은 현금도 왕창 갖고 다니잖아요."

산티아고 순례길

스페인

몬세라트   지로나

바르셀로나

파티마   마드리드

리스본   발렌시아

세비아   그라나다

Chapter 1

모든 일은
람블라스 거리에서 시작된다

가끔 궁금하다. 급하게 짐을 챙겨 어딘가에 숨어야 한다면, 어떤 도시를 가장 먼저 떠올릴까? 아마도 바르셀로나가 1순위일 거다. 그런 일이 정말 생길 것 같다는 말이 아니라, 만일 생긴다면 바르셀로나만 한 곳이 없다는 뜻이다.

내가 바르셀로나에서 가장 좋아하는 곳은 에이샴플라 지구다. 바르셀로나에서 가장 유명한 건축가인 안토니 가우디Antoni Gaudi의 가장 유명한 건물, 사그라다 파밀리아 성당이 있는 곳. 바르셀로나를 좋아하는 사람은 나뿐만이 아니다. 이곳은 스페인에서 가장 인기 있는 관광지로, 런던과 파리 다음으로 세계에서 가장 많은 사람들이 찾는 도시로 매년 800만 명 이상이 방문한다. 열정적인 에너지와 흥미진진한 문화, 훌륭한 음식, 완벽한 날씨, 아름다운 공원, 멋진 해변, 그리고 빼어난 세계적 건축물까지 어느 것 하나 빠지지 않는다. 바르셀로나의 도시 구획은 전형적인 격자형으로, 1800년대 중반에 바르셀로나에서 두 번째로 저명한 건축가 일데폰스 세르다Ildefons Derda가 고안한 것이다. 세르다만의 독특한 디자인은 건물의 모서리를 둥글게 다듬는 것이었다. 장소에 '표정'을 더하는 그의 개성,

사실 여기에는 현실적인 이유가 있었다. 길을 건너는 보행자들에게 더 넓은 시야를 제공하고 회전반경이 큰 트램이 길모퉁이를 돌 때 공간을 확보해주기 위함이었다. 안토니 가우디는 1926년 6월 8일, 길을 건너기 위해 모퉁이를 돌다가 건축학적 역설의 장난인지 트램에 치이는 바람에 건물을 완성하지 못했다. 결국 최후의 승리는 세르다의 것인가.

관광객 대부분은 나처럼 부유한 서양인이다. 이들은 사그라다 파밀리아 성당의 경이로움을 넋을 잃고 바라보다 이곳의 태양과 문화에까지 빠져든다. 포식자 사기꾼의 눈에는 도합 800만 명의 관광객이 군침 도는 정어리 떼로 보일 것이다. 그중에서도 바르셀로나에 특화된 부류가 있다. 바로 도둑이다.

인생에 몇 번인가 도둑맞은 적이 있었는데, 그때마다 나는 미쳐버릴 것 같았다. 도둑을 향한 분노와 증오가 쌍을 이루어 폭발했지만 자기혐오도 만만치 않았다. 칠칠지 못한 내 자신이 가장 원망스러웠다. 도둑맞는 것도 알아차리지 못한 내 자신을 탓하며 스스로를 용서하기까지 며칠이 걸리기도 했다. 말 그대로 피해자에게 책임을 돌린 셈이다. 손쓸 새도 없이 당한 경우에는 특히 더.

도둑은 우리가 다른 일에 몰두하고 있는 사이, 조심스레 접근한다. 도둑맞은 사람이 '자업자득'이라느니 '정신 팔고 있지 않았다면 그렇게 당하지 않았을 거 아니냐'는 등의 비난을 받을 이유는 어디에도 없다. 그런데 수많은 책과 영화를 살펴보면 도둑은 안타까운 사연이 있거나 대의를 품은 영웅으로 그려지곤 한다. 왜 그들을 낭만적으로 그리려고 하는가? 이건 현실과 다르다.

이것이 내가 바르셀로나를 찾은 이유는 두 가지다. 첫째, 여기서는 대부분의 관광객이 완벽한 피해자가 되기 때문이고 둘째, 스페인이 사소한 범죄에 대한 법적 제재가 미약한 곳이기 때문이다. 이곳에서는 법적으로 400유로(51만 원) 미만을 '좀도둑질'로 규정하며, 이에 대한 처벌은 약간의 벌금 또는 3일 미만의 유치장행으로 그친다. 폭력이 동반되었거나 400유로 이상의 피해액이 발생하지 않는 한 징역형은 내려지지 않는다. 게다가 도둑은 전과도 참작되지 않는다. 이곳에서 내가 할 일이 분명해졌다. 도둑을 잡아 그들의 진상을 낱낱이 털어내는 것. 믿을 만한 여러 정보원에 따르면, 이곳이 소매치기의 성지라고 들었기 때문이다. 확실히 스페인은 말 그대로 도둑들이 차고 넘치는 곳이다. 그리고 그중에서도 바르셀로나는 도둑이 극성을 부리기로 가장 악명이 높다. 범죄에 관대하니 범죄의 원인에 대해서도 관대할 수밖에. 따라서 도둑이 자신의 기량을 안전하게 마음껏 펼치기에 바르셀로나만 한 곳은 없다.

당하는지 알아채지도 못하는 범죄를 어떻게 찾아내야 할지 벌써부터 걱정되기 시작했다. 지금도 누군가는 바르셀로나에서 지갑이나 휴대폰, 여권을 잃어버리고 있다. 잠시 뒤 그들은 도둑맞았다는 사실을 알게 될 것이고, 분노와 자기혐오로 괴로워할 것이다. 눈물도 흘릴 것이다. 그 순간 화려한 휴가는 엉망이 되고 말겠지. 곧이어 현실적인 문제가 들이닥친다. 보험은 들었던가? 이 사실을 경찰에 알려야 하나? 경찰서가 어디지? 친구들과 함께 타파스에 리오하 지역의 와인을 곁들이며 느긋하게 보내야 할 오후가 경위서 작성과 카드 취소, 대사관 연락 등으로 채워진다. 이 비극의 드라마가 지금도 벌어지고 있다. 나는 이 모든 광경을 특별석에서 관람할 수 있기를 원했다.

바르셀로나에서 가장 인기 있는 장소 중 하나인 람블라스 거리 끝에는

콜럼버스 동상이 서 있다. 주춧돌 위에 우뚝 선 콜럼버스는 '어딘가'를 가
리키고 있다. 그는 어디를 가리키고 있는걸까? 대부분의 여행 가이드들
은 그가 '보라, 이것이 내가 발견하려던 곳이다'라고 말하는 듯 아메리카
대륙을 가리키고 있다고 얘기한다. 안타깝지만 틀렸다. 첫째, 당시 콜럼
버스는 아메리카가 있다는 사실을 몰랐다. 둘째, 그의 손끝은 북아프리

카를 가리키고 있다. 그러니 콜럼버스의 항해 실력이 끔찍한 수준이거나 그가 다른 곳을 가리키고 있거나 둘 중 하나다. 어쩌면 그는 당신 뒤에 서 있는 도둑을 가리키며 이렇게 말하고 있는지도 모른다. 난 이런 상상이 마음에 든다.

"조심하라, 당신의 가방이 열리고 있으니!"

Chapter 2

고액 배팅자는
언제나 딜러 편이다

~~~~~~~~~

다음 날, 람블라스 거리로 나왔다. 계획이 없으면 진척도 없겠지만, 다 생각이 있었다. 바르셀로나에 길거리 범죄 조직이 하나 있는데 이들은 도둑보다 조금 더 쉽게 알아차릴 수 있다. 그들은 무언가를 팔고 있어서 눈에 더 잘 띈다. 유럽 주요 도시에서 쉽게 찾아볼 수 있는 쓰리카드몬테 게임 패거리다. 전혀 다른 규칙을 쓰며 혼자 다니지 않는 자들.

뉴올리언스 거리에서도 쓰리카드몬테를 봤지만 그때는 장난 수준이었다. 나는 이것을 제대로 하는 자들을 찾고 있었다. 아니나 다를까 람블라스 거리 중간쯤에서 한창 무르익어가는 판을 만났다. 딱 봐도 쓰리카드몬테였다. 딜러는 덩치 큰 남자로, 180센티미터가 넘는 키에 짙은 색 바이커 재킷과 청바지 차림이었다. 동유럽인 특유의 크고 묵직한 코는 대형 범선의 방향타로 써도 될 것 같았다. 이미 그와 함께 한 무리가 게임을 벌이고 있었다. 전형적인 설정이군.

쓰리카드몬테에 참여하려는 사람들은 먼저 한동안 게임을 지켜볼 것이다. 사람들이 모여 있는 곳에 가서 몇 번 지켜보면, 게임의 분위기와 딜러의 기술을 파악할 수 있다. 그런 다음 게임에서 이기는 사람들이 눈에 들어온다. 조금 더 지나면 그들 중 가장 세심하게 주의를 기울이는 사람이 이긴다는 것을 알 수 있다. 보는 대로 배우는 법. 자신감으로 무장하고 난 뒤 수법을 파악했다고, 카드를 섞는 딜러의 손놀림을 따라갈 수 있다고 확신한다. 이길 수 있을 것 같다. 그리고 뛰어든다.

문제는 게임을 하는 줄 알았던 사람들, 적어도 한 번은 이긴 사람 중에 누군가는 딜러와 한패라는 것이다. 언제나, 늘 그렇다. 모든 딜러에게는 '앞잡이'라 부르는 조력자들이 있다. 서로 모르는 척하며, 이기거나 질 때마다 진짜 돈을 주고받지만 사실은 모두 연기다. 돈이라는 유일한 목적을 품고 남들에게 할 수 있다는 희망을 심어주기 위해, 이미 백만 번씩 해본 쇼를 펼치고 있는 것이다.

이곳의 딜러에게는 앞잡이 4명이 붙었다. 잘 차려입은 중년 여성(그녀가 범죄 조직과 한패라고는 누구도 의심하지 않을 것이다)과 노인(이 게임을 40년은 한 듯하다), 그리고 유행에 밝은 젊은이 둘(물리적 폭력을 대비한 지원군)이다.

이 딜러는 판지 상자 대신 접이식 매트를 사용하고, 뒤집힌 성냥갑 3개와 흰콩을 썼다. 게임은 빨리 돌아갔다. 그가 군중을 향해 소리쳤다.

"콩 잘 보세요, 콩!"

성냥갑 하나를 들어 올려 콩을 보여준 뒤 이리저리 움직이며 재빨리 섞었다. 지켜보던 한 사람이 오른쪽 상자를 택하고 50유로(6만 원)를 걸었다. 딜러가 상자를 들어 올리면 뭐가 있을까? 콩이다! 만세! 모두 박수를 쳤다. 딜러는 애처로운 표정으로 양손을 들어 올린 뒤(사실 전부 연기다) 참가자에게 박수를 쳐주었다.

"맞히셨네요!"

그가 소리치며 100유로(13만 원)를 건네고 다시 게임을 시작했다. 방금 이긴 사람이 앞잡이라는 데 200유로(26만 원) 건다.

　게임을 하고 있는 사람들이 앞잡이라는 사실을 모르는 체 해보자. 게임에 빨려 들어가 '한번 해볼까'라고 생각하고 있는 보통 사람처럼. 사기는 이제부터가 시작이다.

　딜러는 나를 알아봤지만 오래 눈길을 주지는 않았다. 그저 게임을 반복했다. 이번에는 상자를 더 천천히 움직였다. 콩이 가운데 상자 밑에 있다는 것을 알아볼 수 있을 정도로 천천히. 갑자기 지켜보던 한 사람이 불쑥 끼어들어, 어리석게도 왼쪽 상자를 택했다. 딜러가 그 상자를 들어 올렸지만 역시 콩은 없었다. 군중이 낮은 탄성을 질렀다. 바보같이. 가운데에 있는데. 딜러가 가운데 상자를 들어 올렸다. 아, 내가 했어야 되는데. 100유로 딸 수 있었는데! 이런 생각도 정확히 그들이 의도한 것이다. 딜러는 내가 파악을 끝내고 다음 판에 뛰어들길 바랐다.

　문제는 또 다른 속임수가 기다리고 있다는 것이다. 이번 속임수는 모든 쓰리카드몬테 게임에서 공통적으로 쓰인다. 방법은 이렇다. 딜러가 카드든 상자 한 개를 집는다. 이때 왼손으로 상자를 집었다면, 나머지 둘은 오른손으로 다룬다. 이제부터 눈여겨보지 않으면 놓치기 쉬우니 주목하라. 그가 오른손으로 다루는 두 상자 중 하나에 콩을 넣고 상자를 덮었다. 내 눈은 그가 맨 오른쪽에 있는, 쉽게 말해 콩이 든 상자를 움직였다고 믿지만, 사실은 그렇지 않다. 날랜 손재주로 그는 콩이 없는 맨 왼쪽 상자를 가장 먼저 움직였다. 그의 계획은 내가 콩의 위치를 중간에서 놓치게 만드는 것이 아니다. 내가 다음 상황을 따라잡기도 전에, 처음부터 이미 잘못 짚게 만드는 것이다. 시작부터 틀렸으니 당연히 결과 역시 안 틀리고 배기겠는가?

딜러가 다시 게임을 시작했다. 이번에는 손을 멈출 때마다 나를 똑바로 바라봤다. 나를 끌어들이려는 것이다. 게임 탁자가 반듯하고 내 눈만 믿을 수 있다면, 콩은 틀림없이 가운데 상자 아래에 있을 것이다. 방금 전 100유로를 벌었던 남자가 나에게 미소 지으며 고개를 끄덕였다. 본능을 따르라고 북돋는 것처럼 보였다.

"가운데에 있어요."

그가 다정하게 말했다. 운 좋게 어떤 기술이나 판단도 없이, 우연히 무작위로 골랐는데 맞았다고 해보자. 그럼 어떻게 될까? 내가 이기는 건가? 생각해보자.

"어느 쪽인 것 같아요?"

딜러가 내게 직접 물었다. 그는 이빨 두어 개가 부러져 있고, 코에는 불그레한 핏줄이 툭 불거져 나와 있었다. 그의 목소리에서 동유럽인 특유의 어조가 묻어 나왔다. 나는 더 가까이 다가가 주머니에서 20유로(3만 원)를 꺼내 앞으로 내밀었다.

"안 돼요, 게임은 50유로부터입니다."

그가 소리쳤다. 내가 아는 유일한 사실은 콩이 가운데 상자에 없다는 것이었다. 이 남자에게 그 정도 투자 가치는 있겠지. 그럼 한번 놀아볼까. 50유로를 탁자에 내려놓았다. 가운데 상자를 선택하는 분위기였지만, 대신 오른쪽 상자를 택했다. 딜러가 순간 멈칫하더니 나를 뚫어져라 쳐다보았다. 내가 어떤 생각인지 궁금해하는 눈치였다. 멍청하거나 같이 놀고 싶은 거거나. 딜러가 살짝 미소 지어 보였다. 그런데 난데없이 앞잡이 중 하나가 앞으로 나오더니 나보다 더 많은 돈을 걸었다. 100유로를 쾅 내려놓으면서 내 돈을 옆으로 밀쳐냈다. 뭐라 항의할 새도 없이, 딜러는 내 선택이 맞았음을 보여주었다. 그런데 돈은 앞잡이가 가져갔다. 가장 많은 돈을 건 사람이 다 가져간다. 이게 규칙이다.

어디에 걸든, 심지어 제대로 된 선택을 했다 해도 언제나 앞잡이 중 하나가 끼어들어 더 많은 돈을 걸 것이다. 당신이 20유로를 걸면 그들이 50 유로를 걸며 끼어들 테고, 50유로를 걸면 그쪽에서 100유로를 걸고 끼어들 것이다. 모든 게 순식간이다. 딜러 역시 당신의 선택이 맞았다고 인정하고 규칙에 따라 돈을 지급한다. 아무리 억울해도 딜러는 판돈을 걸 기회는 단 한 번, 가장 높은 판돈을 건 사람이 그 판의 승자인 거라고, 그게 게임의 규칙이라고 말할 것이다. 앞잡이 패거리와 의심스러운 딜러에 맞서 이길 일은 절대 없다. 눈앞에서 승리를 뺏기는 격이다.

그렇다고 재미가 없는 것은 아니었다. 훌륭한 딜러와 앞잡이들을 만나, 돈은 잃었지만 아주 즐거운 시간을 보냈다고 생각할 수도 있다. 그들이 능글맞게 당신이 한 번쯤 이기게 해줄 수도 있지만, 그저 흥을 돋우어서 더 많은 돈을 걸게 하기 위함이다. 결국 당신은 지게 되어 있다.

갑자기 앞잡이 하나가 크게 소리를 질렀다. 딜러가 고개를 들어 경찰이 나타난 쪽을 바라보았다. 미적거릴 시간이 없었다. 그는 탁자를 접고 성냥갑을 주머니에 감추고는 순식간에 앞잡이들과 함께 군중 속으로 뛰어들었다. 나도 덩달아 쫓아가려 했지만 그들은 이미 인파 속으로 숨어버린 뒤였다. 결국 부산스러운 람블라스 거리 한복판에는 나 혼자 남겨졌다.

사기꾼의 수많은 돈은
다 어디로 갈까?

며칠 뒤 그때 그 딜러를 다시 만났다. 믿어지는가? 옷은 달라졌지만 틀림없이 같은 얼굴이었다. 그는 전과 정확히 똑같은 사람들에게 둘러싸여 있었다. 나는 안전거리를 확보한 채 게임을 지켜보았다. 딜러와 앞잡이들은 익숙한 장면을 연출하고 있었다. 모든 순서가 그날과 똑같았다. 딜러의 눈이 거리를 훑으며 다음 표적을 찾기 시작했다. 나와 눈이 마주친 그의 표정을 보아 분명 그도 날 알아보았음을 단박에 알 수 있었다.

멀리 떨어져서 보니 속임수가 더 훤히 들여다보였다. 앞잡이들의 움직임과 딜러의 날랜 손놀림도 더 분명히 보였다. 참가자, 혹은 표적이 게임을 시작하면 다른 앞잡이들이 한데 모여 그를 게임판 가까이로 밀어붙였다. 목적은 두 가지다. 하나는 멀리서 속임수를 볼 수 있는 구경꾼을 막아내기 위함이고, 다른 하나는 표적이 딜러에게 가까이 갈수록 손놀림을 알아채기가 더 힘들기 때문이다.

나는 그들이 표적 두어 명을 다루는 동안 게임을 지켜봤다. 관광객 부부 중 여성이 게임을 몇 번 지켜보더니 50유로를 걸었다. 남편이 말릴 새도 없었다. 물론 그녀는 졌다. 남편의 만류에도 불구하고, 그녀는 단호하게 다시 한 번 50유로를 걸었다. 결과는 마찬가지. 같은 일이 또다시 벌어지기 전에(그녀는 또 돈을 걸려고 했다) 남편이 그녀를 길가로 끌고 갔다. 사람들은 그들의 실랑이를 보며 깔깔거렸지만 딜러는 그 여인에게서 더 뽑아낼 기회를 놓쳤다는 사실에 자못 짜증이 난 눈치였다. 판을 다시 짜는 사이 큰 덩치에 가죽재킷을 걸친 다부진 사내 둘이 다가왔다. 쓰리카드몬테 게임 판에서 흔히 볼 수 있는 부류는 아니었다.

그중 하나는 빡빡 깎은 머리에 정치인의 공약보다 더 많이 깨진 듯한 코가 돋보이는 사내였다. 그가 딜러에게 러시아어로 추정되는 말을 몇 마디 건넸는데, 그게 딜러를 진심으로 열 받게 했는지 얼마 뒤 사방에서 펀치가 날아오기 시작했다. 딜러의 묵직한 라이트 훅이 덩치의 코에 제대로 명중했고, 1분 전까지만 해도 '내기'를 하고 있던 남자 둘이 가세하여 밀치고 떠밀고 주먹을 날렸다. 노부인까지 끼어들어 뾰족한 구두 굽으로 다른 덩치의 무릎 뒤쪽을 가격했다.

이것이 앞잡이들과 딜러가 한패라는 확실한 증거가 아니고 뭐겠는가. 러시아인들이 물러가자 이 패거리도 함께 람블라스 거리를 떠났다. 나는 두 번 다시 놓치지 않겠다고 다짐하며 골목으로 사라지는 그들을 바짝 뒤쫓았다. 두어 블록 떨어져 걸어가던 그들은 작은 어린이 놀이터에서 멈추더니 다시 모였다. 이렇게 감정이 고조된 상태에서 그들에게 다가가는 것은 좋지 않겠지만 나에게는 놓칠 수 없는 기회였다. 나는 머뭇거리며 그들에게 다가갔다. 아직도 싸움의 흥분이 가시지 않아 보였다.

"저기, 괜찮으세요?"

뒤에 무슨 일이 벌어질지 모르니, 심장이 벌렁거리고 뒷목이 쭈뼛 서는 순간이었다. 딜러가 나를 알아보려 애썼다. 그의 손가락 마디에서 살짝 피가 흐르고 있었다.

"지금은 안 합니다. 나중에 다시 오쇼."

"아까 다 봤습니다. 그들이 끼어들려고 한 건가요?"

"빌어먹을 러시아 놈들. 지금은 괜찮아요."

나는 손을 뻗어 악수를 청했다.

"어제 게임하면서 돈을 좀 잃었습니다. 걱정하지 마세요, 그래서 온 건 아니니까. 제가 맥주 한잔 사도 될까요?"

"좋죠. 안 될 거 뭐 있겠어요? 맥주는 언제든 환영입니다."

그가 어깨를 으쓱하며 대답했다. 우리는 편의점에서 스페인 맥주 몇 캔을 사다가 근처 교회 밖에 자리를 잡았다. 딜러는 자신을 '미카엘'이라고 소개하며 갈색 종이봉투를 건넸다. 뭘 하는 건지 몰라 가만히 그를 쳐다봤다.

"봉투에 넣어요, 이렇게. 이러면 경찰도 뭐라 못 해요. 안에 뭐가 들어있는지는 나도 알고 남들도 알죠. 그래도 이렇게 넣고 있으면 누구도 뭐라 못 합니다."

그렇게 나는 거리의 술주정뱅이처럼 교회 계단에 앉아 코소보에서 왔다는 쓰리카드몬테 딜러 미카엘과 함께 거품이 나는 차가운 맥주를 들이켰다.

미카엘은 90년대 초반 전쟁 중에 구 유고슬라비아에서 달아났다고 한다. 지금은 50살이 다 됐고, 지난 20년 동안 유럽을 떠돌며 쓰리카드몬테 게임으로 관광객들에게 사기를 치며 살고 있다고 한다. 그는 맥주 한두 캔을 더 마신 뒤 90년대에 독일에서는 운이 좋으면 서베를린 거리에서 하루에 수만 마르크도 벌 수 있었다며 전성기 시절을 회상했다. 그럼 그 많은 돈은 다 어디로 갔는지 묻자 그가 자신의 코를 가리키며 말했다.

"코카인이요."

"코카인에 수만 달러를 썼다고요?"

"수십만이요. 이 콧속으로 수십만 달러가 들어갔소."

지금은 벌이가 그렇게 좋지 않다지만 도리어 그의 코에는 반가운 소식이었다. 성수기인 4월부터 10월까지는 동료들 몫을 떼어주고 바르셀로나 경찰에게 슬하게 무는 벌금을 제하면 2~3만 유로(3,000~4,000만 원) 정도 번다고 한다. 벌이에 따라 고향으로 돌아가 가족을 볼 수도 있고 못 볼 수도 있단다.

"수입이 3만 유로가 되면 고향에 갑니다. 2만 유로면 내년까지 여기 있어야 돼요."

미카엘은 필사적으로 이 게임을 배웠단다. 구소련 시절에는 배를 곯기 일쑤였다고 한다.

"배우는 건 아주 쉬워요. 죽을 만큼 배가 고프면 무엇이든 배우죠. 배고픈 게 뭔지는 아슈?"

그가 나를 뚫어져라 쳐다봤다. 그가 말하는 배고픔이 뭔지는 잘 모르겠다. 너무 배가 고파서 거리로 나가야 하고, 러시아인들과 싸워야 하는 기분이 어떤지도 잘 모른다. 그래도 나는 그에게 쓰리카드몬테를 정확히 어떻게 하는지 보여줄 수 있느냐고 물었다.

미카엘의 수법은 내가 본 다른 수법들과 조금 달랐다. 그가 뒤집힌 성냥갑을 움직이면 참가자가 콩을 찾아야 했다. 눈앞에서 직접 보여주니 무슨 상황인지 한눈에 들어오기 시작했다. 미카엘은 마술사였다. 그는 상자 밑에 놓인 콩을 보여주고는 다른 상자들과 함께 섞었다. 하지만 그렇게 상자를 섞으면서 콩을 자기 손바닥 밑에 숨겼다. 이건 나도 그가 눈앞에서 속도를 늦출 때에야 겨우 보았다. 그러고는 상대가 선택을 마치면, 콩을 상자 속으로 되돌려놓았다. 상대가 돈을 걸기 전까지는 콩이 그의 손안에 있으니, 평생을 해도 이길 수 없는 게임이다. 더군다나 미카엘이 워낙 손재주가 좋다 보니 상대는 결코 이 사실을 스스로 알아내지 못한다. 데이비드 카퍼필드David Kotin 저리 가라다.

미카엘은 내년에 더블린으로 '진출'하는 게 꿈이란다.

"1년이면 내가 거기서 제일 잘 나갈 걸요. 돈을 넘치게 벌 수 있지. 하루에 족히 2만 유로는 넘게 벌 거요."

"어떻게 그렇게 자신하시죠?"

"더블린 사람들은 술과 도박을 좋아하잖소. 나도 술이랑 도박이라면 환장하거든. 공통점이 있잖아."

"정말 더블린하고 잘 어울리네요, 미카엘. 걱정 안 해도 되겠어요. 다 잘될 겁니다."

그때 멋진 점퍼에 반짝이는 새 운동화를 신은 20대 초반의 젊은 남자가 다가왔다. 남자가 미카엘과 악수를 하고 나를 바라보더니 그에게 내가 누군지 물었다. 미카엘이 내가 거리 생활에 대해 물어봤다고 설명하자 남자가 담뱃불을 붙이며 말했다.

"그래요?"

그제야 그가 나를 똑바로 쳐다봤다.

"거리의 삶이 궁금하면 나한테 물어봐야죠. 난 소매치기예요."

그가 드디어 악수를 청했다.

"난 대니예요."

Chapter 4

당신이 표적이 되는
진짜 이유

근사한 교외 지역의 조용한 주택가에서 대니를 다시 만났다. 그 전날 미카엘과 함께 만났을 때 입었던 차림과 똑같은 차림이었다. 스타디움 점퍼에 청바지. 이것이 그에게는 '제일 좋은 옷'이거나 '작업복'인 모양이다. 대니는 강아지처럼 내가 그를 찾아왔다는 사실에 신나서 까불거렸다. 찾아오는 사람이 많이 없었나 보다. 아니면 내 물건을 털려는 건가.

대니는 깔끔해 보이는 저층 아파트 문 앞에서 멈추더니 나를 안으로 안내했다. 승강기를 타고 복도를 따라 걸어가 그의 집에 도착했다. 제일 먼저 문 위에 걸린 커다란 십자가가 눈에 들어왔다. 구세주 예수 그리스도여, 대니는 당신의 구원이 필요한 어린양이옵나이다.

놀랍게도 그는 가족과 함께 살고 있었다. 형과 어머니, 삼촌과 사촌 둘이 방 2개짜리 아파트를 같이 쓰고 있었다. 창백한 골초 무리가 친절하게 나를 반겨주었다. 대니의 어머니는 자신의 담배까지 권했다.

"괜찮습니다."

나는 정중히 거절했다. 대니와 나, 그리고 그의 삼촌이 부엌 식탁에 앉는 사이, 다들 또 다른 담배를 꺼내 물었다. 대니의 어머니가 차를 한 잔씩 내왔다.

처음에는 내가 무슨 이야기를 하고 싶다고 했는지 대니가 제대로 이해한 것인지 확신이 서지 않았다. 어떤 자식이든 엄마 앞에서 자신이 하는 그런 '일'에 대해 얘기하는 것이 편치는 않을 텐데. 내가 대니처럼 나쁜 짓을 하고 다닌다는 사실을 알면 우리 어머니는 귀싸대기를 날릴 것이다. 나는 대니에게 얘기를 나누려면 단둘이 있을 만한 곳이 필요하지 않겠느냐고 물었다. 그러니까 어머니가 여기 계시는데 괜찮겠는지 말이다. 대니가 웃더니 내가 한 말을 어머니에게 알렸다. 그녀 역시 담뱃불을 붙이며 웃었다.

"괜찮아요. 엄마도 도둑이에요."

그의 어머니가 자욱한 담배 연기를 뚫고 열심히 고개를 끄덕였다. 어머니가 가족들 중에 제일 많은 돈을 훔쳤다고 한다. 어머니는 대개 상점을 돈단다.

"지금은 나이가 들어서 은퇴하셨어요. 이제 저랑 삼촌만 남았죠."

대니가 영화 〈대부Godfather〉의 프레도와 똑같이 생긴 삼촌을 가리켰다. 프레도가 미소 지으며 어깨를 으쓱하더니 또 다른 담배에 불을 붙였다. 대니는 자신이 하는 일에 대해 숨기는 게 없었다. 루마니아에서 자랐는데 10대 때 휴대폰을 훔친 죄로 감옥에서 2년을 보냈다고 한다. 그런데 스페인에서는 똑같은 죄를 지었는데 사흘만 있다 나왔다며 예리하게 꼬집었다.

"담배도, 술도 없이 사흘 동안 잠만 잤어요. 괜찮던데요. 그 덕에 몸도 정화되고."

경험에서 나온 말이었다. 그는 바르셀로나에서 절도죄로 열네 번 체포되었고, 열네 번 모두 구치소에 3일간 감금되었다. 그 이상은 없었다. 대니는 스페인의 범죄 관리 시스템을 비웃었다.

"이러니 물건 좀 훔친다는 사람들은 다 여기로 모여들죠."

대니는 자신이 알고 있는 바르셀로나의 다른 패거리도 차례차례 나열했다. 모로코인, 파키스탄인, 아랍인, 알바니아인, 이탈리아인 등 국적도 다양하단다. 그가 눈살을 찌푸리며 내게 손가락질했다.

"그리고 스페인 사람도요. 이제는 스페인 사람도 훔칩니다. 직업이 없으니 이쪽으로 나오는 거예요."

스페인의 청년 실업률은 유럽에서 가장 높다. 30세 미만의 스페인 청년 중 절반가량이 일정한 직업 없이 부모와 함께 지낸다. 취업의 문은 턱없이 좁고 대니 같은 이민 범죄자들은 잘 먹고 잘 사는 것 같으니 절도에 발을 들여놓는 것이다.

패거리끼리는 서로 건드리지 않는다고 했다. 일거리가 널렸으니 영역 다툼을 할 필요가 없단다. 어쨌든 최적의 장소는 람블라스 거리와 지하철이며, 그곳에 가만히 서 있는 데는 돈도 들지 않는다는 걸 누구나 알고 있다고 했다. 소매치기는 언제나 같은 구역을 빙빙 돌면서 그저 말없이 서로의 영역을 건드리지 않는다.

"도둑들 사이에도 도리가 있어요."

그가 조금도 비꼬는 기색 없이 말했다. 대니가 피하는 건 다른 패거리만이 아니었다. 스페인 사람의 물건은 훔치지 않는다는 것이 그의 규칙이었다.

"스페인 사람은 안 건드려요. 내가 곤란해질 수 있으니까요. 재수 없으면 재판까지 갈 수 있거든요. 관광객은 안 그래요. 어쨌든 여기를 떠날 사람들이잖아요. 그러니 괜찮죠."

꽤 논리적이다. 흔히 관광객은 현금을 다발로 들고 다닐 뿐만 아니라 유죄 판결을 받아낸다며 귀중한 휴가를 포기하면서까지 경찰을 쫓아다닐 가능성이 훨씬 적다. 특히 스페인어를 못하는 사람들은 더 그렇다. 가장 이상적인 표적은 아시아 관광객이라고 한다. 그들은 자신을 기다리는 위험에 속수무책으로 무지하단다. 「이코노미스트」지의 최근 기사에 따르면 세계에서 가장 안전한 도시 세 곳은 도쿄, 싱가포르, 오사카로 모두 아시아에 있다. 그러니 그곳에서 온 사람들은 다른 도시들이 그와 같은 안전을 보장하지 못한다는 사실을 인식조차 하지 못한다. 다시 말해, 안타깝지만 그들이 좋은 표적이 된다는 뜻이다.

"현금도 왕창 갖고 다니잖아요. 설령 그들이 우리를 알아본다 해도 그냥 가던 길을 가요. 그러니 문제될 일이 없죠."

지하철과 거리에서 매일 먹잇감으로 삼을 인종을 걸러낸다는 얘기를 그렇게 뻔뻔하게 하다니 놀라울 따름이었다. 그는 나약함의 왜곡된 면을 알아보는 타고난 사냥꾼일지도 모른다. 물소보다 얼룩말이 더 잡기 쉽다고 본능적으로 판단하는 사자처럼 말이다. 특히 배낭을 메고 최신식 니콘 카메라를 들고 있는 얼룩말이라면 더할 나위 없겠지.

내가 지금 함께 차를 마시고 있는 사람들이 도둑이라는 사실이 불현듯 머리를 스쳤다. 대니도 목적이 있을 것이다. 그는 부와 명예를 좇아 떠나왔지만, 다른 기회 하나 없이 범죄자로서의 삶에 포로가 된 가난한 이민자로 비춰지고 싶을 것이다. 이런 역경 속에서도 세상 물정에 밝아 열심히 노력한 끝에 성공가도를 달리고 있는 사람으로 보이고 싶으리라. 그의 관점에서 보면 그도 잔혹한 환경의 희생자다.

나는 대니가 '일'하는 것을 보고 싶었다. 가까이에서 그 잔혹한 광경을 하나하나 다 눈에 담고 싶었다. 나는 다음 날 나도 현장에 데려가줄 수 있는지 물었다. 그들 패거리에 끼면 안 되겠는지. 그러자 그가 고개를 저으며 말했다.

"집안 대대로 내려오는 일이에요. 그런 피가 따로 있다고요."

그가 주먹으로 가슴을 쾅 내리치면서 나를 손가락으로 가리켰다.

"형은 겁이 많아서 소매치기 못해요. 난 안 그렇거든요. 겁대가리가 없으니까 이 일을 하는 거예요. 이러다 죽을 수도 있다고요."

대니는 자신이 '로빈 후드'라고 말했다. 로빈 후드는 부자의 재산을 훔쳐서 가난한 사람들에게 나눠주지 않았던가? 이건 도둑들이 습관처럼 써먹는 말이니 안 넘어간다. 그의 태도는 확고했다.

"우리도 소매치기하다가 어려운 사람들 보면 밥 사먹으라고 돈도 주고 그래요."

이런 말도 할 줄 아는군. 그래도 안 믿는다. 그래도 어쨌든 '그가 어떻게 작업하는지 보여줬으면' 하는 마음에 따라 웃었다. 끈질기게 설득한 끝에 드디어 동의를 받아냈다. 와도 좋단다. 하지만 절대 방해하면 안 된다, 자칫하면 모두 잡혀간다고 쐐기를 박았다. 좋다. 그런데 최악의 상황까지 가면 어떻게 되는 거지? 뭐, 같이 사흘 동안 유치장에 갇혀서 몸속 청소나 하면 되겠지!

Chapter 5

미친 듯이 짜릿한
소매치기 체험기

다음 날, 약속한 대로 람블라스 거리를 살짝 벗어난 조용한 골목에서 대니를 기다렸다. 대니는 삼촌 프레도와 크리스라는 친구를 데려왔다. 크리스는 젊은 시절의 로버트 드니로Robert De N'iro를 빼다 박았다. 영화 〈원스 어폰 어 타임 인 아메리카〉를 보는 것 같았다. 나만 그렇게 느끼는 건지, 아니면 이 사람들이 다 영화배우처럼 생긴 건지? 크리스는 복고적인 매력이 있었다. 잘생긴 얼굴에 옷차림도 깔끔했다.

우리는 먼저 전략을 짰다. 프레도 삼촌이 성가신 일을 맡았다. 표적과 나란히 걸어가면서 시야를 막아 뒤에서 무슨 일이 벌어지는지 눈치채지 못하게 하는 역할이다. 대니는 '밀치기' 역을 맡았다. 적절할 때 희생자와 부딪쳐서 균형을 살짝 잃게 함으로써 주의를 끄는 것이다. 크리스는 '훔치기' 역할이었다. 희생자의 주머니나 가방에서 휴대폰이나 지갑을 꺼내는 것이다. 내 역할은 누구에게도 방해 되지 않게 멀리 떨어져 있는 것이었다.

각자 역할을 분담한 뒤, 내 생애 가장 특이한 토요일 오후를 시작했다. 루마니아 도둑들과 소매치기를 하게 되다니. 어젯밤 나는 오늘 일이 어떻게 전개될지 상상해봤다. 먼저 장소를 정할 것이다. 뭔가를 훔치기 좋은 최적의 장소를 따져보겠지. 그리고 완벽한 희생자가 나타날 때까지 끈질기게 기다릴 것이다. 때가 되면 꼼꼼하게 짠 전략을 실행에 옮길 것이다. 그렇게 막힘없는 완전 범죄를 저지르겠지. 그런데 실상은 전혀 달랐다.

지하철로 향하는 벽을 지나가기 무섭게 작업이 시작됐다. 아시아인으로 보이는 남자 2명을 발견하자 프레도가 즉시 그들과 나란히 걸었다. 대니가 가까이 끼어들어 균형을 살짝 깨뜨리자 크리스가 한 남자의 배낭을 열기 시작했다. 남자들이 이상한 낌새를 느끼고 돌아봤다. 그들이 눈치 챘다는 것은 내 눈에도 보일 정도였다. 그런데 그때 대니가 그와 세게 부딪치면서 관심을 흩트렸고, 그사이 크리스는 가방 안에 손을 전부 집어넣었다.

이럴 수가. 절도가 범죄라고 생각하지 않는 뻔뻔함도 놀라웠지만, 눈 깜짝할 사이에 일을 끝내버린 날렵함에 혀를 내둘렀다. 가방에서 빠져 나온 크리스의 손은 텅 비어 있었다. 그가 어깨를 으쓱하며 나를 돌아봤다. 훔칠 게 없었나 보다. 그래도 실망한 기색은 없었다.

우리는 지하철 안으로 뛰어들어 한 정거장 뒤에 내렸다. 출구로 올라가는 계단에 이르렀을 때 또 다른 표적이 눈에 들어왔다. 즉시 각자 위치로 돌아갔다. 표적은 여성 한 명이었다. 그녀가 계단을 오를 때마다 가방도 덩달아 까딱까딱 흔들렸다. 대니가 몸을 쓸 필요도 없이, 계단을 오르는 것만으로도 주의가 분산되어서 크리스가 충분히 제 일을 할 수 있었다. 다시 봐도 기가 막힌 손재주였다. 날렵한 손가락으로 가방 지퍼를 천천히 열고는 금세 지갑을 꺼냈다. 크리스가 대니에게 지갑을 건넸고, 잠시 후 계단 끝에 오르자 대니가 그 지갑을 나에게 건넸다. 대니는 벌써 지갑에서 꺼낸 유로 뭉치와 신용카드 몇 장을 보여주었다. 지갑을 건네받는 순간 나도 범죄에 가담했다는 생각이 스쳤다. 아무 죄도 없는 순진한 사람을 공격한 공범이 되고 말았다.

솔직히 말해서 정말 짜릿했다. 거짓말은 못 하겠다. 크리스의 손이 그 여자의 가방 안으로 들어가는 순간, 나는 망을 보면서 그가 성공하기를 바랐다. 이 모든 게 얼마나 흥분됐는지 모른다. 아드레날린이 폭발하고 심장이 터질 것 같았다. 순간의 짜릿함도 잠시, 곧이어 우리가 뭔가 잘못했다는 사실이 뇌리에 스쳤다. 체포될 수도 있었다.

아, 그 여자. 그 여자에 대해서는 생각하지 못했다. 그녀를 따라가야 한다. 대니와 크리스를 두고 그녀를 쫓아갔다. 그녀의 어깨를 두드리니 돌아보는 모습이 어찌나 방어적이던지 깜짝 놀랐다. 그녀는 내가 뭐라도 훔칠까 봐 가방을 움켜쥐었다. 이런 아이러니라니. 나는 그녀의 지갑을 건넸다. 순간 멈칫했던 그녀는 무슨 일인지 깨닫고는 내 손에서 지갑을 낚아채듯 가져갔다. 나는 연신 사과하면서 피해를 끼칠 생각을 없었다고 서투르게 해명했다. 온몸에 흐르는 아드레날린 때문인지 아직까지도 몸이 떨렸다.

그녀는 스페인 사람이었고 몹시 화가 나 있었다. 제발 경찰에 신고하지 말라고 설득하는 데만 20분이 걸렸다. 내가 지금 무엇을, 왜 하고 있는지 아무리 설명해도 통하지 않았다. 대니와 크리스가 우리를 가만히 지켜보며 담배를 피웠다. 이 모든 게 우습다는 눈치였다. 결국 그녀가 진정되자 대니와 크리스는 간단히 어깨를 으쓱해 보였다. 무관심하던 그들은 다시 하던 일을 계속했다.

'일'을 할 때 팀은 얼마나 중요할까?

"제일 중요하죠. 혼자서는 못 해요. 가령 지하철에서는 혼자 하는 게 불가능해요. 팀이 없으면 아무것도 못 합니다. 감옥에 가고 싶지 않으면 좋은 팀을 만나야 돼요."

그러다 한 사람이 붙잡히면 모두 같이 처벌을 받는 걸까?

"물론이죠."

지하철로 돌아온 대니와 크리스는 또 다른 관광객을 표적으로 삼았다. 그들이 '일'을 성공할 때마다 나는 피해자들의 귀중한 물건들을 돌려주자고 고집을 피웠다. 휴대폰, 지갑, 가방, 심지어 돋보기까지 있었다. 뭔가를 훔친다는 게 그들에게는 별로 어렵지 않은 것 같았다. 누구든 그들의 날랜 기술에는 속수무책이었고, 한 시간 반 만에 그들은 월세를 내기 충분할 만큼의 돈과 물건을 훔쳤다(그리고 내가 돌려줬다).

또다시 지하철에 오르면서 '너무 쉬운 거 아닌가' 하는 생각을 하고 있는데, 캐주얼한 검은색 코트에 청바지 차림의 30대 중반쯤 되어 보이는 남자가 우리 앞에 멈춰 섰다. 그가 우리에게 거기 가만히 있으라고 지시했다. 살짝 기분이 상해서 누구신데 그러냐고 묻자, 그가 코트를 걷어 올려 벨트에 끼워진 수갑과 총을 보여주었다. 나는 즉시 입을 다물었다. 걸렸다. 걸리고 말았다! 이제 어떻게 되는 거지. 계단을 오르던 여자가 생각났다. 그녀가 경찰에 신고한 건가? 물론 비난할 생각은 없다. 좀 더 일찍 그만두지 않은 내 탓이었다. 범죄에 가담한 것도, 이 두 젊은이의 예술적인 기술에 현혹된 것도 다 내 잘못이다. 나와 같은 걱정을 하고 있을 그들을 쳐다봤다. 황당하게도 그들은 자기들끼리 농담을 주고받으며 킥킥거리고 있었다. 대니에게 '이게 다 뭐냐'는 표정을 지었지만 그는 그저 어깨를 으쓱하면서 고개를 내저을 뿐이었다. 아주 느긋해 보였다.

다음 역에서 우리는 경찰을 따라 내려야 했다. 플랫폼에서 경찰에게 자초지종을 설명했다. 다 연습이었고 저 청년들이 훔친 것은 모두 즉시 피해자들에게 돌려주었다고 장담했다. 경찰이 못 믿겠다는 듯 나를 쳐다보았다.

"이 사람들이 누군지는 알아요?"

그가 물었다.

"도둑이라고요. 밥 먹고 훔치는 게 일상인 놈들이에요. 특히 이놈."

그가 대니를 가리키며 말했다.

"이놈은 바르셀로나에서 가장 유명한 도둑일걸요."

나는 대니를 바라보았다. 우쭐해하는 눈치였다.

"기술이 좋아서가 아니라 허구한 날 잡혀서 그렇습니다. 바르셀로나 경찰이라면 이놈 얼굴은 누구나 알 거요."

계속 붙잡고 있을 이유가 없으니, 경찰은 결국 경고 한 마디를 던지고는 우리를 보내줬다. 어서 지하철을 떠나 연습을 끝내라는 약속을 받아내고서 말이다. 그렇지 않으면 날 체포하겠단다. 대니는 중간에 방해받은 것이 거슬렸는지 부루퉁해졌다. 그는 내게 이제 볼 만큼 봤냐고 물었다. 크리스가 경찰에 걸린 건 신경도 안 쓰는데, 돈 한 푼 못 벌고 기술만 뽐내는 것에 지쳤다고 했다. 내가 훔친 물건을 돌려주자고 고집부리는 바람에 도움이 안 된다고, 이 모든 연습도 더는 신선하지 않다고 했다.

대니에게 경찰이 뭐라 말했었는지 물었다. 그가 웃어넘기면서 경찰은 자기가 하는 일을 손톱만큼도 모른다고 말했다. 자신이 소매치기에 재능이 있다고 생각하는 이유가 뭘까? 그보다 왜 하필 소매치기일까? 이유는 간단했다. 어렸을 때 아주 많은 돈을 본 적이 있는데 그게 좋더란다.

"일을 하면 돈을 찔끔찔끔 벌겠죠. 그런데 소매치기를 하면 한 방에 떼돈을 벌 수 있잖아요."

소매치기가 된 이유는 설명이 되지만 재능에 대한 답은 안 된다.

"특별한 재능은 아니지만 그냥 제가 남들처럼 평범해 보여서 좋은 것 같아요. 사람들이 저를 무서워하거나 다르게 보지 않는 거죠. 늘 좋은 옷만 입고 다니니 내가 소매치기란 것도 모를 수밖에요."

대니는 손이나 머리를 쓰는 재주보다 위장이 더 어렵다고 말했다. 먼저 남들처럼 보여야 하고, 그 다음에는 용기만 있으면 된단다. 그가 지금 진심으로 행복한지 궁금해졌다.

"그럼요. 이제는 슬픈 일도 없고 행복해요. 가족이 편안하면 저도 행복해요. 먹고 싶은 것 먹고, 마시고 싶은 것 마시고, 잘 수 있는 침대 있고, 가끔 마리화나도 피울 수 있고, 그러면 훌륭한 거죠."

그러고는 내 시선을 피하며 낮은 소리로 말하길, 나처럼 돈 잘 버는 괜찮은 직업을 가졌으면 좋겠다고 했다. 하지만 얼굴 표정을 봐서는 진심이 아닌 듯했다.

"무슨 일이든 제의만 받으면 할 거예요. 저는 진짜 직업이 없잖아요. 제 직업이 소매치기인 것 같아요? 틀렸어요. 웨이터든 육체노동이든 일만 찾으면 가리지 않고 뭐든 할 거예요."

"정말 그런 일을 하고 싶은 거예요? 어떤 일을 잘 할 것 같아요?"

그가 미소 짓더니 고개를 흔들었다.

"아니에요. 물론 제일 잘 하는 건 소매치기죠."

대니와 크리스는 둘 다 농담 아닌 농담에 웃었다. 그들은 하이파이브를 했고 우리는 길을 따라 람블라스 거리로 향했다. 길을 걸어가며 많은 사람들을 지나쳤다. 대니는 한 소녀의 뒤쪽으로 다가가 그녀의 엉덩이를 꼬집었다. 소녀가 겁에 질려 움찔하자 자기 하는 짓이 귀엽지 않냐는 듯 대니가 내게 윙크해 보였다. 귀엽기는 개뿔. 조금 더 걸어가다가 이번에는 그들보다 훨씬 어린 10대 소년들을 위협하기 시작했다. 대니가 주먹을 들어 올려 그들을 때리는 시늉을 해 보이더니 웃음을 터뜨렸다. 어린 소년

들은 겁에 질렸다. 대니와 크리스의 또 다른 면이 보였다. 그리 유쾌하지
는 않았다.

중심가에 다다랐을 때 그들에게 작별인사를 건넸다. 크리스가 나와 악
수하다가 내 시계를 보더니 그것을 풀어내려는 듯 장난을 쳤다(설마 장난
이었겠지). 그 손을 뿌리치는 데 적지 않은 힘이 들어갔다. 그들은 눈빛을
주고받더니 군중 속으로 사라졌다. 멀어지는 그들을 바라보며 나는 조심
스럽게 모든 주머니를 꼼꼼히 뒤져서 지갑과 여권이 아직 있는지 확인했
다. 그러고는 몸을 돌려 서둘러 그들과 반대 방향으로 걸어갔다.

Part 5

영국 :
새롭게 뜨고 있는 대마초 시장,
버밍엄

고문 방법을 설명하는 캠의 말투가 너무도 사무적이어서, 하수구를 어떻게 뚫은 건지 설명해주는 배관공이라도 된 줄 알았다. 그는 고문하여 대마초를 뺏고, 다시 그걸 시장에 유통시키는 최악의 범죄 행위에 대해 신나게 떠들어댔다. 그것도 아무런 감정 없이 말이다. 아주 편안해 보이기까지 했다. 이 일을 밥 먹듯 하다 보니 감정이 더 이상 안 실리는 것인가.

애버딘
에딘버러
글래스고
벨파스트
북해
영국
아일랜드
요크
맨체스터
리버풀
버밍엄
카디브
옥스퍼드
런던
엑서터

Chapter 1

지금 당신의 휴대폰은
어디 있습니까?

다른 도시에 사기꾼과 악한이 바글거린다는 주장이 신빙성을 얻으려면 내 고국에도 같은 기준을 적용하여 면밀히 조사해야 한다고 생각했다. 그래서 누구도 말하고 싶어 하지 않지만 침묵 속에서 유행병처럼 번지는 범죄의 실상을 캐기 위해 영국으로 돌아왔다. 나는 런던을 사랑하고 런던에 살고 있다. 과연 이곳에서는 어떤 지저분한 허점을 찾을 수 있을지 궁금했다. 도시별로 특화된 범죄가 있는 걸까? 만일 그렇다면 런던은 어떤 범죄에 특화되어 있을까? 범죄자들이 런던에서 먹잇감으로 노리는 것들은 뭐가 있을까?

런던은 매년 1,500만 명의 사람들을 끌어들인다. 전 세계적으로 사람들이 가장 많이 찾는 도시 3위 안에 들어간다. 영국인들 역시 런던으로 끊임없이 몰려든다. 매일 수백만 명이 이곳으로 출근하고 그만큼 런던은 모든 것이 빠르게 돌아간다. 사람들은 바삐 움직이며 반드시 필요한 일이 아니면 멈추지 않는다. 나도 처음 이곳에 온 뒤 몇 주 동안 해야 할 다른 일들은 신경 쓰지 않은 채 그저 돌아다니는 것만으로도 진이 빠졌다. 런던을 찾은 사람들은 이곳 사람들이 불친절하다며 불평하지만, 약간의 변명을 해보자면 그렇지는 않다. 다만 런던 사람들은 요청을 해야 도와준다. 그렇지 않으면 그들은 인식도 하지 못한 채 그저 지나쳐버릴 것이다. 대신 사과한다. 다들 바빠서 그러는 거다. 이런 특성 때문에 런던은 남들 눈에 띄지 않고 지내기 좋은 곳이다. 알고 보니 없어지면 코 닿을 곳에 범죄자들이 살고 있었지만, 그전까지 전혀 알지 못했다. 나는 속도를 늦추고 자세히 살펴보고 싶었다. 눈을 크게 뜨고 전에는 보지 못한 도시의 이면을 알아보고 싶었다.

먼저 런던의 지하경제 세계에서 뜨고 있는 산업을 조사해보기로 했다. 언론에는 휴대폰 절도가 성행한다는 보도가 하루가 멀다 하고 실린다. 런던 전역이 절도라는 태풍에 휩쓸리고 있는 것이다. 문제가 심각한 건 틀림없는 사실인 듯하다. 얼마 전 어느 술집 직원들이 입고 있던 티셔츠에는 이런 질문이 적혀 있었으니 말이다.

'지금 당신의 휴대폰은 어디 있습니까?'

내 전략은 전에 여러 번 함께 일해 본 적이 있는 지인을 활용하는 것이었다. 솔은 '해결사'로 전 세계에 걸쳐 두둑한 인맥을 갖고 있다(진짜 이름은 아니다. 본인이 가명을 원했다). 그에게 런던에서 휴대폰을 훔치는 사람들을 알고 있는지 물었다. 그렇다는 대답이 돌아왔을 때는 놀랍지도 않았다. 우리는 덫을 놓은 뒤 그들이 이 상황을 어떻게 파고들지 생각했다.

나는 절도범들이 어떻게 움직이는지 알아보기 위해 솔과 한 편이 되어 몸소 미끼가 되기로 했다. 절도범은 아무것도 모른다. 솔이 그를 포섭했다. 솔은 남자에게 나를 손쉬운 표적이라 소개하면서 이유가 있으니 내가 도둑맞는 광경을 직접 자기 눈으로 보고 싶다고 말했다. 일종의 복수라고 말했더니 절도범도 많은 질문을 하지 않았다. 대신 절도범에게 손에 넣은 것은 무엇이든 가져도 좋다고 했다. 가장 중요한 점은 나와 솔이 친구라는 사실을 이 남자가 몰라야 한다는 것이었다. 그의 눈에 나는 순진한 피해자로 보여야 했다.

절도범이 선호하는 장소는 쇼디치 바로 옆에 있는 혹스턴 광장이었다. 지난 5년간 이스트 엔드는 폭발적으로 확장하여 런던의 중심지가 되었다. 소호와 코번트 가든 같은 중심 지구에 몰려있던 밤 문화 역시 동쪽으로 이동하며, 혹스턴과 쇼디치의 불을 밝혔다. 런던 경찰의 통계에 의하면, 이곳에 사람들이 몰려들면서 범죄도 함께 늘어났다고 한다.

나는 혹스턴의 한 카페 밖 햇볕이 잘 드는 자리에 앉아 지나가는 사람들의 눈에 잘 띄도록 탁자 위에 아이폰을 올려놓았다. 그렇게 한 시간 정도 앉아있었다. 금요일 밤이었고 주변은 활기가 넘쳤다. 광장 주변의 술집과 클럽이 사람들로 서서히 들어차고 있었다. 내 옆 탁자에 앉아 화이트 와인을 주문한 여자들이 이번 주에 있었던 일에 대해 주고받는 이야기가 간간이 들려왔다. 흔한 금요일 밤이었다. 가끔 사람들이 찾아와 라이터가 있는지 묻거나, 탁자 위의 메뉴를 볼 수 있는지 물었다. 그럴 때마다 나는 이들이 내가 기다리고 있는 절도범일지도 모른다며 긴장했지만, 휴대폰이 여전히 탁자 위에 가지런히 놓여 있는 것을 보고 적잖이 실망했다. 그러던 중 인도인 남자가 다가와 내 맞은편에 앉았다.

"우리 어디서 만난 적 있나요?"

그가 물었다.

"아닌 것 같은데요."

내가 말했다. 물론 그가 날 TV에서 봤을 수도 있다. 이런 일은 종종 있으니까.

"아닌데. 난 분명히 그쪽 알아요."

그가 뭔가 알았다는 듯 미소를 지었다. 인도식 억양이 강해서 혹시 내가 아는 사람 중에 그런 사람이 있는지 생각하고 있었다. 그런데 그때 난데없이 검은색 옷을 입고 모자를 푹 눌러쓴 채 눈을 내리깐 남자가 갑자기 길을 가로질러 달려와, 탁자에 몸을 기울이는가 싶더니 내 휴대폰을 낚아채고는 반대 방향으로 죽어라 뛰어갔다.

목 빠지게 기다리고 있던 상황이 드디어 펼쳐졌지만 순간 얼어붙고 말았다. 정신을 차린 내가 벌떡 일어나 절도범을 쫓아가려 하자, 인도 남자가 나를 막아섰다.

"아니네요. 죄송합니다. 다른 사람이랑 착각했어요."

그러고는 내 주의를 흩뜨렸던 인도 남자는 자리에서 일어나 가던 길을 가려 했다.

잠시 생각을 정리해야 했다. 이들은 분명 공범이었다.

내 주의를 흩뜨렸던 인도 남자는 이미 자리에서 일어나 가던 길을 가려 했다. 하지만 그들이 솔의 지인인지 아닌지는 100퍼센트 확신할 수 없었다. 인도 남자는 아무 일도 없었다는 듯 내게서 멀어지고 있었다. 원래는 절도범을 쫓아갈 계획이었지만 공범과 함께 움직이리라고 예상하지 못했다. 나는 탁자 위의 냅킨에 내 진짜 전화번호를 휘갈겨 쓰고(진짜 휴대폰은 주머니 속에 고이 들어 있었다) 인도 남자를 쫓아가 냅킨을 건넸다. 그가 이게 뭐냐는 듯이 냅킨을 쳐다봤다.

"가지고 있어요. 당신이 저 남자랑 한 팀이라는 거 다 압니다. 이 번호로 전화해요. 그 휴대폰은 가져도 됩니다. 그냥 얘기 좀 나누고 싶어서 그래요."

남자는 고개를 세차게 저으며 냅킨을 돌려주려 했다.

"꺼져요, 난 저런 사람 몰라요."

솔 얘기를 꺼내볼까 잠시 고민했지만 내 정체를 드러내고 싶지는 않았다. 나를 그저 평범한 또 한 명의 피해자라고 생각하길 바랐다.

"괜찮아요, 휴대폰은 어찌 되든 상관없습니다. 그냥 가져요. 이 번호로 전화해서 날 만나주면 섭섭지 않게 사례하겠습니다."

이들이 어떤 패거리의 일원이라는 예감이 들었다. 런던에서는 매년 수천 대의 휴대폰이 절도범의 차지가 된다. 그렇다면 절도도 조직적으로 이루어지지 않을까. 이 두 남자는 말단일 가능성이 크다. 이들 배후의 누군가는 떼돈을 벌고 있겠지. 인도 남자는 연신 머리를 내저으며 자신의 무고함을 주장했지만 내가 살짝 압력을 가하자 이내 냅킨을 챙겼다. 그는 냅킨을 주머니에 넣고 떠났다. 이들과 가까워진다면 먹이사슬의 위쪽으로 올라갈 수 있을 것이다.

나는 카페로 돌아와 가방에서 노트북을 꺼냈다. 노트북으로 휴대폰의 위치를 추적할 수 있을지 궁금했다. 노트북을 켜고 확인하니, 그 즉시 화면에 녹색 점이 반짝였다. 내 휴대폰은 켜져 있었고 킹스랜드 로드를 따라 가고 있었다. 절도범은 800미터가량 떨어진 달스턴으로 향하는 듯했다. 나는 '아이폰 찾기' 앱을 실행해 휴대폰을 원격으로 잠갔다. 그러고는 전력을 다해 달스턴으로 향했다.

달스턴은 이스트 런던의 소위 '뜨고 있는' 동네다. 쇼디치의 뛰는 집값을 견디다 못한 멋진 젊은이들이 더 싼 동네를 찾아 하나둘 모여들기 시작한 곳. 하지만 이곳도 이미 고급화가 진행되고 있었다. 수염을 기르고 픽시 자전거를 탄 힙스터들과 밝은 청색 머리의 펑키한 여인들이 간간이 눈에 띄었다. 그래도 달스턴은 여전히 궁핍한 동네이며 범죄율도 하늘을 찌른다. 지금은 주거 지역 위주이지만 프라이드치킨 식당과 빈티지 상점이 조금씩 세를 넓히고 있다. 영국 교외의 대다수 쇼핑 지구가 그렇듯 휴대폰 중고매장도 심심치 않게 보인다.

나는 온라인에 로그인해 도둑맞은 휴대폰의 위치를 찾아보았다. 초록색 점이 사라졌다. 휴대폰이 꺼졌다는 뜻이다. 도둑들은 이미 SIM 카드를 제거하고 화면을 닦았을 것이다. 내 휴대폰이 이미 킹스랜드 길을 따라 늘어선 휴대폰 중고매장에 진열되어 있을 가능성이 컸다. 나는 반경 800미터에 위치한 중고매장 대여섯 군데를 확인하고 한 군데씩 들어가보기로 했다. 첫 번째 매장은 말 그대로 벽장에 지나지 않는 가판대였다. 카운터 뒤에는 인도 남자가 서 있었고 유리 진열장에는 중고 스마트폰이 가득 들어 있었다. 그의 머리 위에 켜진 LED 간판에는 '아이폰 잠금 열기, 수리 가능'이라 쓰여 있었다. 나는 남자에게 방금 도둑맞은 휴대폰과 일치하는 기종을 언급하며 물건이 있는지 물었다. 남자가 고개를 저었다. 오늘은 없단다. 그럼 중고 휴대폰을 팔 수도 있는지.

"물론이죠. 단 신분증을 보여주셔야 합니다."

내가 도둑맞은 휴대폰과 같은 기종은 얼마에 팔릴까.

"상태에 따라 다르죠. 보통 150~200파운드(22~29만 원)정도 합니다."

나는 길을 따라 늘어선 휴대폰 매장을 하나씩 들어가 보았다. 다들 비슷했다. 내 휴대폰을 파는 곳은 없었다. 적어도 내놓고 있지는 않았다. 결국 호텔로 돌아와 휴대폰이 다시 켜졌는지 확인했지만 아니었다.

솔에게 현재 TV 방송국의 안보 일을 맡고 있는 친구, 시드를 소개받았다. 그는 예전에 런던 경찰청에서 일한 적이 있다고 했다. 시드는 뼛속까지 런던 사람으로 굉장히 남자다운 사내였다. 머리를 바싹 깎았고 피부는 가죽처럼 두꺼웠다. 앞니 2개가 빠져 있었으며, 더러운 누런 손가락 사이에 둘둘 말은 담배를 끼워 피우고 있었다. 내가 휴대폰을 도둑맞았다고 얘기하자 시드는 자지러지게 웃었다.

"쇼디치가 원래 그런 뎁니다."

런던도 이제 많이 바뀌었다고 그가 말했다. 범죄는 동쪽으로 몰려갔고 중심가에는 더 정교한 범죄가 판을 치고 있다고 했다. 어떤 범죄인지 물으니, 내가 매일 아무 생각 없이 걸어 다니는 런던 중심가에서 상상도 못할 범죄가 판치고 있다고 한다. 휴대폰 절도는 애들이나 하는 짓이란다. 중범죄자들이 요즘 무슨 일을 벌이는지 알고 싶다면 자신이 보여줄 수 있단다.

"그런데 반드시 셔츠를 입어야 돼요."

Chapter 2

매춘 사업의
진정한 피해자는 누구인가

런던 사람들은 코번트 가든이 관광객을 위한 곳이라고 말한다. 도심 한복판에 있는데다 상점과 술집, 식당, 극장들로 가득 차 있기 때문이다. 중심 광장에서는 거리 악사들과 마술사, 일거리가 없는 배우들이 야외 공연을 벌이고 군중이 건네는 팁을 받아간다. 광장 중심에 있는 시장은 언제나 미국과 아시아, 유럽에서 온 관광객들로 북적거린다. 조금 예스러운 느낌도 든다. 관광객들이 '런던' 하면 떠올리는 모습이 바로 이런 것 아닐까. 쇼디치와는 전혀 다르다.

드루어리 레인에 있는 오래된 술집에서 시드와 만났다. 허름한 술집이었지만 에일 맛은 최고였다. 시드가 보여주고 싶은 것이 있다고 했다. 맥주를 다 마신 뒤 시드를 따라 트렌디한 골목 모퉁이에 있는 클럽으로 향했다. 문 밖에 줄이 쳐져 있고 문지기가 지키고 있는 런던의 말끔한 나이트클럽이었다. 문지기들은 오랑우탄 뺨치는 덩치에, 목은 흔적도 찾을 수 없었다. 그러면서 우리에게는 이모할머니처럼 친절했다. 우리는 귀족이 된 양 극진한 호위를 받으며 휴대품 보관소로 들어가 입장료를 낸 뒤 아래층으로 내려가 자리를 잡았다. 어두침침한 아래층에는 사람들이 꽉 들어차 있었다. 세 면에 모두 거울이 달려 있었고, 바가 한쪽 구석에 박혀 있었으며, 대서양 연안의 팝송이 요란하게 울려 퍼졌다. 손님은 양복을 입은 남자들뿐이었으며 일하는 스트리퍼들은 속옷만 걸치고 있었다. 시드가 데려온 곳은 랩댄싱(스트리퍼가 손님의 무릎 위에서 또는 몸을 밀착시키고 추는 관능적인 춤) 클럽이었다.

내가 여기서 뭘 하고 있는 거지. 이런 곳은 결코 내 취향이 아니었다. 더군다나 당최 이해를 할 수가 없었다. 반나체의 여성들이 돈을 벌기 위해 춤추는 것이 뭐가 좋다고 보고 있는 것일까? 까놓고 말해 그들과 섹스를 하는 것도 아니지 않은가. 시드는 우리가 이 분위기에 자연스레 어울려서 여인 하나를 골라 춤을 부탁하는 것이 중요하다고 했다. 그가 내게 손을 내밀었다. 아, 돈. 인당 30파운드(4만 원)였다. 몇 분 뒤 어두컴컴한 구석 자리에 앉아 있는데 속옷 차림의 여성이 다가와 내 주위를 돌며 춤을 췄다. 바로 옆에 앉아 있는 시드에게도 속옷 차림의 다른 여성이 다가와 춤을 췄다. 여인에게 말을 걸어야 할지, 시드에게 말을 해야 할지 도통 알 수가 없었다. 그녀에게 말을 걸어야 한다면 대체 무슨 말을 해야 하나. 코앞에서 연신 가슴을 흔들어대는 낯선 사람과 대화를 나누기란 여간 힘든 일이 아니다.

얼마나 흘렀을까. 우리 앞에서 춤추던 멜리사와 제인이 '위층으로 올라가 재미 좀 보자'고 제안했다. 시드가 고개를 끄덕이며 내게 윙크했다. 우리는 그녀들을 따라 클럽을 가로질러 위층의 개별 공간으로 분리된 큰 방으로 들어갔다. 여인들은 우리에게 자리에 앉으라고 권했다.

"술 더 하시겠어요?"

안 될 거 없지. 나는 술이 좀 더 필요할 것 같았다. 그녀들이 속바지를 벗는 바로 그 순간, 웨이터가 얼음통과 싸구려 샴페인을 들고 들어왔다. 워워! 나는 아직 술을 주문하지도 않았고 더욱이 바지를 벗으라고 한 적도 없는데! 완전히 포위된 기분이었다. 내가 이런저런 질문을 쏟아내자 그녀들은 혼란스러워했다. 먼저 어디서 왔냐고 물었다.

"우크라이나요."

제인이 말했다. 어쩌다 여기까지 왔는지 다시 물었다.

"왜 그렇게 질문이 많아요? 무섭잖아요."

그녀가 무언가를 찾아 두리번거렸다. 아까 봤던 문지기 중 하나를 찾는 건가. 어쩐지 이번에는 그들이 그리 친절하게 나오지 않으리라는 직감이 들었다. 내가 흔한 손님 같지 않아서 불안하다고 말할 것 같았다. 나는 시드에게 고개를 끄덕여 보였다. 이제 그만 계산서를 달라고 해야겠군.

웨이터가 들고 온 계산서를 보는데 내 눈을 믿을 수가 없었다. 600파운드(90만 원) 가까이 나오다니! 싸구려 샴페인이 150파운드(20만 원)에, 여인 한 명당 150파운드가 붙었다.

"춤은 30파운드 아닌가요?"

내가 물었다.

"그건 아래층에서고요."

이번에는 멜리사가 대답했다. 위층에서는 그녀의 바지를 벗기는 데 120파운드(17만 원)가 더 붙고 팁도 100파운드(15만 원)란다.

내가 계산서에 불만을 표하기 무섭게 문 앞에서 봤던 사내들이 들어왔다. 그중 하나가 말도 없이 무표정한 얼굴로 계산서를 가리켰다. 협상은 없다는 뜻인 것 같았기에, 나는 마지못해 신용카드를 건넸다. 계산이 끝난 뒤 사내들이 우리를 문으로 안내했다. 아래층으로 내려가는데 제인이 그들에게 우크라이나어로 뭐라고 얘기했다. 정문에 거의 다다랐을 때 남자가 내게 손가락을 까딱였다.

"당신, 다시는 여기 오지 마쇼. 기자는 출입 금지야."

600파운드 바가지 요금 정도로는 내가 떨어져나가지 않을 걸로 보였나?

우린 깔끔하게 잘렸다. 알고 보니 이곳은 업계에서도 바가지를 잘 씌우는 클럽으로 알려져 있었다. 육중한 우크라이나인 문지기들은 사람들이 언제나 찍소리도 못 하고 돈을 내게 만들고, 여인들은 아무것도 모르는 술 취한 남자들을 홀려서 상상 이상의 값을 치르게 한다. 단순한 사기 수법이지만 언제나 피해자들은 값비싼 대가를 치르고 나서야 우울하게 하루를 마무리한다.

시드에게 작별 인사를 하려는데 한 남자가 다가왔다. 그는 우리에게 쭈뼛쭈뼛 다가오더니, 슬며시 내 귀에 속삭였다.

"진짜를 원해요?"

나는 이게 뭔 소리인가 싶어 시드를 바라보았다. 이게 뭔지 아는지? 또 다른 사기 수법인지? 시드가 어깨를 으쓱하며 멀뚱멀뚱 쳐다보았다. 그도 모르는 것 같았다.

나는 남자에게 무슨 뜻인지 물었다.

"진짜 여자들이요. 제대로 된 걸 보여줄게요. 따라오세요."

나이지리아인 같아 보이는 남자는 길 건너에 주차된 차를 향해 발을 끌며 걸어갔다. 시드가 '안 될 거 없지?'라는 표정으로 날 바라보았고, 우리는 낡아빠진 도요타 프리우스의 뒷좌석으로 몸을 구겨 넣었다. 5분쯤 달렸을까. 남자는 킹스크로스 근처에 있는 어느 집 앞에 차를 세웠다. 차에서 내린 그가 우리에게 따뜻한 미소를 지어보였다.

"20파운드(3만 원)입니다."

문 앞으로 걸어가는 우리에게 그가 말했다. 지폐를 건네자 그가 문을 두드리고는 우리의 등을 토닥였다. 속옷 차림의 여인이 문 밖으로 나와 말했다.

"신사분들, 안녕."

이곳은 우리가 방금 빠져나온 곳과 분위기가 전혀 달랐다. 지저분해 보이는 방구석에, 낡은 의자와 소파가 뒤죽박죽 아무렇게나 놓여 있었고, 의자마다 속옷 차림의 여인들이 앉아 있었다. 여자들의 모습 또한 방금 클럽에서 봤던 이들과 아주 달랐다. 키가 크지도, 몸이 탄탄하지도 않고 손톱을 다듬거나 머리를 단장하지도 않았다. 오히려 창백하고 깡말라 있었으며 팔다리에 멍이 든 사람도 있었다. 자신감도 없었고 먼저 나서지도 않았다. 조용하고 쫓기는 듯한 눈빛이었다. 샴페인을 한 병 더 하라는 노골적인 권유도 없었다. 그들은 우리가 그들 중 하나를 선택하기를 기다렸다. 이 여인들은 스트리퍼가 아니었다. 매춘부였다.

그중 하나가 말을 꺼냈다. 자기는 런던 출신인데 다른 사람들은 모두 외국인이란다. 다들 클럽과 정식으로 계약이 되어 있는 건지 궁금했다. 여기가 아까 그 클럽과 연결되어 있는 건지?

"아니요. 하지만 다 같이 일한다고 보면 돼요. 먼저 그 여자들이 흥분을 시키죠. 그럼 우리는 처음부터 원하는 걸 해줘요."

우리는 시간 낭비하게 해서 미안하다고 사과했다. 오해가 있었다고 변명하고는 그곳을 떠났다. 나는 시드에게 인사를 하고 택시에 올라 호텔로 향했다. 집으로 돌아가보니 여자친구가 친구들을 초대한 터라 술에 취한

웃음소리와 대화 소리가 집 안 가득히 울려 퍼졌다. 나는 그들에게 인사
한 뒤 자리를 비켜주고 기분 전환을 위해 샤워를 하려 했다. 침실에서 옷
을 벗는데 문득 생각이 났다. 울음이 터졌다. 킹스크로스의 눅눅하고 형
편없는 연립주택에서 속옷 차림으로 앉아 있던 여인들이 생각나면서 견
딜 수 없이 슬퍼졌다.

오늘 밤의 진정한 피해자는 런던 스트립 클럽에서 수백 파운드를 날린 남자들이 아니었다. 이들은 다음 날 눈을 뜨면 지난밤의 일을 웃어넘기며, 어쨌든 그것도 유흥이었다는 듯 나름대로 '괜찮은 밤'이었다며 떠들어댈 것이다. 진정한 피해자는 깊은 밤에 만난 여인들, 연약하고 착취당하며 자포자기한 여인들이었다. 전 세계를 돌아다니면서 포주와 매춘부는 여럿 만나 봤지만, 오늘 밤 내 삶의 터전 코앞에서 절망의 얼굴을 만났다는 사실이 현실로 다가오기 시작했다. 내가 사는 곳 근처에서 이런 일이 벌어진다는 사실이 나를 더욱 슬프게 만들었다.

Chapter 3

모든 게 마약 때문이다

며칠 뒤, 솔에게 전화해 '인도인 휴대폰 절도범'에 대해 들은 얘기가 없는지 물었다. 솔은 내 휴대폰을 훔쳐간 남자가 일포드 동부에 살고 있는데, 나를 만나는 게 조금 불안한 모양이라고 했다. 그렇지만 내가 일포드에 가서 직접 부딪쳐 보겠다면 주소를 알려주겠다고 덧붙였다. 나는 절도범의 얼굴은 제대로 보지 못했지만, 공범은 분명히 기억하고 있었다. 165센티미터 정도의 키에 사각 턱이었고, 두 눈은 움푹 들어가 있었는데 눈빛에 선한 기운이 서려 있었다. 검은색 아디다스 모자를 이마 아래까지 눌러쓰고 오른쪽 손목에는 은색 팔찌를 끼고 있었다. 다시 만나면 틀림없이 알아볼 수 있으리라.

나는 솔이 알려준 집과 번화가가 만나는 일포드의 거리 모퉁이에서 기다렸다. 그가 런던 중심부로 가려면 반드시 이곳을 지나쳐야 할 테니, 여기서 기다리면 하루 종일 앉아 있는 한이 있더라도 결국은 그를 만나게 되리라 판단했다. 지나가는 사람들을 하나하나 유심히 살폈다. 아니나 다를까 이곳에 도착하고 얼마 지나지 않아 그를, 아니, 그들을 봤다. 인도인은 다른 옷을 입고 있었지만, 그의 친구는 여전히 검은색 아디다스 모자를 쓰고 있었다. 지금 내 눈앞을 걸어가고 있는 저 남자가 그때 그 남자라는 사실에 전 재산을 걸 수도 있었다. 나는 즉시 그들에게 다가갔다. 둘다 질겁한 표정이었다.

"괜찮아요, 나 기억나요? 우리 혹스턴 광장에서 만났었는데."

"아니요, 잘 모르겠는데요."

남자가 고개를 저으며 말했다. 그를 자세히 들여다봤다. 전에 봤던 선한 눈빛이다. 분명 같은 사람이었다.

"그리고 당신, 둘이 서로 모른다고 하지 않았어요?"

나는 옆에 있던 남자를 가리키며 말했다. 그들은 눈빛을 주고받았다. 양심의 가책을 느끼는 모양이었다. 찔리는 구석이 있나보지. 그들은 극도로 조심스러워했다. 나는 그들의 보스를 만나고 싶었다. 당신들보다는 당신들이 누구를 위해 일하는지 궁금할 뿐이라며 계속해서 괜찮다고 안심시켰다.

"선생님 휴대폰은 나한테 없어요. 이미 팔았거든요."

"벌써 팔았다고요?"

"그래요. 그거 팔고 받은 돈도 다 써버렸어요."

남자는 주춤거리며 골목으로 사라지려 했다. 나는 기꺼이 휴대폰을 단념하고 돈에 대한 미련도 떨쳐내고는 대신 정보를 달라고 했다. 남자는 주저하는가 싶더니 몇 분 뒤 자기 집으로 가서 얘기하자고 제안했다. 길 모퉁이만 돌면 집이라고 했다. 그러면서 자신을 샤키라고 소개했다.

샤키가 말하는 '집'은 흔히 말하는 불법 거주 건물이었다. 현관은 보안판으로 막아놓았고 벽에는 그라피티가 그려져 있었다. 샤키가 쑥스럽다는 듯 어깨를 으쓱했다.

"현관이 없어요. 그냥 뛰어서 넘어오세요."

나는 그를 따라 작은 건물 뒤편으로 들어섰다. 그는 날렵하게 울타리를 뛰어 올라 지붕 위로 올라간 뒤, 몸을 일으켜 열려 있는 2층 창문으로 들어갔다. 나도 무단 침입을 해야 하는 건가? 기어서 창문을 통과하는 내 모습을 보고 그가 낄낄거렸다. 내가 정말 따라올 줄 몰랐던 걸까. 뭐라 말을 꺼내기도 전에, 끔찍한 냄새가 얼굴에 훅 끼쳐왔다. 맙소사, 사람 똥 냄새였다!

침실 바닥에서부터 아래층까지 뻥 뚫린 구멍이 있었다. 구멍의 정체가 이들의 푸세식 화장실이라는 사실을 알아차리고는 곧바로 입과 코를 막았다. 발아래에 휴지 조각과 파리가 잔뜩 깔려 있었다.

"이리 오세요. 옆방으로 가요."

그를 따라 들어간 다른 침실에는 바닥에 깔린 얼룩 투성이 매트리스 두 개 이외에는 어떤 가구도 없었다. 창문은 박살 났고, 그나마 매달려 있는 유리 파편은 검게 그을려 있었다. 샤키는 매트리스 위에 앉아 옆자리에 앉으라고 권했다. 나는 할 말을 잃었다.

"여기서 살아요?"

대답을 듣고자 물은 건 아니었다. 샤키는 방 2개짜리 불법 거주 건물에 살고 있었고, 그마저도 방 하나는 똥통으로 쓰고 있었다. 전 세계를 돌아다니며 극빈한 사람들을 수없이 봤지만 이들처럼 절망적인 경우는 처음이었다. 더군다나 여기는 내 집에서 10킬로미터도 떨어지지 않은 런던 아닌가. 샤키가 '준비하는 동안 잠깐 기다려달라'고 말했다. 무슨 뜻인가 했더니, 샤키와 다른 친구가 은박지와 유리관을 가져왔다. 그들은 주머니에서 약물을 담은 작은 비닐봉지 2개를 꺼내 곧바로 그것을 빨아들였다.

"헤로인이랑 크랙(강력한 코카인의 일종)이에요. 번 돈이 몽땅 여기에 들어가요."

샤키는 2004년에 건설 현장 쪽 일자리를 구하러 인도에서 영국으로 왔다고 한다. 불법 노동자였기에, 매일 밤 감독관이 그와 다른 불법 노동자들을 현장의 포터캐빈(차량에 달고 이동 가능한 임시건물)에 가두었다고 한다. 그중 헤로인 중독자였던 몇몇이 밤마다 헤로인을 피워댄 탓에 샤키도 서서히 중독되었단다. 결국 마약을 하기 위해 도둑질을 하는 지경에 이르고 말았다. 더군다나 사는 모습을 보아하니 다른 데에는 돈을 쓰지 않는 것 같았다.

"거나하게 취해서 돌아다니는 사람 많잖아요. 그들 휴대폰 훔치는 건 일도 아니죠."

그는 다른 사람의 악행을 이용해 자신의 악행을 충족시키고 있었다.

"휴대폰 하나면 150파운드를 벌 수 있어요. 그럼 대충 열 봉지 정도 살 수 있죠. 헤로인 다섯 봉지, 크랙 다섯 봉지요."

그 정도면 샤키와 그의 친구에게는 하루치란다.

"하루에 하나는 훔쳐야 돼요. 그렇게 매일 약을 하고 밖으로 나가 또 다른 휴대폰을 훔칩니다."

샤키가 얘기하는 동안에도 그의 친구는 파이프를 연달아 피워댔다. 헤로인을 끝까지 피운 뒤 또 다른 크랙 파이프를 입에 물기를 수차례. 그렇게 번갈아 피워대니 한 시간 만에 네 봉지가 비워졌다. 그들이 또 누구와 함께 일을 하는지 궁금했다. 샤키가 고개를 흔들었다.

"없어요. 우리뿐이에요."

이들은 어떤 조직에도 소속되지 않은 채, 독자적으로 일을 벌이는 2인조 범죄자다. 중독된 약물에 들어가는 천문학적인 비용을 감당하기 위해 매일 휴대폰을 훔친다. 샤키는 자신이 아는 다른 도둑들도 마찬가지라고 했다. 모두 약물에 중독돼서 그런 거란다. 끔찍하게 슬펐다. 복잡한 범죄 네트워크를 기대하고 왔건만, 알아낸 것이라고는 똥이 우글거리는 불법 거주 건물에서 한심한 나날을 이어가며 근근이 살아가는 마약 중독자의 삶뿐이었다. 내가 아는 런던과 멀어도 너무 멀리 떨어져 있었다. 나는 샤키와 친구에게 작별 인사를 건넸다. 그러자 샤키가 나에게 악수를 청하며 말했다.

"말썽을 일으켜서 미안합니다. 다 제 문제예요."

나는 창문으로 기어 나와 거리로 내려왔다. 일포드를 떠나 시내 중심가가 있는 서쪽으로 향하면서, 샤키와 킹스크로스에서 만난 여인들을 생각하니 기분이 묘해졌다. 지금까지 나는 런던을 잘 안다고 생각했다. 그런데 나 역시 이곳의 밝은 빛과 요란한 겉모습에 현혹되어 가난과 중독이 부채질한 범죄의 실상을 제대로 보지 못하고 있었다. 전 세계 이곳저곳을 돌아다니면서, 그래도 런던이 다른 곳보다 낫다는 오해를 하고 있었다. 알고 보니 런던의 빈곤은 다른 어느 곳보다 극심했다.

이스트 런던의 갱단은 한때 세계적으로 명성을 떨쳤다. 크레이스Krays 형제와 혹스턴 몹Hoxton Mob은 세력권 다툼을 벌였고, 젊은 배우들은 그들의 팔에 매달려 사진을 찍기도 했다. 영화 소재가 되기도 했던 그 시절은 이제 영영 사라진 듯하다. 런던은 범죄마저 외부에 위탁했다. 우크라이나 출신들이 스트리퍼를 장악하고, 나이지리아인 택시기사가 포주를 겸하며, 인도인 마약 중독자가 휴대폰을 훔친다. 범죄자들까지도 세계 각지에서 몰려드니 과연 진정한 국제도시답다고 해야 하나.

Chapter 4

그들이 대마초를
기를 수밖에 없는 이유

이렇게 수많은 범죄자들을 만들어내는 마약은 도대체 어디서 오는 것일까. 나는 정보원을 통해 이에 대해 말해줄 한 남자의 집 주소를 손에 넣었다. 그의 주소는 버밍엄에서도 좀 더 살기 좋은 곳으로 푸른 녹음이 우거진 교외 쪽이었다. 버밍엄은 관광도시가 아니다. 산업혁명 당시 제조업으로 명성을 쌓은 이 도시는 제2차 세계대전 당시 영국 군수품 제작 공장을 두고 있다는 이유로 독일의 폭탄 공격을 받으면서 엄청난 대가를 치렀다. 이제 버밍엄은 브루털리즘(20세기 후반 건축의 한 경향. 가공하지 않은 재료 사용과 노출 콘크리트 적용, 비형식주의가 특징이다)에 심취한 전후 광신자들이 만들어낸 회색 도시가 되었다. 그래도 이 도시만의 매력이 있다. 요즘 나는 파란 하늘이 잿빛 콘크리트와 날카로운 대조를 이루는 버밍엄의 눈부신 하루하루에 매료되어 있었다. 보통은 버밍엄 북쪽을 자주 찾는다. 가족이 아직 그쪽에 살고 있기 때문이다. 하지만 이번에는 마약 다루는 사람을 만나러 왔기에 가족 모임을 할 여유가 없었다.

어느새 나는 멋들어지게 꾸민 정원이 돋보이는 거대한 단독주택 사이를 걷고 있었다. 돈 좀 있는 사람들이 사는 곳이었다. 진달래와 철쭉이 활짝 피었고 잔디는 세심하게 손질되어 있었다. 일반적인 중산층이 사는 교외였다. 도시 범죄와 연관된 사회적 해악의 흔적은 찾아볼 수 없었다. 나는 내가 받은 주소가 이 주소가 맞는지 다시 한 번 확인했다. 버밍엄은 범죄로 들끓는 곳이 결코 아니다. 경찰에 따르면 여기서 가장 흔한 범죄는 대도시에서 쉽게 볼 수 있는 반사회적 행동이나 가게 들치기 정도라고 했다.

정문이 열리자 어릴 때 채소를 충분히 못 먹은 듯한 금발의 젊은 남성이 모습을 드러냈다. 20대 중반쯤 된 것 같은데 키는 12세 평균 정도밖에 안 되어 보였다. 그의 이름은 벤. 내 친구의 친구로, 공들여 가꾼 정원의 결실을 보여주겠다며 나를 집으로 초대했다. 그는 빅토리아풍의 거대한 붉은 벽돌집에서 어머니와 함께 살고 있었다. 지금은 어머니가 외출하셨기 때문에, 이때쯤 만나면 좋겠다고 한 것이란다. 그러면서 여러 가지 이유가 있으니 자신의 신원을 보호해달라고 했다. 가장 중요한 이유는 자신이 어머니의 다락에서 몰래 대마초를 키우기 때문이란다.

사람들이 마리화나를 얇은 종이로 말아 '리퍼'로 만들어 피우던 시절도 있었지만 최근에는 리퍼를 볼 일이 별로 없으리라 생각했다. 하지만 여전히 꽤 많은 이들이 리퍼를 자주 하고 있는 듯하다. 마리화나 열혈 마니아인 스눕 독Snoop Dogg처럼 말이다. 통계청은 지난해 잉글랜드와 웨일스의 마리화나 흡연자가 200만 명 정도라고 추정했다. 그런데 실제 수치는 그보다 두 배 이상 될 것이라는 합리적인 주장도 있다. 누구 말을 믿든, 확실한 것은 사람들이 마리화나를 얻는 장소가 달라졌다는 점이다. 놀라지 마시라, 수많은 마리화나 생산지 중에서도 버밍엄이 단연 최고란다. 독일은 비교도 안 된다고 한다.

벤이 지붕 아래 다락으로 통하는 출입구를 열어 사다리를 내렸다. 나는 먼저 올라가는 그를 뒤따라 어둠 속으로 올라갔다. 작은 전등을 켜자 넉넉한 공간 한쪽 구석에 비닐 시트로 분리된 공간이 눈에 들어왔다. 벤이 그쪽을 가리키며 말했다.

"저 안에 있어요."

비닐 안에는 수경재배하고 있는 대마초가 있었다. 수경재배는 과일과 채소를 생산하기 위해 네덜란드에서 처음 개발한 재배 방식이다. 네덜란드는 인구밀도가 높고 기후도 식물 재배에 적합하지 않기 때문에 사람들은 식물을 실내에서 기를 수 있는 방법을 고안했다. 그 결과, 빛과 온도, pH 수치와 이산화탄소 양을 조절하여 품질 좋은 작물을 대량 수확할 수 있게 되었다. 맨 처음 과일에 적용되었던 수경재배는 얼마 지나지 않아 대마초 산업에까지 도입되면서, 대마초 재배 기술은 나사 우주연구소 수준으로 급격히 발전했다.

벤의 어머니 침실 위에 있는 다락으로 기어가보니(그곳까지 네 발로 기어갔다) 아래층에서는 듣지 못한 아주 희미한 기계음 소리가 들려왔다. 벤이 비닐의 한쪽 귀퉁이를 들어 올리자 밝은 주황색 빛이 공기 중에 흩어졌다. 안에는 우리가 겨우 기어들어갈 만큼의 공간이 있었다. 2개의 조명 아래 배양액이 가득 담긴 상자 안에서 작물이 자라고 있었고, 산업용 크기의 환풍기가 돌아가며 굴뚝을 통해 공기를 순환시키고 있었다. 작업 제어 방식이었다. 빛과 관개시설 등 모든 시스템이 벽에 부착된 타이머로 자동화되어 돌아갔다. 정말 기가 막힌 시설이군.

대마초 재배자는 두 부류로 나뉜다. 한쪽에는 취미용 재배자가 있다. 대마초 감정가, 상습 흡연자 등 돈에 인색하거나 맛에 인색한 사람들이다. 이들은 집 안의 협소한 공간에 대마초 대여섯 그루를 감춰둔다(대부분의 나라에서 개인 용도로 아홉 그루까지는 법적으로 허용된다). 이들은 품질 보증과 '진짜' 범죄 방지 차원에서 기르는 것이라며 개인 재배를 정당화한다. 벤 역시 취미용 재배자다. 대마초 여덟 그루를 기르고 있는 그는 재배 규칙 역시 잘 알고 있었다. 밀매자로 몰려 무거운 형벌을 받고 싶지는 않을 테니까. 취미용 재배자이니 발각되어도 훈계 조치에 그치거나 심해야 벌금형으로 끝날 것이다. 어머니에게 들키지만 않으면 된단다. 들켰다간 상황이 훨씬 안 좋아질 것이다. 대마초 재배자들은 재배실에 첨단 기술을 갖춰놓고, 수년 동안 집 안에 여자(재배자 대다수가 남자다)는 단 한 명도 들이지 않는다. 대마초 재배를 탐탁지 않게 여긴 그녀가 경찰서로 달려가 모두 불어버릴지 모른다는 두려움 때문이다.

그러고 보니 대마초가 상당히 양면적이라는 느낌을 받았다. 마찬가지로 해로운 담배나 술과 비교하면, 대마초를 법으로 금하는 것이 위선적이라는 생각도 든다. 돈을 좇는 입장에서 생각해보면, 영국이 미국처럼 대마초 규제를 풀고 대신 필요한 세금을 벌어들일 수 있는 엄청난 기회를 놓치고 있는 건 아닐까 하는 의문도 든다. 하지만 이건 내가 어찌할 수 없는 일이고, 현재 벤의 대마초 재배는 여전히 불법이다.

역설적이게도 벤이 대마초를 직접 재배하게 된 가장 큰 이유 역시, 앞서 말한 것처럼 '진짜' 범죄의 올가미에서 벗어나기 위함이라고 했다. 대마초를 직접 기르면 이것을 판매하는 범죄자들을 만날 필요가 없다는 것이다.

"힘들게 번 돈을 자전거 타고 나타난 정체 모를 사람에게 주고 싶지 않았어요. 그 사람도 A급 대마초를 판다는 범죄자에게 사들인 봉지를 다시

파는 것뿐이거든요."

그가 이제는 자급자족하는 덕분에 범죄자로부터 멀리 떨어질 수 있다고 덧붙였다. 솔직히 그의 말이 맞는 것 같기도 했다. 성인이 되어 남에게 어떤 피해도 주지 않고 집 안에서만 벌이는 일이라면, 그게 뭐든지 간에 누가 무슨 권리로 그것을 하지 말라 하겠는가? 취미를 스스로 즐기는 방식으로 자기가 쓰기 위해 직접 대마초를 기르고, 그러면서 범죄 집단의 더러운 손에 돈을 쥐어주지 않아도 된다니, 내 눈엔 괜찮아 보였다.

　어머니의 다락에서 인공 태양의 따뜻한 빛 아래 앉아, 벤은 자신이 기르는 대마초의 품종이 전부 다르다고 얘기했다. 장난스러운 가드닝 방송이 시작됐다. 그의 대마초는 세계 각지에서 온단다. '힌두 쿠시'라는 것도 있고, '레몬 쿠시(정말 레몬 냄새가 난다)'도 있으며, '노던 라이트'라는 이름과 달리 아주 묵직한 감흥을 준다는 품종도 있었다. 또 그가 각기 다른 종을 이종 교배한 새로운 품종도 있단다. 그렇게까지 헌신하다니 진정한 취미임을 인정하지 않을 수 없었다. 벤은 학창 시절에는 결코 창의적인 학생이 아니었는데 대마초를 키우면서는 새로운 아이디어가 계속 떠오른다며, 엄청난 자부심을 느끼고 있는 듯했다. 그는 꽤 괜찮은 직업을 갖고 있었고, 대마초는 일이 끝난 뒤 즐기는 기분 전환용 약물이라고 했다. 자신이 대마초를 자주 피우기 때문에 남는 게 없어서 남에게 판 적은 한 번도 없단다. 그의 직업이 뭔지 묻지는 않았지만 의사는 아니길 바란다.

~~~~~ Chapter 5 ~~~~~

대마초 시장에서
발을 뺀 중국의 속셈

물론 벤 같은 사람만 있는 것은 아니다. 다른 한편에는 전문 재배자가 있다. 이들은 재배자라기 보다는 '사업가'다. 취미용 재배자들의 엄격한 방법론과 달리, 빽빽이 길러서 비싸게 팔고 많이 벌자는 상업적 접근법으로 사람들을 취하게 만든다. 20년 전쯤 대마초 재배시장의 틈을 알아본 중국과 베트남 등지의 동아시아 갱들이 영국 대마초 재배시장으로 옮겨오기 시작했다. 이들 갱은 재배법을 잘 알고 있었기에 시장을 금세 장악했다. 보통 한 번에 천 그루 이상을 재배하는 그들을 잡기 위해, 영국 경찰은 런던과 리버풀, 버밍엄 등 아시아인들이 대규모로 거주하는 거대 광역 도시권을 집중 수색하여 대량의 대마초를 압수하기 시작했다.

　대마초 재배 시장이 얼마만큼의 가치가 있는지와 같은 질문은 대답하기 힘들다. 대마초는 30그램 정도에 200파운드(29만 원)를 호가한다. 사업가들이 기르는 대마초 한 그루에서 대략 100~140그램 정도가 생산되니, 적게 잡아도 한 그루가 700파운드(100만 원)의 가치는 된다고 할 수 있다 (값은 여기서 50퍼센트 더 오를 수 있다). 어찌 됐든 경찰이 급습한 동아시아 갱의 두목은 매달 70만 파운드(10억 1,882만 원) 이상을 벌어들이고 있었다.

벤은 직접 재배한 양으로는 소비량을 따라가지 못할 때가 있었다고 한다. 대마초 가뭄에 시달릴 때에는 항상 찾아가는 다른 재배자가 있다고 했다. 그는 자신과 달리 언제나 필요한 양 이상을 재배해서 대마초가 항상 남아돈단다. 벤은 그의 연락처를 휘갈겨 쓴 종잇조각을 내게 건네줬다. 이름은 비.

울버햄프턴 외각의 한 술집에서 비와 만나기로 했다. 버밍엄에 정비가 필요하다고 생각한다면, 그곳의 동생뻘인 울버햄프턴을 보라. 1파운드숍(1파운드짜리 위주로 판매하는 상점)과 파이 가게, 전당포 등이 늘어선 콘크리트 도로가 이곳의 대표 얼굴이다. 우리가 만나기로 한 술집은 특히나 형편없었다. 바깥 벽에 붙은 간판에는 '식사 요금 3.99파운드(5,807원)'라고 자랑스럽게 쓰여 있었고, 술집 안에는 잉글랜드 기 3개가 붙어 있었다. 여기 사장은 영국연합왕국 중에 한 곳만 지지하는 건가. 비를 기다리면서 맥주 한 잔을 주문했다. 맥주는 상당히 뜨뜻미지근했다. 음식은 주문하지도 않았다.

비가 밖에서 기다리고 있다는 문자를 보냈다. 안으로 들어오지 않겠다는 그를 나무랄 수는 없었다. 조수석에는 또 다른 남자가 앉아 있었기에 나는 뒷자석에 올랐다. 비는 내 쪽을 향해 대충 고개를 끄덕이더니 곧장 출발했다. 그는 마약상이었다. 체격 좋은 젊은 아시아인으로 몸 여기저기에 금붙이를 달고 있었고, 캐주얼한 운동복 차림이었다. 마치 요란한 힙합 차림으로 가장 무도회에 가는 듯했다. 비의 고객은 대부분 울버햄프턴에 기반을 두고 있지만, 버밍엄 전역으로 배달도 한다고 했다. 지금도 배달을 가는 길이란다.

마약상은 범죄자의 세계에서 가장 가벼운 부분이며, 그중에서도 마리화나 밀매상은 마약상 세계에서도 가장 물렁한 부분이다. 친구 중 한 명은 만나던 남자가 과거에 감옥살이를 한 사실을 고백했다는데, 정확히 무엇 때문이었는지 얘기를 듣기 전에 그녀 자신도 모르게 '제발 마약이길, 제발 마약 때문이었길' 하고 바라고 있더란다(아아, 남자의 죄목은 중상해죄였단다. 데이트는 끝났고 그녀는 떠났다). 요즘에는 대마초가 여러 나라에서 합법화되면서 사회적으로 용인되는 범죄의 경계선상에 있지만, 부정적인 면이 여전히 존재한다는 사실을 잊지 말아야 한다.

울버햄프턴 부근을 돌면서, 비가 자신의 인생에 대해 살짝 얘기해줬다. 그중 단연 흥미로웠던 것은 그가 대마초 재배 혐의로 6년간 징역살이를 했다는 것이었다. 이제 막 면도를 시작한 것 같은 남자에게 6년은 너무 긴 시간이었을 텐데, 감옥살이를 경험하고도 범죄 욕구는 떨쳐내지 못한 모양이다. 그렇게 10분을 더 달린 뒤 비는 얘기를 멈추고 차장 밖으로 불법 거래를 시작했다. 구매자는 소규모 밀매상으로, 대마초 약 30그램을 받고 200파운드를 건넸다. 지하경제 활동이 바로 눈앞에서 이루어지는 순간이었다. 얼마 뒤 우리는 그곳을 떠났다. 비는 어디서 그 많은 대마초를 구하는 걸까. 그가 백미러로 나를 바라보며 대답했다.

"전부 제가 직접 길러요."

비가 현재 생산하고 있는 대마초 농장은 총 네 군데라고 한다. 동네에 장소를 임대해서 쓰고 있는데 위치가 아주 좋다고 했다. 말하는 게 마치 부동산 중개업자 같았다. 그는 각 농장에서 백 그루 정도 키우며 세 달마다 각각 90~150그램의 대마초를 생산한단다. 다 더하면 1년에 10만 파운드(1억 4,555만 원) 정도 벌어들인다는 뜻이다. 위험을 분산시키는 것이 중요하기 때문에 농장이 많을수록 좋다고 덧붙였다. 그가 말하는 위험이 뭘까. 감옥으로 돌아가는 것?

"아니요. 그런 건 걱정 안 해요."

그를 잠 못 이루게 하는 골칫거리는 경찰이나 감옥과는 비교가 안 된다고 했다.

"말도 안 되게 고약한 놈들이 있거든요. 그놈들은 어딘가에 재배실이 있다는 얘기만 들어도 바로 찾아와서 확인해요."

놈들의 정체는 중국인이었다. 대마초 농장이 확산되어 시장이 포화생태에 이르면서 부작용으로 불미스러운 범죄자들이 소규모 재배실까지 발을 들여놓게 되었다. 그들은 대마초를 직접 재배하지 않고도 돈벌이가 되는 방법을 알아냈다. 바로 대마초 농장을 훔치는 것이다.

무장 강도 이상의 전과가 있는 중범죄자들로서는 동네 은행을 터니 대마초 농장을 훔치는 것이 훨씬 더 안전하다. 벤이나 비 같은 사람들이 경찰에 신고하지도, 신고할 수도 없다는 사실을 알기 때문이다. 중국 갱단을 신고하려다 그들의 농장을 노리는 수많은 동아시아 갱단의 주의를 끌 위험이 높아질 테니까. 더군다나 그들의 농장이 당신 집 주변에 있다면 문제는 우리 모두의 것이 된다.

벤과 비의 말에 따르면 요즘 영국에서 유통되는 마리화나 대부분은 개인 주택에서 기르고 키워 거둬들인 것이라고 한다. 합리적인 추산에 따르면 현재 영국의 대마초 재배 인구는 50만 명에 이르는데, 그럴 경우 평균적으로 거의 모든 거리에 대마초 농장이 있는 셈이다. 잠을 청하면서 나는 어머니의 집 주변에도 대마초를 기르는 사람이 있을지 모른다는 생각을 했다. 누군가가 다락이나 지하실, 혹은 남는 방에서, 아니면 셋 모두에서 대마초를 기르고 있을 가능성이 농후하다(결국 그날 밤 어머니의 집을 찾아 갔다. 집을 샅샅이 뒤졌지만, 집에 대마초는 없었다).

다음 날 나는 울버햄프턴 신문사에서 일하는 친구에게 전화를 걸었다. 비에게 들은 이야기를 전한 뒤, 이 지역에서 대마초 농장을 노리는 범죄 자들에 대해 들은 바가 있는지 물었다. 친구는 버밍엄 형사 법원에 제기 된 몇 가지 소송에 대해 알려주었다.

최근 정교한 기술을 활용해 풋내기 재배자들의 대마초 농장을 찾아내 는 폭력 범죄가 늘어나는 추세라고 한다. 갱들은 수경재배 상점 밖에 주 차된 차들에 추적 장치를 달기도 하고, 마약 탐지견을 훈련시켜 냄새로 재배실을 찾게 한단다. 이런 현상은 그들 사이에서 '과세taxing'라고 불리 는데, 친구가 이에 대해 얘기해줄 사람의 연락처를 알 수도 있다고 했다. 한 가지 꺼려지는 점은 그를 만나려면 핸즈워스로 직접 가야 한다는 것이 었다.

버밍엄의 교외 어디든 핸즈워스보다 못한 곳은 없다. 핸즈워스는 오래 전부터 버밍엄의 '문제아'였다. 지난 20년간 이곳에서는 대규모 폭동이 세 번 일어났고, 젊은 흑인과 아시아 갱 일원들이 구역 싸움을 벌이면서 문제가 끊이지 않았다. 벤을 만난 곳에서 몇 킬로미터 떨어지지 않았는데 도 전혀 다른 세계에 온 것 같았다. 여전히 핸즈워스는 영국에서 가장 심 각한 빈민 지역을 대표한다. 백인이 드물고 실업률이 높으며 약물 사용이 만연하다. 범죄율은 전국 평균의 두 배를 넘는다. 나쁜 놈들이 활동하기 완벽한 환경이다.

Chapter 6

마약과의 전쟁은
끝나지 않았다

약속 시간과 장소는 늦은 오후, 지저분한 거리에 있는 작은 연립주택으로 정해졌다. 차에서 내리자마자 덜컥 겁이 났다. 괜히 온다고 한 건가. 날은 어두워지는데 나는 핸즈워스의 한복판에 서 있었다. 여기서 8킬로미터도 떨어지지 않은 곳에서 자랐는데도 불구하고, 아니, 그랬기 때문에 더더욱 이곳에서는 밤에 돌아다니면 안 된다는 사실을 잘 알고 있었다.

초인종을 누르자 문이 열렸다. 나는 공용 복도를 지나 2층으로 올라갔다. 노란 벽지는 여기저기 뜯겨져 있었고 전체적으로 퀴퀴하고 눅눅한 냄새가 났다. 텅 빈 안방에서 두 가지가 눈에 띄었다. 첫째, 낡은 카펫 한가운데에 크고 짙은 얼룩이 묻어 있었는데 피가 아닐까 의심스러웠다. 멀리 떨어진 벽에 찍힌 손 모양의 얼룩은 분명 핏자국이었다. 둘째, 만나기로 한 남자는 머리부터 발끝까지(바지, 셔츠, 코트에 장갑, 모자까지) 모두 검은색으로 맞춰 입고 방 한가운데에 서 있었다. 장례식이라도 가는 걸까.

지금부터는 이 남자의 신원을 보호하기 위해 정말 조심해야 한다. 그쪽에서 부탁을 하기도 했지만 무엇보다 그는 유죄 판결을 받은 살인범이었다. 이미 교도소에서 몇 년 보내다 왔다는 뜻이다. 그러니 나는 그의 요청을 아주 성실히 이행해야 한다. 그에 관한 설명은 덩치가 매우 큰 남자로 팔과 다리, 얼굴이 있다는 정도로 해두자. 이름은 캠Cam이라 부르겠다.

여기서 얼마 떨어지지 않은 동네에서 학창 시절을 보낼 때만 해도, 내가 대마초 농장에 새로운 흥미를 갖게 된 살인자를 인터뷰하게 되리라곤 상상도 못 했다. 하긴 학생 때는 이 근처에 살인자가 돌아다니리라고는 생각도 못 했으니까. 법무부에 따르면 영국에서 매년 300명 정도가 살인죄로 체포되며, 유죄 판결을 받은 살인범 중 100~200명이 같은 해에 석방된다. 정말이지 교도소를 들락날락하는 살인자들의 회전문이 따로 없다. 그들은 나와서 무엇을 할까? 그걸 알아보려고 캠을 만난 거다.

캠에게 사업은 잘되는지 물었다. 그저 같이 어울리다가 일 얘기를 하는 두 남자처럼.

"돈이 꽤 됩니다. 지금은 이쪽 시장이 괜찮아요, 정말입니다. 경기가 아주 좋아요."

그가 고개를 끄덕이며 미소 지었다. 매우 만족하는 눈치였다. 시작이 좋군. 하지만 캠이 왜 이 자리에 나왔는지는 알 수 없었다. 우리를 연결해준 친구에 대한 호의 때문일 수도 있지만, 그것만으로는 충분치 않았다. 그저 자기 일에 대해 얘기하고 싶었던 것은 아닐까. 사무실에서 고된 하루를 보내고 난 뒤 곧장 집으로 돌아가 하루를 털어내고 싶지는 않은 기분? 우리 모두는 사회적 동물이다. 하루의 대부분을 일을 하면서 보내는데, 캠 같은 사람은 어둠 속에서만 보내야 하는 삶이 불만스러울 때도 있을 것이다. 외롭고 고립된 느낌. '직업'이 '범죄자'이지만 그래도 오늘 하루 어땠느냐는 질문을 받는 것은 여전히 기분 좋다.

그가 말하는 시장이 대마초 재배를 말하는 것일까?

"맞습니다. 왜 그런지는 모르겠지만 아무것도 가진 게 없는 사람들이 기르고, 기르고, 또 길러요. 예전에는 몇 명 없었는데 지금은 누구나 뛰어드는 것 같아요."

어느 때보다 많은 사람들이 버밍엄에서 대마초를 기르고 있고, 오히려 예전처럼 산업 단위의 재배 방식은 줄고 있다고 한다. 확실히 시장은 몰라보게 변하고 있다. 이번 무역 전쟁에서는 중국이 힘을 못 쓰고 있다. 캠은 점점 더 많은 사람들이 의심 살 일 없는 작은 집을 선호하다 보니, 숨길 수 없는 흔적들을 계속해서 찾게 된다고 말했다.

"커튼이 한 번도 걷힌 적이 없다면 커튼을 잘 살피는 거죠. 쓰레기봉투가 통 나와 있지 않은 집이면 '사람이 살고 있다면 당연히 쓰레기가 나올 텐데 왜 없을까' 의심하는 겁니다. 내 말 알겠죠?"

이런 것들이 집에 사람이 실제로 거주하지 않는다는 증거라고 한다. 듣자 하니 캠 같은 사람들이 대마초를 기르지 않고 훔치는 것만으로도 생계를 유지할 수 있다니, 대마초 재배 산업의 규모를 짐작할 수 있었다. 캠은 개인 재배자들을 상당히 멸시했다.

"그냥 동네 불량배 같은 거예요. 범죄자라고 하기도 아까운 애송이들일 뿐이죠."

그는 한밑천 잡아보려는 이런 한탕주의자들을 비웃었다. 캠이 들이닥치면 그들은 화를 입으리라. 무엇보다 적당한 시기에 문을 두드리는 것이 중요하다고 한다. 대마초 재배가 의심되는 집을 발견하면 수확일이 언제쯤인지 지켜본단다.

"시간 맞춰 가지 않으면 아무 소용이 없어요. 작물이 무르익었을 때 모두 잘라서 없앤 다음, 팔면 그만이거든."

캠은 바보가 아니다. 자기만의 작업 방식이 있었다. 일 처리 방식에 대해서도 다 생각해놓았을뿐더러 듣자 하니 캠은 이 일을 아주 진지하게 생각하고 있었다.

재배하는 사람이 저항하면 어떻게 되는지?

"설득해야죠. 흠씬 두들겨 패면 됩니다. 필요하면 고문도 하고. 아, 고문은 제대로 합니다. 또 어디에서 재배하고 있는지, 아니면 돈을 어디다 숨겼는지 알아야 하니까."

캠이 너무도 사무적으로 말하기에, 하수구를 어떻게 뚫은 건지 설명해주는 배관공이라도 된 줄 알았다. 그는 자신감 넘치는 말투로 자기 일에 대해 신나게 떠들어댔다. 그러고 보니 그는 아무 감정 없이 이런 말을 내뱉고 있었다. 아주 편안해 보이기까지 했다. 이 일을 밥 먹듯 하다 보니 감정이 더 이상 안 실리는 것인가. 갑자기 캠이 우리 집 현관문을 부수고 들어오는 장면이 떠올랐다. 캠에게 고문을 받으면 과연 어떨까. 그가 계속 설명을 이어갔다.

"장도리, 마체테(날이 넓고 무거운 칼), 밧줄, 강력 테이프를 가져갑니다."

그의 말은 거침이 없었다.

"가끔 급습한 집에 대마초가 없을 때도 있어요. 그래도 어딘가에서는 기르고 있다는 걸 아니까 계속해서 정보를 캐내야죠."

정말 아무것도 기르지 않는다면 어떻게 되는 건가? 이웃이 재배하고 있는 건데 캠이 실수로 우리 집에 쳐들어왔다면? 아무리 주장해도 그가 내 말을 믿지 않는다면? 캠은 절대 '오, 미안합니다, 잘못 짚었네요. 옆집으로 갈게요'라고 말할 사람으로는 안 보였다. 그가 차갑게 말했다.

"그렇게까지 하고 싶지는 않아요. 결국 정보를 얻는 게 가장 중요하니

까. 그저 다리를 집중해서 패주면 됩니다. 내 말 알죠? 갈비를 치거나, 장
도리로 발이나 발가락을 몇 번 후려치면 금세 입을 열어요. 그래도 안 먹
히면 선베드랑 불꽃을 씁니다."

선베드? 불꽃?

캠에게 '선베드'가 있단다. 버밍엄의 한 차고 안에. 그곳으로 사람들을
데려간단다. 선베드 안에 사람들을 눕히고 테이프로 칭칭 감은 뒤 그대로
놔둔단다. 입을 열 때까지.

"조심해야 돼요, 거기 너무 오래 놔두면 안 되거든."

뭐가 재미있는지 캠이 낄낄거렸다.

"안 그러면 끔찍하게 타버려요. 그런 적이 한 번 있었지."

캠에게는 '불꽃'이라 부르는 상자도 하나 있었다. 전선이 달린 고전압
배터리란다.

"그거 한번이면 정보는 금방 캘 수 있어요."

정말 효과가 좋나 보다.

"순식간이에요. 안 좋게 들리겠지만 그냥 안에 들어가서 연결하고, 정
보 받고, 서둘러 나와 이동하면 끝이에요. 서로 친구하자고 거기 가는 거
아니니까."

그의 말이 맞다. 안 좋게 들렸다.

아직도 벤의 모습이 눈에 선하다. 매력적이고 젊은 취미용 재배자와,
자신의 다락에서 대마초가 자라고 있으리라고는 꿈에도 생각하지 못한
그의 어머니가 강력 테이프에 감겨 있고, 캠이 필요한 정보를 얻기 위해
그들을 감전시키는 모습이 머릿속에 그려졌다. 캠이 그들에게 가할 끔찍
한 고통을 생각하니 치가 떨렸다. 그러고는 벤이 자랑스럽게 개발한 레몬

쿠시를 챙겨서 그곳을 떠나겠지. 벤과 그의 어머니가 그런 일을 겪고 제대로 회복할 수 있을지…… 생각하기도 싫었다.

이런 악랄한 수법으로 캠이 손에 넣는 대마초의 양은 보통 4킬로그램이라고 한다. 가내 재배실에서 흔히 감당할 수 있는 양이다. 품질 좋은 대마초 4킬로그램이면 2만 파운드(2,911만 원)가 넘을 테지만, 캠은 물건을 빨리 처리하기 위해 할인을 해준다고 한다. 다해서 1만 5,000파운드(2,183만 원)면 족하다는 것이다.

"일이 즐겁나요?"

그는 대답하기 전에 잠시 뜸을 들이며 제대로 생각해 보는 눈치였다.

"딱히 그렇진 않아요. 해야 할 일이니까 하는 거지, 그렇게 즐기고 있다고는 말 못 하겠네. 다들 대마초를 피우니까 뭘 할 수 있겠어요? 그저 거두어들이는 거죠. 무언가가 바뀌기 전까지는."

그럼 무엇가가 바뀌면, 이 일을 그만둘 것인지?

"내일이라도 당장 이게 합법화되면 끝나는 거죠. 누구나 대마초를 합법적으로 키울 수 있게 될 테니까요."

합법이 되면 일거리가 끊기는 건지?

"끊기죠. 금주법이 풀렸을 때처럼."

나는 캠과 악수를 하며 시간을 내줘서 고맙다고 인사했다. 자신이 그렇게 섬뜩한 짓을 저질렀다고 천연덕스럽게 고백하는 범죄자에게 이렇게까지 예의를 갖춰 인사한다는 것이 이상하게 느껴졌다. 하지만 달리 뭘 할 수 있겠는가? 내 질문에 정중하게, 자세히 대답해줬고 그 대가로 아무것도 바라지 않으니 말이다. 진심으로 고마운 건 사실이었다.

밖으로 나오니 여러 가지 생각이 들었다. 대마초가 합법화되는 일은 아마 없으리라. 그럼 삼류 범죄자들과 접촉하고 싶지 않아서 대마초를 직접 재배하는 벤 같은 사람들은, 결국 훨씬 더 흉악한 범죄자를 마주할 위험이 있다는 모순적인 상황에 처한다. 대마초 재배에 대한 나의 자유주의적 생각이 완전히 뒤집혔다. 캠 같은 미치광이가 설치고 다니는 한, 피해자가 없다고 못 박기는 힘들 테니까.

만약 캠이 우리 집에 쳐들어오면 어떻게 되는 걸까? 내가 대마초를 기른다고 그가 잘못 짚었다면? 옆집 사람이 쓰레기 내다버리는 일을 깜빡한 것이라면? 지난주에 휴가를 다녀오느라 커튼을 모두 닫아놓았던 것뿐인데, 캠이 성급하게 잘못 판단한 것이라면? 어느 쪽이든 그가 실수했다는 사실을 깨닫게 하려면 선베드에 꽤 오래 누워있어야 할 것이다.

영국에서는 더 이상 대마초를 무조건 나쁘게만 보지 않는다. 이제 어디서나 대마초를 볼 수 있으니, 그에 대해 조금 더 느긋해지는 법을 배워야 한다는 것이다. 캠을 만나기 전까지는 나도 그 의견에 동의했다. 하지만 그를 만나고 난 지금, 이 괴물에게서 얼마 떨어지지 않은 곳에 사는 우리 가족을 걱정하지 않을 수 없었다. 캠과 같은 동네에 사는 사람들 역시 걱정됐다. 현재 서양에서 대마초는 어느 때보다 널리 퍼져 있다. 하지만 계속해서 불법으로 통용되는 한, 나쁜 사람들이 멋대로 주무를 수 있는 환경은 사라지지 않을 것이다. 이 사실 하나만으로도 법을 바꿔야 하는 이유는 성립된다. 먼저 이 문제에 대해 터놓고 이야기할 수 있는 공개적인 토론의 장이 필요하다.

그럼 수천 명의 중범죄자들은 어떻게 된 걸까? 캠은 혼자 일하고 있다고 했다. 어느 갱에도 소속되어 있지 않다고. 의외였다. 지금까지 캠 같은 사람은 늘 공범과 같이 움직인다고 생각했다. 아니면 그가 더 조직적으로 일을 꾸밀 때까지 시간이 조금 걸릴 뿐인지도 모르겠지만. 평범한 사람들에게 납치와 고문은 가장 끔찍한 악몽이다. 나는 납치와 관련된 자들, 특히 건방진 대마초 재배자가 아니라 아무 잘못이 없는 순진무구한 사람을 노리는 자들을 좀 더 알아봐야겠다는 데 생각이 미쳤다.

Part 6

멕시코 :
죽음을 숭배하는 도시,
멕시코시티

납치는 이런 식으로 이루어진다. 황금 시간대는 오후 11시쯤, 술 몇 잔 곁들이면서 저녁을 먹은 뒤 기분 좋게 비틀거리며 집으로 돌아가는 시간이다. 택시를 불러 차가 멈추면, 당신은 택시에 오른다. 그리고 눈 깜짝할 사이 당신의 코앞에 총구가 겨눠지고 택시는 가까운 ATM으로 향한다. 이변이 없다면 일은 5분 안에 모두 끝난다. 눈 깜짝 할 사이에 당신은 1,000달러를 잃은 채 택시를 잡으려고 했던 인도에 다시 돌아와 있을 것이다.

미국

멕시코

멕시코만

툰라

살라앙가

멕시코시티

북태평양

Chapter 1

5분 안에 1,000달러를 버는
수익률 좋은 사업

산타 무에르테Santa Muerte. 그녀의 이름은 스페인어로 '죽음의 여신'이라는 뜻이다. 멕시코에서 민속적 성인으로 숭배되는 그녀는 길게 늘어지는 가운을 입고 해골을 쓴 채 한 손에는 구체를, 다른 손에는 커다란 낫을 든 모습으로 그려진다. 사람이 죽으면 삼도천 강둑에서 그녀를 만나 심판을 받게 된다고 한다. 무죄를 인정받을 경우 다음 생에 이르는 길을 안내받을 것이라고 하니 그녀에게 잘 보이는 편이 좋겠다.

가톨릭교회로서는 원통한 일이지만, 이 죽음의 여신은 멕시코를 비롯한 남미 지역에서는 마리아와 예수 이상으로 사랑을 받고 있다. 수백만 멕시코인이 그녀를 숭배하고 행운을 기원하며 그녀의 성상에 제물을 바친다. 교회는 내키는 대로 그녀를 매도하지만 산타 무에르테의 인기는 여전히 뜨겁다. 죽음의 여신에 헌신하는 현상을 두고 인류학자들은 '위기 예찬'이라 설명한다. 그녀는 사회적 약자들을 추종자로 끌어들인다. 실제로 많은 매춘부와 도둑들, 마약 중독자, 밀매상, 갱스터들이 그녀를 숭배한다. 자신을 이해해주는 옹호자를 적극 지지하는 것이다. 몇몇 사람들은 그녀가 삶의 일부인 폭력과 투쟁을 이해하는 유일한 신이라고 이야기한다.

또 다른 유별난 연대는 그녀와 멕시코 택시기사들의 관계다. 산타 무에르테가 그들의 수호성인이라는 것이다. 나는 세계 각지에서 신의 중재를 갈구하는 택시기사(와 승객)들을 보았다. 몇 군데 예를 들자면 델리, 카이로, 하노이 등인데, 여기 멕시코시티에서는 백미러에 그녀의 조각상을 걸어놓은 택시기사들을 자주 만났다. 그녀가 강도에게서 그들을 보호해준단다. 하지만 내가 멕시코시티의 택시에 대해 들은 바에 따르면 보호가 필요한 것은 기사가 아니라 승객이다.

'신속 세쿠에스트로'라는 말을 들어보았는가? 번역하자면 신속 납치라는 뜻인데, 피해자는 납치되어 돈을 모조리 빼앗긴 뒤 길거리에 버려진다. 납치는 이런 식으로 이루어진다. 황금 시간대는 오후 11시쯤, 술 몇 잔 곁들이면서 저녁을 먹은 뒤 기분 좋게 비틀거리며 집으로 돌아가는 시간이다. 택시를 불러 차가 멈추면, 당신은 택시에 오른다. 그리고 눈 깜짝할 사이 당신의 코앞에 총구가 겨눠지고 택시는 가까운 ATM으로 향한다. 납치범들은 자정 직전에 덮치는 것을 선호하는데 대부분 ATM의 1일 인출 한도가 그 시간에 재설정되기 때문이다. 즉 강도는 자정 직전에 500달러(57만 원)를 뽑고, 자정이 막 지나서 또 한 번 500달러를 뽑을 수 있다. 이변이 없다면 일은 5분 안에 모두 끝난다. 당신은 1,000달러(113만 원)를 잃은 채 택시를 잡으려고 했던 인도에 다시 돌아와 있다.

멕시코시티는 중대 범죄 발생률이 높다. 그래서 뭐 어떻다는 건가? 세계 대도시가 다 그런 것 아니겠는가. 워싱턴 DC에서 살해될 확률은 멕시코시티보다 두 배 더 높고, 뉴올리언스에서는 다섯 배 더 높다. 강도 범죄율도 런던이나 파리와 다를 게 없다. 멕시코의 다른 지역과 비교해봐도

멕시코시티의 범죄율은 콜리마나 게레로 같은 지역보다 훨씬 낮다. 그런데도 멕시코시티가 악명을 떨치는 이유는 신속 납치 범죄가 만연하기 때문이다. 현지 언론에 따르면, 멕시코시티에서는 신속 납치가 급격히 확산되고 있다. 시민들은 경찰이 제대로 된 조치를 취하지 않고 있다며 불평하고, 이는 도시 평판에 부정적인 영향을 미친다.

내가 이곳에 관심을 갖게 된 것도 이 때문이다. 이곳의 유별난 범죄인 신속 납치. 나는 그 세계로 들어갈 수 있을지, 그 뒤에 숨은 사람들을 만날 수 있을지 궁금했다. 가장 좋은 방법은 역시 직접 뛰어드는 것이다. 지금까지 나는 범죄의 세계로 들어갈 때 택시를 활용했다. 부에노스아이레스에서 택시는 위조 갱단으로 흘러드는 창구였고 뭄바이에서는…… 아, 뭄바이 얘기는 더 이상 하지 말자. 어쨌든 모든 일은 택시에서 벌어졌다. 더군다나 멕시코에서는 택시기사 본인이 이 중대 범죄에 연루되었을지 모르니 새로운 전율이 일었다. 이곳에서는 택시를 타는 것 자체가 새롭게 보였다.

첫 번째 택시는 아주 평범했다. 기사의 옷차림도 말끔했다. 40대 중반에(아닐지도 모르겠지만) 깔끔한 셔츠를 입고 두툼한 금시계를 차고 있었다. 독특한 점은 그가 내게 신분증과 코팅된 자격증을 건네면서 자신이 멕시코시티의 면허를 받은 택시기사임을 증명해 보였다는 것이다. 내가 뭐라말할 새도 없이 그는 이것이 세군도(안전한 택시)이니 납치 같은 건 없을 거라고 안심시켰다. 하지만 그 택시는 통상적인 요금인 30페소(1,799원)가 아니라 100페소(5,996원)를 받았다.

"요금이 왜 그렇게 비싼 거죠?

"안전한 택시니까 추가 요금을 내는 겁니다."

그가 대답했다. 여기 상황이 손쓸 수 없는 지경에 이르렀다는 분명한 증거를 보고 싶다면 멀리 갈 것도 없다. 지금 이 상황이 그 반증이다. 강탈당하지 않으려면 바가지 쓰는 데 동의를 해야 한다지 않나. 동의를 해도 뺏기고, 동의를 안 해도 뺏긴다.

택시는 시우다델라 시장 앞에 섰다. 번잡한 거리를 따라 늘어선 수백

개의 가판대에서 전통 예술품과 공예품을 팔고 있었다. 전형적인 관광 시장 양방향에서 쏟아지는 사람들은 관광객을 겨냥한 싸구려 물건들을 얼빠진 듯 바라보았다. 스페인 정복시대 이전의 신을 그린 토분, 현란한 주황색 종려섬유 바구니와 소형 악기 등 집으로 돌아와 여행 가방을 열자마자 '내가 이걸 왜 샀을까' 후회하게 되는 물건들뿐이다.

광장 저편에도 군중이 모여 있었다. 음악 소리가 들리는 것으로 보아 파티가 열리는 것 같았기에 걸어가 확인해 보기로 했다. 시장보다는 재미있겠지. 제일 먼저 눈에 들어온 것은 춤을 추는 사람들이었다. 제대로 된 춤이었다. 남녀노소 할 것 없이 살사 리듬에 맞춰 빙글빙글 돌고 있었다. 나이가 지긋한 사람들은 미니 더 무처(Minnie the Moocher, 유명 재즈곡) 스타일로 재즈 뮤지션 같은 차림에 챙이 넓은 페도라를 쓰고 있었다. 여성들 역시 몸에 착 감기는 드레스에 뾰족한 구두로 한껏 차려입었다. 순간 세로줄 무늬 보라색 양복에 검은 모자를 기울여 쓴 남자가 내 팔을 잡아당겼다.

키가 120센티미터밖에 안 되어 보이는 그가 가까이 있던 여인의 손을 잡고 짤막하게 시범을 보였다. 내가 본 중에 가장 멋지고 요염한 춤이었다. 남자는 작은 키의 아쉬움을 스타일로 채우고 있었다. 마지막 동작으로 그는 파트너를 한 바퀴 돌려 자신의 왼팔 밑으로 미끄러뜨린 후, 더 이상 흥미가 떨어진 듯 나에게 그녀를 맡겼다.

나는 춤을 그렇게 잘 추지는 못한다. 고맙게도 파트너가 자신의 동작을 잘 알고 있었기에 내 어설픈 춤에도 휘둘리지 않았다. 곡이 끝날 때까지 우리는 진저 로저스(Ginger Rogers, 뮤지컬 영화에서 왈츠를 추며 이름을 알린 전설적인 영화배우)와 한 마리의 새끼 코끼리였다. 저 백인이 춤은 제대로 추는지 보려고 몰려든 군중들이 박수도 조금 쳐주었다. 키 작은 친구는 만족스러웠는지 나를 술집으로 데려가 테킬라를 한 잔 대접했다. 그의 스페인어에는 걸쭉한 비속어가 난무했지만 요지는 알고도 남았다.

"대체 여기서 뭐 하는 거요?"

나는 신속 납치에 대해 알아보려고 이곳에 왔다고, 납치에 연루된 사람들을 만나보고 싶다고 했다. 그가 나를 다시 한 번 위아래로 훑었다.

"진심이오?"

나는 고개를 끄덕였다. 그가 어깨를 으쓱하더니 술이 더 필요하다는 듯 테킬라를 두 잔 더 시켰다.

"지금 형씨가 말하는 자들이 얼마나 위험한지 알아요? 그쪽 세계엔 얼씬도 하지 않는 게 좋다고요. 그러다 머리통 날아가요."

이런 식의 자극적인 말에는 이미 익숙해져 있었다. 그런데 어쩐지 그는 괜히 호들갑 떠는 사람 같지 않았다. 그는 테피토에서 자랐다고 했다. 테피토라면 나도 들어본 적이 있었다. 멕시코시티에서도 난폭하기 이를 데 없는 곳이라 했다. 그 지역에는 납치는 물론 더한 일에도 몸담은 이들이 수두룩하단다. 나는 그에게 그곳으로 좀 안내해줄 수 있는지 물었다. 그가 웃어젖혔다.

"춤이나 춰요. 테피토는 가까이하지 말고."

Chapter 2

지구상에서 가장
위험한 도시에서 살아남기

다음 날 아침, 테킬라가 들어간 머릿속이 어제의 춤사위로 욱신욱신한 발 못지않게 쑤셨다. 나는 테피토로 가야겠다는 생각을 떨쳐낼 수가 없었다. 여행 책에 테피토에 관한 얘기는 없었지만, 책 밖에서 만난 얘기가 호기심을 자극했다. 테피토는 멕시코시티에서 관광객을 찾아보기 힘든 곳이라고 했다. 먼저 택시를 잡아타고 직접 산타 무에르테를 만나러 가기로 했다. 내가 목적지를 말하자 기사가 깜짝 놀라 되물었다.

"정말 거기 가시려고요?"

가는 길에 기사에게 이곳에 온 이유를 말했더니 그가 흔한 얘기를 들려주었다. 그쪽 세계는 기웃거리지도 말라, 그들이 당신을 죽일 거다. 멕시코시티에서는 사람들이 하루가 멀다 하고 총에 맞아 죽는다…… 뭐 그런 얘기였다. 그가 근본이 착한 사람이라는 것을 알 수 있었다(지금까지 만난 택시기사들은 모두 다정다감했다). 그런데 그가 더욱 흥미로운 얘기를 했다. 지금까지 들은 것과 전혀 다른 새로운 얘기였다. 자신의 택시가 오늘 밤 다른 사람에게 대여된다는 얘기였다. 아주 흔한 일이란다. 허가된 합법 택시는 대부분 주간 운행을 하고, 밤 시간 동안에는 다른 사람에게 양도 된다고 한다. 바로 여기서 문제가 시작된다. 기사가 운행을 하지 않을 때는 이 차가 어디에 쓰이는지 알 길이 없는 것이다.

"그럼 이 차가 납치에 사용됐을 수도 있는 건가요?"

"그렇죠."

기사는 나를 테피토 변두리에 내려줬다. 남은 길은 지도를 보고 걸어갔다. 도착하고 보니 과연 실망스럽지 않은 곳이었다.

나는 멕시코시티 중심의 한적한 거리에 서서 '성지'를 바라보았다. 치렁치렁한 검은 가발에 모자를 쓰고, 하얀 가운을 입은 120센티미터 크기의 해골이 서 있었다. 그녀는 오른손에는 지팡이를, 왼손에는 커다란 낫을 휘두르고 있었는데 순식간에 내 다리를 절단 낼 것 같았다. 목에는 십자가상이 걸려 있었고 해골과 죽음, 기부금 등을 나타내는 주술적인 그림이 사방에 놓여 있었다. 그녀를 찾아온 숭배자들이 놓고 간 듯한 페소와 꽃, 장신구가 발밑에 던져져 있었다.

비현실적인 광경이었다. 그 옆에 초와 꽃을 파는 가게도 있었다. 교회에서나 볼 법한 광경이었다. 종교적 숭배의 장소, 교회가 바로 그런 곳이지 않던가. 이 모든 광경을 바라보고 있는데 흰색 러닝셔츠에 청바지를 한껏 내려 입고 문신으로 무장한 남자가 어슬렁어슬렁 기어왔다. 말 그대로 손과 무릎으로 기어와 그대로 내 앞을 지나쳐갔다. 그는 슬픔의 눈물을 흘리고 있었다. 산타 무에르테 상 앞으로 다가가 땅에 바싹 엎드려서 내내 울먹이며 그녀의 선처를 구하는 기도문을 중얼거렸다. 남자는 그녀의 발밑에 돈뭉치를 던지더니 무릎을 꿇고 다시 몇 분 동안 조용히 기도한 후에야 일어나 가슴에 십자를 긋고 떠났다.

더 가까이 가서 보고 싶었지만 어쩐지 그러면 안 될 것 같았다. 난 독실
한 신자는 아니다. 어렸을 때 가톨릭교회에 다녀봤지만, 그곳에서 무사
히 도망친 후 다시는 뒤돌아보지 않았다. 그래도 제 버릇 남 못 주는 법.
적당히 타협하기로 마음먹고 덩달아 무릎을 꿇은 뒤 순례자 행세를 했다.
기분이 이상했지만 남들 눈에 튀지 않으면서 사실을 확인할 수 있는 가장 절묘한 방법이었다. 가까이 가서 그녀 앞에 놓인 돈을 확인해보니, 그녀의 벌이가 꽤 괜찮았다. 간간이 큰돈도 눈에 띄었다.

그렇게 무릎을 꿇고 앉아 있는데, 또 다른 덩치 큰 사내 하나가 다가와 내 옆에 무릎을 꿇었다. 교묘하게 곁눈질로 보는데, 내 시선을 느낀 그가 내 쪽을 쳐다보았다. 화장실에서 볼일을 보다 다른 사람과 눈이 마주친 기분이랄까. 마주치지 않았으면 좋았을걸. 특히 그가 내게 '안녕하세요' 라고 인사했을 때에는 더더욱 후회가 밀려왔다. 그래도 기회는 놓칠 수 없었다. 그는 내가 처음으로 만난 이 동네 사람이었고, 잘하면 그에게 이곳에 대해 좀 물어볼 수도 있을 것 같았다.

이름은 하이메. 진정한 테피토 토박이였다. 이따금 산타 무에르테를 찾아와, 지금 감옥에 있는 친구들을 보살펴달라고 기도한다.

"멕시코시티 감옥이 좀 거칠거든요."

경험에서 나온 말이라 해도 무방할 것 같았다. 나는 테피토를 좀 돌아보려고 하는데 안전할지 물었다. 그가 고개를 흔들었다.

"테피토를 혼자 돌아다니면 싹 다 잃어버릴 겁니다. 잘하면 가진 것만 잃는 거고, 잘못하면 목숨까지 잃어요."

이거 어쩌나. 흥미만 잔뜩 돋았다. 그런데 그가 손을 내밀었다.

"그래도 저랑 같이 다니면 안전할 거예요."

Chapter 3

살인은 해도
납치는 하지 않습니다

내가 이런 일에 너무 열광하는 건 아닌지 의문이 들었다. 위험에 둔감해진 걸까. 사랑하는 가족과 여자친구(그녀는 얼마 뒤 내 아내가 되었다. 그러고 보면 뉴올리언스 점술가들이 반은 맞혔다!)를 비롯한 소중한 사람들을 떠올리며, 내가 이야깃거리를 위해 또 다시 사선으로 뛰어든다는 걸 알면 그들이 화를 낼지 궁금했다. 부에노스아이레스에서는 정말 온몸이 떨릴 정도로 무서웠던 터라 그때 일이 꽤 자주 떠오른다. 코카인에 한껏 취한 그 남자들이 확 돌아버렸다면 어떻게 됐을까? 총이 내 얼굴에 발사되었다면? 자주하고 싶지는 않은 질문들이다. 가만히 앉아 이 기분이 뭔지 진지하게 헤아려보는데 한 단어가 떠올랐다. 짜릿함. 짜릿했다. 다시, 전혀 모르는 사람을 따라 세계에서 가장 위험천만하기로 악명 높은 동네로 들어가면서나는 짜릿해졌다.

테피토 거리에는 전자 제품부터 장난감에 이르기까지, 모든 것을 파는 가판대와 상점들이 미로처럼 얽혀 있었다. 하이메는 길을 가다가 수시로 멈춰 서서 다부진 사내들과 잇따라 주먹을 부딪쳤다. 그쪽 사람들은 하나같이 옷을 맞춘 듯 헐렁한 청바지에 러닝셔츠 차림이었고, 온몸이 문신으로 뒤덮여 있었으며, 금 목걸이에 인장 반지를 차고 있었다. 하이메는 모르는 사람이 없었다. 정말 보통이 아니었다. 사람들은 나를, 나약해 보이는 백인을 두세 번씩 훑어 내렸지만 누구도 뭐라 하지 않았다. 옆에 하이메가 있었으니까.

향수 가판대 앞에 멈춰 선 하이메가 친구에게 나를 소개했다. 그들이 잠시 한담을 나누는 사이 나는 가판대에서 파는 물건을 자세히 들여다보았다. 캘빈 클라인에 빅토리아 베컴까지 모두 최신 브랜드였다. 가격이 아주 괜찮다고 하이메에게 말하니, 그가 낄낄거리며 내 말을 친구에게 전했다.

"한번 보여줘."

하이메가 히죽히죽 웃으며 말하자, 친구가 잠시 사라졌다가 물건들이 가득 담긴 비닐봉지를 들고 돌아왔다. 그는 보는 사람이 없는지 확인한 뒤 몸을 돌려 말했다.

"따라와요."

하이메와 친구를 따라 가판대 뒤 빽빽한 골목을 따라 걸었다. 어둠에 둘러싸인 시장을 뒤로 하고 향한 건물 뒤쪽에는 작은 공터가 있었다. 처음으로 하늘을 마주한 터라 적응될 때까지 눈을 찡그리고 있어야 했다. 하이메의 친구는 낮은 담장으로 날 데리고 가더니, 비닐봉지를 내려놓고 아마추어용 화학 실험 용품을 꺼냈다. 액체가 가득 담긴 플라스틱 병과 피펫, 드라이버 세트와 안이 빈 캘빈 클라인 애프터셰이브 병이었다. 그는 훤한 대낮에, 그것도 이렇게 탁 트인 곳에서 작업을 한다는 사실은 신경도 쓰지 않는 것 같았다.

"빈 병만 따로 파는 곳이 있어요. 한 병에 8달러(9,048원)."

그는 플라스틱 병에 담긴 액체를 피펫으로 신중히 빨아들인 뒤 캘빈 클라인 병에 담았다.

"4번 향이에요."

그는 재빨리 병을 밀봉하고는 노즐을 고정시켜 공장에서 갓 나온 새 제품처럼 만들었다. 그게 끝이었다.

"이거 하나에 15달러(1만 6,964원)씩 받아요."

한번 살펴보라고 병을 건네며 그가 말했다. 진짜 같았다. 차이를 알 수 없었다. 그는 한 주에 300통까지 판다고 했다. 그러면 순이익만 900달러(100만 원)에 이른다는 뜻이다. 이런 동네 가판대에서 그 정도면 나쁘지 않다. 이런저런 얘기를 하고 있는 사이, 길모퉁이에서 수상해 보이는 남자들이 무리지어 나타나 우리를 쳐다보기 시작했다. 하이메와 친구가 눈빛을 주고받는데 그리 좋은 분위기는 아니었다. 갑자기 하이메가 그만 가자고 말했다. 모두 신속히 움직이기에 나는 그저 따라가는 수밖에 없었다.

시장으로 돌아와 친구와 인사를 한 뒤 우리는 왔던 길을 돌아 나왔다. 나는 조금 더 다니면서 신속 납치와 관련된 누군가를 찾아줄 연락책을 만나고 싶었지만 하이메가 고개를 내저었다.

"여기는 더 이상 안전하지 않아요. 그만 가는 게 좋겠어요."

나는 하이메를 따라 옆 골목으로 빠져나와 테피토 변두리로 향했다. 하이메는 정말 좋은 사람인 것 같았다. 일부러 시간을 내서 자기 동네를 구경시켜주다니. 진심으로 고마웠다.

큰 도로로 나오니 이미 날이 어두워지고 있었다. 나는 하이메에게 악수를 청하며 안내해줘서 고맙다고 인사한 뒤 택시에 올랐다. 들뜬 마음이 가라앉지 않은 데다 주위가 산만해서 택시기사가 누구인지, 그의 신분증이 차주의 것과 일치하는지 확인하는 것도 잊었다. 기사는 백인이 테피토에 무슨 일인지 궁금해하는 눈치였다. 나는 불현듯 테피토에서 사람을 태우는 택시는 어떤 택시일까 궁금해졌다. 우리는 어색한 대화를 나누었고 그가 자신의 이야기를 털어놓기 시작했다.

"도시 북쪽 끝에 있는 섬유 시장에서 일했어요. 그런데 거기서 문제가 생겼습니다. 제 돈을 갈취한 남자와 싸움이 붙은 거예요. 어느 날 그 남자가 들어와 내 아내의 머리에 총을 겨누었습니다. 그날 밤 그 남자를 찾아가 죽였어요. 한 방에 머리를 쐈죠."

나는 숨을 깊이 들이쉬었다. 여태껏 납치범을 애타게 찾아다녔건만, 지금 내 눈앞에 납치범 대신 살인자가 앉아 있었다.

"감옥에서 나오려고 가지고 있는 건 모두 팔았소. 유능한 변호사를 선임하는 데 전 재산을 썼지만, 그 덕에 감옥에서 나올 수 있었죠."

자신이 살인을 저질렀음을 만천하에 시인했는데도 14만 달러(1억 5,833만 원)로 멕시코 판사의 배에 기름칠 좀 해주니 석방될 수 있었다고 한다. 그렇지만 이제 희생자 가족의 보복이 두려워서 다시는 그 시장으로 못 돌아간단다. 그래서 대신 새로운 직업을 찾은 것이 택시기사였다고 한다. 멕시코시티에서 살인자가 쉽게 선택할 수 있는 다음 직업이 택시기사인가 보다. 그도 납치에 가담한 적이 있을까.

"난 가족이 있는 사람입니다."

그가 웃었다. 그러고는 자신이 그런 불미스러운 일에 가담했다는 의심을 받는 것 자체가 모욕적이라는 듯 말했다.

"그런 사람들은 몇 명 알죠. 손님과 얘기할 마음이 있는지 물어볼 수는 있습니다."

Chapter 4

돈보다 무서운 것은 없다

나는 멕시코시티의 사복 경찰관과 만나기로 약속을 잡았다. 그는 익명을 원했다. 야구 모자를 눈까지 가릴 정도로 푹 눌러쓴 것으로 보아, 자기 정체를 철저히 가리고 싶은 것 같았다. 재밌는 점은 그의 직급이 수직 상승했는데, 물론 일을 잘한 것도 있지만 질문을 많이 하지 않는 것이 그 비결이었다고 한다.

신속 납치가 정확히 어떻게 일어나는지 묻자 그가 차근차근 설명해줬다. 흔히 ATM 근처에 있는 피해자가 표적이 된단다. 피해자의 90퍼센트가 여성인데 '협박하기가 더 쉽기' 때문이다. 납치범들은 피해자를 차로 끌고 가 묶는다. 손을 등 뒤로 묶어서 뛰어가지 못하게 한다. 그 다음 총을 꺼내 피해자의 얼굴에 들이밀며 계좌 비밀번호를 캐낸다. 그 다음 피해자와 함께 ATM으로 가서 모든 카드가 한도에 다다를 때까지 돈을 빼낸다. 목적을 모두 달성하면 납치범은 피해자를 풀어준 뒤, 차에서 내려 뒤돌아보지 말고 걸어가라고 지시한다. 이 모든 일이 30분도 안 되어 끝난다.

"대부분 신속 납치에는 경찰이나 전직 경찰이 가담합니다. 보통은 휴가

중일 때 가담하고, 뭔가 나쁜 짓을 했다는 의심을 받을 때나 이제 막 은퇴한 뒤에도 뛰어들죠."

왜 이런 난폭한 범죄에 그렇게 많은 경찰이 가담하는 것일까?

"이 나라에서는 경찰을 한 번 하고 나면 다른 직업을 찾기 힘듭니다. 전직 경찰을 반기는 회사가 없거든요. 개인 보안업체도 마찬가지입니다."

역시나 재정적인 문제였다. 흔히 '경찰' 하면 자연스레 부패를 떠올리기 때문이란다. 이것 참 딜레마다. 경찰이 범죄에 가담한다는 편견 때문에 실제로 범죄에 가담할 수밖에 없다니. 그의 말이 전부 사실이라면 문제는 생각보다 훨씬 더 심각해진다. 의사들이 전염병을 퍼뜨리는 것이나 마찬가지 아닌가. 그러면 치료하기가 매우 힘들다. 그가 아는 사람 중에도 이런 이들이 있는지 궁금했다.

"같이 일했던 사람 중에 납치에 직접 가담한 사람들이 있었나요?"

"그럼요, 있죠. 함께 일했던 동료 중에 납치에 가담했다고 말한 사람들이 있었습니다."

"그럼 본인은요? 누구도 납치한 적이 없습니까?"

"없어요. 사실 가끔 솔깃하기는 합니다."

그는 오래 뜸들인 뒤 말했다. 자신도 나이가 들고 있고, 노후에 경찰 연금만으로 생활하기엔 빠듯하기 때문이란다.

"경찰 임금이 낮으니 다들 부업에 뛰어드는 것이고, 그중에 많이들 하는 게 택시 운전인 거죠. 그러니까 택시를 몰고 가다가 다른 경찰이 차를 길옆에 세우라고 할 땐 경찰 배지만 보여주면 만사형통이에요."

경찰은 납치를 위한 완벽한 위장이 될 것이다.

문제는 멕시코인 대다수가 경찰을 더 이상 믿지 않으니, 성실한 경찰들 사이에서도 반발심이 인다는 것이다. 그래서 그들 역시 쉽게 부패에 빠진다고 한다.

"사람들이 경찰을 존중해주지 않으면, 경찰은 사회와 정부에 반발심을 갖게 됩니다."

떠나기 전에 그에게 신속 납치에 가담한 사람을 소개해줄 수 있는지 물었다. 그가 충고 한 마디 하겠다며 나섰다. 이미 수도 없이 들은 말이라 그가 뭐라 말할지 짐작이 갔다.

"나라면 그들을 가까이하지 않을 겁니다. 정말 위험한 사람들이라 접촉할 일은 애초에 만들지 않는 게 좋아요. 그러다 진짜 다칠 수도 있다고요. 이미 무수한 사람들을 밥 먹듯이 위협하고 해친 자들이에요."

물론 그 말이 맞다. 하지만 나는 세계의 범죄자들을 추적하면서 분명한 패턴이 있다는 사실을 깨달았다. 매번 지극히 중요한 돌파구를 찾는 데 도움을 줄 수 있는 사람을 만날 때마다 그들은 여기서 그만두라고, 짐을 싸서 돌아가라며 경고했다. 이미 수많은 범죄자들을 만나봤으니, 이번 여행에서 내 목숨을 잃을 만큼 위험한 일은 일어나지 않을 거라는 생각이 들었다. 하지만 전에도 몇 번 이런 일을 겪었으니까 걱정할 필요 없다고 누군가를 설득하기는 힘들다. 부에노스아이레스 경찰도 멕시코시티 경찰과 다르지 않았다. 그들 모두 도시에서 매일같이 벌어지는 극악무도한 범죄를 직접 보고 겪었으니 나에게 경고하는 건 당연했다. 그래도 나는 여기서 돌아가지는 않을 것이다. 어둡고 추한 지하경제의 이면을 밝히고, 한 명이라도 피해자를 줄일 수 있다면 그 사실을 알려야 했다.

나는 그에게 그저 얘기를 나누고 싶을 뿐이라고 설명했다. 어떤 조건도 받아들일 수 있다고 했다. 누군가를 폭로하려는 것도 아니고, 법의 대리인인 양 행동하려는 것도 아니며, 단지 그들이 어쩌다 이런 일을 하게 됐는지 들어보고 이해해보려는 것이라고 설명했다. 나는 지난 몇 년 동안 마주한 다른 범죄들을 하나씩 거론하며, 그런데도 여전히 살아남아 진상을 알리고 있다고 그를 안심시켰다. 그 사람 연락처만 알려주면 나머지는 내가 다 알아서 하겠다고.

그가 생각해보겠다고 말했다. 나는 다른 택시를 잡아타고 호텔로 향했다. 지금까지 멕시코시티에서 목격한 광경들을 되돌려봤다. 죽음을 숭배하는 성지, 자신의 살인 전과를 대놓고 인정하는 택시기사, 그리고 납치하는 경찰관까지. 그야말로 미친 도시다. 그래도 나는 납치에 직접 가담한 사람의 이야기를 듣고 싶었다. 창밖을 바라보며 이 경찰관 친구가 과연 선물을 가져다줄지 생각하고 있는데 택시가 호텔과 정반대 방향으로 가고 있다는 사실을 알아차렸다. 기사에게 왜 그런지 물어보려는 찰나, 그가 전화를 걸었다. 그가 전화기 너머의 상대에게 하는 말이 들려왔다.

"캐나다인 데려가고 있어. 응, 지금 뒷자리에 있어."

어이쿠!

내가 캐나다인은 아니지만 내 얘기를 하고 있는 게 분명했다. 왜 저런 말을 하는 거지? 왜 엉뚱한 길로 가고 있는 거지? 어느새 나는 소리치고 있었다.

"차 세워요!"

순간 그가 당황한 듯 나를 쳐다보더니 차를 세웠다.

"괜찮아요?"

"여기서 내려야겠습니다. 잔돈은 됐어요."

그렇게 말하고 100페소를 건넸다. 나는 부리나케 택시에서 뛰어내렸다. 택시가 떠나자 쿵쾅거리는 가슴이 조금 진정되었다. 내가 피해망상이 있는 건가? 단순히 세계 전역에서 이미 수백 번 겪은 '먼 길로 돌아가는' 수법이었는지도 모른다. 내가 관광객임을 눈치챈 기사가 요금 몇 푼 더 건지겠다고 가장 멀리 돌아가는 길을 택하는 기본적인 수법 말이다. 그런 순진한 속셈이었을 수도 있지만 멕시코는 이미 나를 겁먹게 했다. 내가 알 수 있는 사실은 납치가 눈앞에 닥쳤다는 것뿐이었다. 그런데 그가 정말 납치범이었다면 그렇게 순순히 나를 내려줬을까? 그가 정말 납치범이었다면 이것이야말로 내가 찾던 상황 아닌가?

갑자기 나 자신이 바보처럼 느껴졌다. 둘 중 하나였다. 혼자서 모든 것을 지레짐작해버린 나머지 숙소까지 먼 길을 걸어오는 수고를 자초했거나 아니면 그렇게 찾던 사람을 눈앞에서 만났는데 겁을 집어먹고 도망쳤거나. 어느 쪽이든 기분이 썩 좋지는 않았다. 결국 이대로 걸어가는 게 낫겠다 싶어 호텔까지 걸어갔다.

Chapter 5

당신의 몸값은 얼마입니까?

다음 날 아침, 새로운 다짐을 하며 눈을 떴다. 아무도 내게 납치범을 소개시켜 주지 않는다면, 내가 직접 찾아 나서리라. 의심할 것도 없이 내가 시도하는 가장 위험한 인터뷰가 될 것이다. 그래도 나는 다시 한 번 호랑이 굴로 들어가기로 했다. 어제 만난 경찰에게 전화를 걸어서 여전히 진지하게 그들을 만나고 싶다, 신속 납치에 가담한 사람을 소개해주지 않는다면 내가 직접 납치될 때까지 계속 택시를 타겠다고 말했다. 그러자 얼마 뒤 그가 다시 연락해왔다. 누군가가 연락을 줄 거란다. 그들이 하라는 대로 하면 된단다. 단, 자신은 무엇도 보장할 수 없으며, 설령 잘못되더라도 자신이 책임질 수는 없다는 사실을 분명히 했으면 좋겠다고 말했다. 그러면서 다시 한 번 충고했다.

"그냥 하지 말아요."

그의 말대로 그날 오후 늦게 누군가 전화를 걸어와서는 경찰에게 내 번호를 받았다고 말했다. 납치범은 아니고 사설 보안업체 직원이었다. 만나고 싶다고 하기에 내가 묵는 호텔 근처 술집에서 보기로 약속을 잡았다.

그날 저녁 나는 약속한 술집에서 라임 넣은 럼주를 주문한 뒤, 만날 사람을 기다리며 내가 가진 선택지를 훑어보았다. 사실 나는 실제로 납치될 때까지 주구장창 택시만 타면서 눈앞에 닥친 위협을 최대치로 끌어올릴 마음이 별로 없었다. 그러니 이것이 최선책이었다. 이 경찰 친구가 자신의 역할을 제대로 파악하고 있으리라 믿는 수밖에.

고릴라 못지않은 덩치의 두 남자가 검은 옷을 입고 무기를 애써 가리지도 않은 채 술집으로 들어왔다. 그들이 나와 만나기로 한 사람임을 즉시 알아볼 수 있었다. 추가로 맥주를 두 잔 시킨 뒤, 우리는 조용한 구석에 자리 잡았다. 키가 더 큰 남자가 자신들은 은퇴한 경찰이며 보안업체로 이직했다고 말했다. 멕시코시티에서 몸값이 높은 개인들을 보호하는 일을 하고 있단다. 한 마디로 보디가드였다. 그들이 내건 조건은 앞으로 만나게 될 상습 납치범과 인터뷰할 때, 나를 보호할 수 있도록 자신들을 고용하라는 것이었다. 그들은 이제 만나게 될 남자가 극도로 위험한 존재이지만, 자신들의 보호를 받는 한 내가 안전하게 인터뷰를 마칠 수 있으리라 자신했다.

선택지를 헤아려보자. 경험상 이들도 멕시코 경찰만큼이나, 아니, 그보다 더 썩었다. 하지만 돈 얘기를 숨기지 않고 상황을 이용해 거래를 하러 왔다고 솔직하게 말하는 것을 보니 안심이 됐다. 그들도 납치에 가담한 건지는 알 수 없었다. 호텔에 돌아와 신원 조사를 해 보니 그들의 보안업체는 적어도 합법적인 듯 보였다.

일종의 보험이라고 생각하고 해보기로 했다. 나는 이중으로 보호받고 싶었다. 전에 들어났던 런던의 보험 중개인에게 전화를 걸었다. 내 보험으로 어디까지 보장받을 수 있는지, 만일 일이 틀어져서 내가 실제로 납치된다면 믿을 만한 수색대를 고용할 수 있는 건지 확인하고 싶었다. 현지에 파견된 언론인의 경우, 정확히 이런 상황을 염두에 둔 특별 보험 정책이 있단다. 납치와 몸값 요구 같은 상황에서 안전을 보장하는 조항이 있기는 한데 그러면 보험료가 상당히 비싸진다고 했다. 분쟁 지역에서 일하는 하청업자, 멕시코 같은 위험 지역으로 향하는 유명인사와 정치인 등에게 적용되는 보험과 동일하단다. 중개인은 에둘러 말하지 않았다.

보험 중개인은 나도 그런 보장을 받을 수 있지만, 보험료가 워낙 비싸니 분 단위로 지불하는 편이 낫다고 말했다. 그럼 나는 납치범과 단둘이 있게 되는 순간, 영국에 전화를 걸어 이 조항에 가입해야 했다. 그리고 잠재적 납치 상황에서 안전하게 풀려나는 순간 다시 전화를 걸어 해지하면 된단다. 일이 잘못되는 즉시, 보험사에서 행동에 돌입하여 내가 풀려나도록 도울 전문가를 투입할 것이다. 여기에는 전문 협상과 몸값 전달, 대피와 이후 심리 치료까지 포함된다. 한 가지 유의할 점은 내가 납치 보험에 가입했다는 사실을 누구에게도 발설하면 안 된단다. 고위험 지역에서 자신이 몸값 100만 달러(11억 3,096만 원)까지 보장받는다는 사실을 누설하는 것은 '날 납치해주세요'라고 쓴 티셔츠를 입고 다니는 꼴이라고 한다.

물론 이런 보험이 언제나 효과가 있는 것은 아니다. 2016년, 스페인축구협회장 비야르Villar의 조카가 납치되었다. IBM에서 일하던 그녀는 멕시코시티에서 위험한 택시를 타고 말았다. 은행 기록에 따르면 그녀가 여기저기 끌려 다니며 현금 인출을 강요받은 것으로 드러나, 전형적인 신속 납치의 희생자가 된 것으로 추정됐다. 그런데 상황이 급변했다.

그녀가 누구인지 알게 된 납치범들이 그녀를 풀어주는 대신, 가족에게 연락해 몸값으로 200만 페소(1억 1,992만 원)를 요구한 것이다. 그녀의 남편은 그녀가 안전하게 풀려날 수 있도록 현지 교섭자들을 고용했고, 그들의 충고에 따라 요구받은 몸값보다 낮은 금액을 전달했다. 이틀 뒤, 그녀의 시신은 하수관에 버려진 채 발견되었다. 사인은 질식사였다. 그녀의 죽음은 그녀가 무사히 돌아오리라 생각한 가족과 친구들, 정부 관료들에게 상당한 충격을 안겼다. 언제나 그렇듯 범죄자는 예측할 수 없다.

다음 날 저녁, 나를 데리러 온 고릴라 1번, 2번과 함께 다섯 블록 떨어진 조용한 골목으로 이동했다. 둘 다 권총집에 넣은 권총을 자랑스럽게 차고 있었고, 2번 고릴라는 다리 사이에 자동 소총을 두고 있었다. 우리는 길가에 주차된 소형 해치백 자동차 바로 뒤에 멈춰 섰다. 차에는 소형 무기고가 있었다. 인터뷰는 차 안에서 진행될 예정이었다. 이것이 가장 안전한 선택지란다. 누가 무엇을 하는지 모두 알아볼 수 있는 데다 자동차 열쇠는 그들만 가지고 있었으니까. 나는 그들의 호위를 받으며 주차된 차의 뒷자리에 올라탔다. 가슴 속에 드럼이라도 들여놓은 것처럼 심장이 무지막지하게 울렸다. 나는 보험회사에 전화해 수색구조 조항에 가입한다고 알렸다. 그리고 기다렸다.

1분 뒤, 야구 모자를 눈 언저리까지 푹 눌러쓴 건장한 거구의 남자가 나타나 내 옆자리에 탔다.

"무초 구스토(처음 뵙겠습니다)."

우리는 악수를 나눴다. 그가 내 견적을 내려는 듯 쳐다봤다. 그가 뿜어내는 아드레날린 냄새가 훅 끼쳐 왔다. 이들은 왜 이런 일을 할까? 왜 위험을 감수하면서 내 눈앞에 나타나 자신이 가담한 심각한 범죄에 대해 얘기하려 하는 걸까? 어쩌면 그는 내가 보안 요원들에게 지급하는 비용을 나눠 갖는지도 모른다. 그래도 이런 위험을 감수할 만큼 큰 액수는 아닌데? 아니, 아닐 것이다. 그도 그저 자기 얘기를 하고 싶은 것이리라.

"당신도 멕시코시티 출신인가요?"

"그렇죠."

그렇다면 어릴 때부터 범죄나 갱단을 맞닥뜨려 온 걸까?

"여기서 자라면 총기나 마약은 물론 온갖 것을 거래하는 사람들을 숱하게 만납니다."

그도 갱단에 소속되어 있는지 물었다.

"아니요, 난 직업이 있었어요. 건설업에 종사하다가, 택시기사였다가, 연방지구 경찰관이 됐었죠."

그가 잠시 말을 멈추더니 창밖을 내다보았다.

"그런데 일이 틀어져서 결국 감방에 가게 됐습니다."

무슨 일이 있었는지 묻자, 그가 고개를 저었다. 말하고 싶지 않단다.

"거기서 신속 납치와 연관된 사람들을 만났습니다."

전에 만난 경찰의 말대로 납치범이 된 전직 경찰관이 여기 있었다. 나는 그가 정확히 무엇 때문에 감옥에 갔는지 캐내려고 조금 더 밀어붙였다. 그는 그저 동료 경찰 몇 명이 연루된 일로 벌을 받았다고만 말할 뿐이었다. 일종의 부패란다. 그런데 출소한 뒤에 감옥에서 사귄 새로운 인물의 권유로 이 '업계'에 발을 들여놓게 되었단다. 지금은 그 무리와 몇 년째 함께 일하고 있다고 했다.

"이 일을 하려면 서너 명이 한 팀이 되어야 합니다. 신속 납치는 아주 짧은 시간에 이루어지거든요. 우리는 쇼핑몰이나 은행, 집에서 이제 막 빠져나온 표적을 찾아냅니다. 대부분은 사전에 이미 신원 파악을 끝낸 사람들이죠."

그렇게 많은 공을 들여야 하는지 몰랐다. 신속 납치는 주로 즉흥적으로 이루어진다는 얘기를 많이 들은 터였다.

"우린 무기를 씁니다. 겁을 줘야 하는 사람을 협박해 요구하는 것을 얻어내기 위해서죠. 표적의 가족, 그러니까 자녀나 부인에 대한 정보를 사전에 얻은 경우에는 그들을 이용해 협박할 수도 있어요. 협조하지 않으면 가족들이 타격을 입을 거라고 말입니다."

그는 지금까지 70건이 넘는 납치에 가담했다고 한다. 피해자는 대부분 여성이었다. 내가 얻은 정보가 뒷받침하듯 여성이 더 쉽게 겁을 먹기 때문이다.

"많게는 15만 페소(899만 원)까지 뽑아낼 수 있어요. 그렇게 하려면 빨라도 두세 시간은 걸리죠. 그런데 하루 이틀씩 이어지는 경우도 있습니다. 우리가 요구한 금액을 상대 쪽에서 맞춰주면 피해자를 풀어줍니다. 웬만하면 협박 받은 사람이 먼저 겁을 집어먹기 때문에 상처를 입히거나 고문할 필요가 없어요. 그쪽에서 알아서 포기하는 거죠."

그에게 납치를 당했을 때 최선책이 무엇인지 물었다. 그는 범인이 하라는 대로 하면 다칠 일은 없을 것이라고 조언했다. 그때 그의 목에 걸려 있는 무언가가 눈에 띄었다. 산타 무에르테를 새긴 작은 조각상이었다. 나는 그것을 손가락으로 가리켰다.

"맞아요. 나의 산타 무에르테입니다."

그가 차에서 내리며 조각상을 어루만졌다.

"우리를 돌봐주는 분이죠. 절 지키려고 걸고 다닙니다."

그에게는 이것이 보험 증서였다. 생각난 김에 보험사에 전화해야지.

나는 다시 한 번 라틴아메리카의 어둠을 발견했다. 라틴아메리카의 다른 여러 지역이 그렇듯 이곳의 범죄는 총기와 마약이 어지럽게 뒤섞여 강한 동력으로 작용하는 듯하다. 멕시코만의 독특한 점이 있다면 종교의 불길한 존재감이었다. 전쟁 중에 종교는 인간의 악행을 정당화하는 수단으로 자주 사용되곤 하는데, 여기 멕시코시티의 거리도 다르지 않았다. 악한 사람이 악행을 벌이고도 처벌을 받지 않을 수 있다. 그들 편에 선 수호신이 있기 때문이다.

Part 7

이스라엘:
피로 얼룩진 역사의 도시,
예루살렘

"잘 들어요, 여기 이스라엘에서는 그게 불법이 아니에요. 이런 물건을 가져오는 사람들이 예루살렘에 가게를 낸 중개상인데, 그들은 이스라엘 문화재 관리국의 면허를 갖고 있어요. 그러니 요르단, 시리아, 이집트 등지의 밀수업자들에게서 물건을 사다가 예루살렘에 가지고 들어와 관세를 냅니다. 이스라엘 문화재 관리국의 인가를 받았으니까요. 그런 다음 두바이나 아부다비를 통해 런던, 뉴욕 등지로 보내는 거죠."

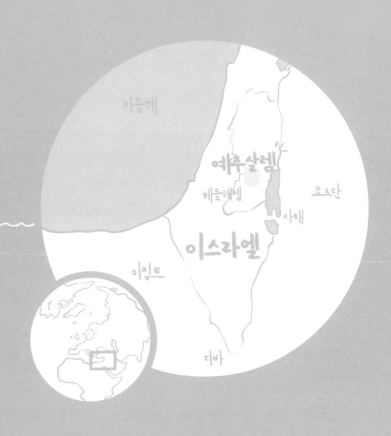

Chapter 1

종교와 골동품은 돈이 된다

어렸을 때 TV에서 〈A-특공대〉가 시작하기 바로 전에 〈골동품 쇼〉가 방영되었던 터라, 나는 항상 이 방송의 마지막 10분을 보곤 했다. 가장 기억에 남는 순간은 한 할머니의 다락에 있던 오래된 화병이 바하마 여행 경비를 충당하고도 남을 만큼의 값어치를 한다는 사실이 공개된 직후였다. 다들 화병의 예술적 가치를 진지하게 논하면서 점잔 빼며 고개를 끄덕이고 있었지만, 모두 마음속으로는 여행 가방을 싸고 있다는 사실을 나는 알고 있었다. 선조들이 창조한 아름다운 유물에는 우리의 문화, 우리의 유산, 우리 사회의 모습이 담겨 있다. 그런 작품 한 점을 벽에 걸기 위해 큰돈을 들이는 사람들도 적지 않다.

종교에 관해서라면 중요성을 있는 대로 더해도 좋다. 종교는 거대한 사업이다. 로마와 메카, 예루살렘은 매년 2,000만 명 이상을 끌어들인다. 순례자들에게는 이곳에 가는 것이 휴가인 동시에, 종교적 의무를 다할 수 있는 일생에 단 한 번뿐인 여행이다. 사람들은 이 여행을 위해 평생 돈을 모으고, 그 돈의 일부는 기념품을 구입하는 데 쓴다. 확실히 골동품은 돈이 된다.

예루살렘은 세계에서 가장 오래된 도시 중 하나라는 장점을 잘 활용해 왔다. 이곳은 동서양 간 고대 유물이 거래되는 중심지가 되었다. 아랍 쿼터의 시장, 수크부터 서예루살렘의 경매장에 이르기까지, 예루살렘에서는 과거에서 온 공예품이 불티나게 팔리고 있다.

그럼 무엇이 진품이고 가품인지 알 턱이 없는 나 같은 사람은 어떻게 해야 할까? 더 심한 경우, 아는 것은 하나도 없는데 종교적 열정만큼은 뜨겁게 불타올라 평생 단 한 번뿐인 종교적 순례를 기릴 귀중한 기념품을 손에 넣어야 하는 사람들도 있다. 그리고 이들은 순식간에 범죄자의 표적이 되고 만다.

내가 예루살렘에 온 이유가 바로 그 때문이었다. 그런데 아직 공항도 빠져나오지 못했다. 나는 저지당해 끌려갔다.

"실례합니다만, 저를 따라오시겠습니까."

나는 여권을 압수당하고 조용한 방으로 안내되어 자리에 앉았다. 무슨 문제가 있는지 아무리 물어도 답이 없었다.

"담당자가 곧 올 겁니다."

조용한 방에는 나 외에 젊은 가족이 있었다. 부모님과 어린아이 한 명이었다. 차림새로 보아 무슬림인 것 같았다. 아이는 지루하고 짜증이 난 상태였고 엄마는 가방을 뒤지며 아이 기분을 풀어줄 것을 필사적으로 찾았다.

40분쯤 지났을까. 누군가가 유령처럼 불쑥 나타나 내 이름을 불렀다. 나는 그를 따라 불을 환히 밝힌 비좁은 사무실로 들어갔다. 그가 책상 맞은편 자리를 권했다. 에어컨이 한쪽 구석에서 파열된 허파처럼 식식거리며 돌아갔다. 벽에 붙어있는 닳아 해진 이스라엘 지도와 책상 위에 놓인 낡은 컴퓨터를 제외하면 방 안은 텅 비어 있었다. 남자는 한동안 내게 눈길도 주지 않은 채, 내 여권만 넘겨보며 무겁게 한숨을 쉬었다. 그의 숨결에서 퀴퀴한 인스턴트커피 냄새가 났다.

"우드먼 씨?"

"네 접니다. 무슨 문제 있나요?"

"예루살렘에는 왜 오셨죠?"

"골동품에 대한 이야기를 쓰려고 왔습니다."

그가 내 여권 뒷장에 찍힌 갖가지 도장을 보다가 잠시 멈칫했다. 특히 아랍어가 쓰인 도장에 흥미가 생긴 듯했다.

"수단에는 왜 가셨죠?"

"낙타에 대한 이야기를 쓰려고요."

"낙타요?"

"네, 낙타를 좀 사러 갔습니다."

그가 농담하지 말라는 듯 쳐다봤지만 나는 계속 진지한 표정을 지어보였다.

"아프가니스탄은요?"

"양귀비 때문에요."

그가 날 뚫어져라 쳐다보았다. 알다시피 양귀비는 헤로인을 만드는 것이다. 이 남자가 내 인생을 아주 골치 아프게 할 수도 있다는 사실은 알았지만 난 잘못한 것이 없었다. 솔직하게 대답했을 뿐.

"우드먼 씨,"

그가 단호하게 말했다. 나는 동그랗게 뜬 순진한 눈으로 그를 쳐다보았다.

"헤로인에는 왜 관심을 가지는 거죠?"

나는 사실대로 털어놓았다. 전 세계의 다양한 주제에 대해 글을 쓰며 프로그램을 만들고 있다고 설명했다. 그래서 수단은 낙타 때문에, 아프가니스탄은 양귀비 때문에 가게 되었고, 여기 예루살렘은 골동품 때문에 오게 되었다고 말했다. 그게 뭐가 문젠지?

내전의 한가운데에 놓인 이스라엘은 적이 많다. 문제는 누구든 적을 많이 두면 모든 사람이 잠재적인 적으로 보여서 피해망상에 시달리게 된다는 것이다. 여권은 내가 무슬림 국가를 두루 여행했음을 알리고 있었다. 모로코, 이집트, 수단 등 북아프리카의 아랍 국가뿐만 아니라 레바논 같은 중동 국가, 아프가니스탄을 비롯한 여러 '스탄국(우즈베키스탄, 투르크메니스탄 등 이름이 '스탄'으로 끝나는 국가)'의 도장이 찍혀 있었다. 그러니까 이스라엘의 입장에서는, 내가 그들의 적이 될 수도 있었기에 이 방에 불러들인 것이다. 물론 말도 안 되는 일이었다. 내가 정말 그들의 적이었다면 여권부터 새로 만들지 않았겠는가. 이스라엘은 무수한 적 때문에 피해망상에 사로잡힌 나머지 장벽을 설치했다.

"다른 신분증 있습니까?"

나는 그의 손에 들린 여권을 바라보았다. 거기 있지 않은가. 그게 내 신분증이다. 그것보다 더 공식적인 신분증이 어디 있는가. 여권은 세계 각국에서 내 신분을 증명해주는 문서로 통용되고 있다. 여기서는 그렇지 않은지? 내가 그 여권의 주인이 아니라고 의심할 만한 다른 이유가 있는지?

그는 여전히 내게 다른 증명서를 요구했다. 불쾌했다. 내가 신원 조사를 받는 건지 물으니 대답이 없었다. 왜 나를 걸러냈는지, 내가 모사드(이스라엘 비밀 정보기관)의 보안 장치 같은 것에 걸린 건지 물었다. 여전히 대답이 없었다. 나는 구글에서 내 이름을 검색해봤는지 물었다.

"뭐라고요?"

"구글이요, 구글."

"이스라엘 보안 예산에 인터넷 사용료까지 포함되어 있는 거 맞죠?"

내가 비꼬듯이 물었다.

"그럼 구글에 '코너 우드먼'라고 검색해서 뭐라고 나오는지 확인해 보시죠."

이스라엘의 비영리 인권단체 '브첼렘'에 따르면, 2002년 이후 모사드는 팔레스타인 시민 500명 이상에 대한 '표적 사살' 책임이 있다. 그러니까 장벽 너머의 누군가가 단단히 결심하고 방해하면, 모사드가 그들을 죽이거나 심지어 그 지역 전체를 날려버린다는 뜻이다. 2009년에 이스라엘이 팔레스타인 시민들에게 공습을 가한 것도 이런 이유에서였다. UN의 통계에 따르면, 이 공습으로 아동 300명을 포함한 1,400명이 사살되었다. 2014년에 아동 555명을 포함한 팔레스타인 시민 2,200명의 목숨을 앗아간 폭탄 공격 역시 이 정책을 바탕으로 한 것이었다.

지저분하고 비좁은 방에 앉아 생각에 잠겼다. 직업 특성상 주기적으로 세계 곳곳을, 가끔은 분쟁 지역이나 전쟁으로 피폐해진 곳을 돌아다녀봤지만 이런 심문을 당한 것은 이번이 처음이었다. 나는 아무 잘못도 하지 않았는데, 맞은편에 앉은 남자는 내가 뭔가 잘못했다는 전제하에 일을 진행하고 있었다. 보복에 대한 두려움은 더욱 깊어졌다. 역시 피해망상과 공포로 뒤틀려버린 도시구나. 이렇게 제대로 기능하지 못하는 환경은 나쁜 일을 꾸며 이익을 취하려는 이들에게 최적의 조건으로 작용한다. 결백한 나는 분개할 수밖에 없지만, 범죄자를 찾는 그들의 입장에서는 뻐딱한 내가 적절한 표적이 되고 만다.

이스라엘 보안 담당이 구글에 내 이름을 검색했다. 화면을 훑어보는 그의 표정이 서서히 바뀌었다. 이윽고 그는 내 여권을 돌려주더니 가도 좋다고 했다. 언론 쪽에서 일하고 있는 덕분에 인터넷에 프로필이 올라오는 호사를 누린 거지, 아니었으면 어떻게 됐을지 간담이 서늘했다. 대기실에 남은 가족은 자신의 '신분'을 증명하기 위해 또 얼마나 오래 기다려야 할까. 무엇보다 이 나라는 어쩌다 이 지경이 된 걸까.

이제 무사히 도시에 발도 들여놓았으니 제대로 살펴보자고 마음먹었다. 마지막으로 이곳에 온 것이 수년 전이니까 천천히 둘러보며 그동안 얼마나 바뀌었는지 헤아려봐야겠다. 한 가지 변함없는 것은 눈앞에 드러나는 문화적 다양성이었다.

예루살렘 사람들은 지독하게 민족적이다. 이를 입증하는 한 가지 좋은 방법은 그들이 머리에 무엇을 썼나 보는 것이다. 휴대폰 통화에 몰두하며 내 옆을 부리나케 스쳐 지나가는 중년의 유대인 남성은 하시드 유대인들이 즐겨 쓰는 털로 뒤덮인 커다란 '슈트라이멜(두툼한 원반 모양의 거대한 털모자)'을 썼다. 그가 유모차에 걸려 넘어질 뻔하자 유모차를 끌던 젊은 엄마가 조용히 쯧쯧거렸는데, 그녀는 초정통파 유대인들이 즐겨 쓰는 두꺼운 검은색 '티첼(결혼한 유대인 여성이 머리에 쓰는 스카프)'로 머리를 감싸 묶었다. 이 광경에 미소를 지으며 지팡이를 짚고 절뚝절뚝 걷는 아랍인 할아버지는 허리까지 내려오는 하얀색의 긴 '케피예(터번 모양의 천)'를 두르고 있었다. 어디를 둘러보든 '야마카'며 '스누즈', '타키야', '히잡', '수드라' 등 각종 모자들이 눈에 들어왔다. 예루살렘에는 모자를 쓰지 않는 사람이 없다.

Chapter 2

33만 원짜리
엉터리 역사유물

거의 모든 관광은 구도시의 오래된 성벽 안에서 이루어진다. 그 안에서 비좁은 자갈길을 따라 걷다 보면 가게 주인들이 대부분 아랍인이라는 사실을 눈치챌 것이고, 그래서 이곳이 '아랍 쿼터'라 불린다는 사실을 알게 될 것이다. 이스라엘 전 국무총리, 아리엘 샤론Ariel Sharon 소유의 건물 벽에 도발적으로 걸린 거대한 다윗의 별(삼각형 두 개를 짜 맞춘 형태의 별 모양. 유대교와 이스라엘의 상징) 깃발만 아니면 아랍국가에 온 것이 아닌지 착각이 들 정도다.

아랍 쿼터의 거리에는 매끈한 흰 돌이 깔려 있는데, 이것들이 햇빛을 반사하기 때문에 선글라스는 필수다. 거리를 따라 늘어선 작은 수레 위 얇은 차양 아래에는 과일이며 향신료들이 햇빛을 피해 놓여 있었고, 건물 안에 옹색하게 들어앉은 가게에는 전자기기와 러그가 즐비했다. 가게 주인들은 지나가는 사람들의 관심을 끌기 위해 큰 소리로 호객행위를 했다. 가끔 통로가 턱없이 좁아져서 밀려드는 관광객의 물결에 모순적이게도 끔찍한 폐소공포를 느끼기도 했다. 여기에는 관광객들이 아주 많다. 예수 그리스도가 십자가를 지고 걸어가던 길이 이곳에 있기 때문이다.

예수가 실제로 지나갔다는 '십자가의 길'을 따라 늘어선 상점은 그의 고행 길을 보여주는 각 지점의 이름을 따르고 있었다. 사람들은 예수가 두 번째로 쓰러진 곳에서 과일을 사고, 시몬이 예수의 이마에 흐르는 땀을 닦아준 곳에서 샌들을 살 수 있으며, 그 사이에 있는 무수한 가게에서 골동품을 살 수도 있었다. 나는 이들 가게에서 조사를 시작해보기로 했다.

첫 번째 가게는 30대 중반의 유대인 남성이 운영하는 곳이었다. 여기 사람이라면 누구나 입는 듯한 흰 셔츠에 검은색 조끼 차림이었다. 모든 가게가 아랍인 소유일 것이라 생각한 내 예상이 빗나가 살짝 놀랐다. 내 예산으로 무엇을 살 수 있는지 얘기해주는 그는 박학다식해 보이는 데다 상당히 매력적이었다. 동전이며 반지, 여러 도자기 모두 오랜 과거에 만들어진 것이라 했다. 그는 구석에 앉아 있던 60대 중반의 아버지와 함께 60년이 넘도록 골동품 사업을 해왔다고 했다. 노신사의 꼼꼼하고 끈질긴 권유 끝에 나는 예수가 살아있던 시절에 만들어졌다는 도자기 조각을 구입하기로 했다. 5센티미터 크기의 사각형 점토에 글자가 쓰여 있었는데 고대 히브리어라고 했다.

"마사다에서 발견되었습니다."

그가 말했다. 주인이 직접 서명한 정품 인증서까지 상자에 깔끔하게 담아주었다. 인증서에 서명하면서 그는 이 '훌륭한 투자 상품'을 현금으로 바꿀 때 인증서가 전매 가치를 보장해줄 것이라며 날 안심시켰다.

내가 한 투자가 얼마만큼의 가치가 있는지 알아보고 싶어서 노스캐롤라이나 대학 고고학과 교수이자, 세계적으로 유명한 미술사가인 시몬 깁슨Shimon Gibson의 힘을 빌렸다(이름과 달리 시몬은 영국인이다). 그는 누가 봐도 미술사가라고 할 만한 옷차림으로 나타났다. 주머니가 주렁주렁 달린 카키색 조끼에 바지, 부츠, 모자까지 온통 카키색이었다. '미궁의 사원' 편에 나온 인디아나 존스가 따로 없었다.

시몬은 중동의 예술에 관한 책을 여러 권 썼고, 현재 이스라엘과 팔레스타인 지역에서 발견되는 유물 및 공예품들을 전문적으로 연구하고 있다. 영국에서 태어났지만 중동을 평생의 연구 대상으로 삼은 것이다. 그는 시장에 모조품이 넘쳐나는데 가끔 정말 정교한 모조품도 나온다고 말했다. 워낙 상태가 좋아서 전문가도 속을 정도란다.

"여기 예루살렘에 있는 이스라엘 박물관도 모조품에 속아 넘어간 적이 있어요."

이스라엘 박물관이 1988년에 석류 주전자를 55만 달러(6억 2,202만 원)에 구입하고, 그 돈을 스위스은행 계좌에 입금했단다. 20년이 넘도록 이 주전자는 제1성전에 대한 물리적 증거로서 지금까지 살아남은 유일한 유물로 여겨지며 환영받았지만 결국 모조품으로 밝혀진 것이다.

그와 길모퉁이 카페에서 커피를 마시면서 내가 구입한 물건을 조심스레 펼쳐 보였다.

"어때 보여요? 100파운드(15만 원)의 값어치를 할 수 있는 물건인가요?"

시몬이 물건을 자세히 들여다보았다. 수천 년의 노화로 인해 갈라졌을 금을 손가락으로 만져보기도 하고, 살짝 기울여 옆에 새겨진 히브리어 파편들을 읽어보기도 했다.

"히브리어를 하실 수 있는지 몰랐네요."

"네, 조금 합니다. 그런데 이건 히브리어가 아니에요. 프랑스어네요."

2,000년 전에 팔레스타인 근방에서 프랑스어를 하는 사람이 있었을 리

가 없다. 그럼 이 점토 조각도 2,000년 전 것이 아니라는 얘기다.

"이건 말이죠, 100퍼센트 진품입니다."

진품이라니? 시몬이 〈골동품 쇼〉에 나올 법한 목소리로 말했다.

"깨진 프랑스 지붕 기와 조각이에요. 새겨진 글을 좀 더 자세히 들여다

보면……"

그는 잘 보이도록 그것을 조명 가까이 들어 올렸다.

"'파브리크 마르세유'라고 쓰여 있네요. 저기 보세요."

그가 건너편 건물의 지붕을 가리켰다. 그의 손을 따라가 보니 이 마을의 모든 지붕이 그가 들고 있는 것과 비슷한 기와로 뒤덮여 있었다. 나는 보기 좋게 당하고 말았다. 이제 그 가게를 다시 찾아갈 시간이다.

주인 부자는 나를 다시 만나니 적잖이 놀란 눈치였다. 그것도 이렇게 빨리. 전 세계 어디를 가나 상점 주인은 되돌아오는 고객을 두려워한다. 나는 이들이 불안해하지 않도록 산뜻하게 미소 지어 보이며 괜찮다고 안심시켰다. 따지러 온 게 아니다, 정보를 얻고 싶어서 그런다, 전문가들이 포진해 있는 박물관도 상태 좋은 모조품에 속아 넘어가는데 이 정도쯤이야 실수로 넘길 수 있다고 말했다. 나는 그들 앞에서 점토 '공예품'과 '정품 인증서'가 담긴 상자를 풀었다. 둘 다 아주 유심히 바라보고 있었다. 나는 그들의 표정을 읽으려 애썼다. 결백한 척을 할 셈인가?

놀랍게도 그들은 정반대의 전략을 펼치면서 단호한 대결모드로 전환했다.

"아니, 아니에요."

둘 다 아니라는 말만 계속 반복했다. 아버지 쪽이 재판에서 증거물을 다루듯 물건을 들어올렸다.

"이건 진품입니다."

나는 프랑스어가 새겨진 부분을 포함해 시몬이 알려준 모든 곳을 짚었다. 그래도 그들은 뜻을 굽히지 않았다. 모욕적이라는 듯 과장된 태도를 보였다. 그러더니 아들이 성경을 꺼내 보였다. 성경이라니. 유대인이 기독교 책을 꺼내들어 오른손을 그 위에 올려놓고 맹세했다.

"이게 지붕 기와 조각이었다니, 하늘에 맹세코 저는 몰랐습니다."

거짓말, 이게 가짜라는 걸 그들이 왜 몰랐겠는가. 그렇게 우리는 15분 동안 실랑이를 벌였다. 그들이 이런저런 해명을 잇달아 늘어놓을 때마다 나는 한 걸음도 물러서지 않았다. 어떤 변명도 설득력이 없었다. 드디어 그들은 이 조각이 진품이 아닐 '지도 모른다'고 수긍하기에 이르렀다. 하지만 그렇다 해도 피해자는 자신들이란다. 그 물건이 진품이라고 한 누군가에게 돈을 주고 구입했기 때문이라나. 그들은 마지못해 전액을 환불해주겠다고 했지만, 모두 자신의 의도가 아니며 단순한 실수라는 입장을 바꾸지 않았다.

내가 하는 일은 일반적인 직관에 어긋난다. 이번 일이 좋은 예다. 나는 가게에서 의도적이든 아니든 속임수에 넘어가 모조품을 구입했다. 그래서 기뻤다. 신이 났다. 정확히 내가 바란 대로였다. 이것이야말로 내가 찾던 지하경제의 틈이었으니까. 하지만 자신의 잘못으로 비난을 받고 있다고 느끼는 남자의 마음을 열기란 쉽지 않았다. 방어적인 가게 주인은 본능적으로 나를 진정시키려 했지만, 오히려 내가 그를 진정시켜야 했다. 그 때문에 사람들은 혼란스러워 한다.

나는 환불을 바라는 게 아니라고 말했다. 이 물건은 기꺼이 간직할 것이다. 심지어 나는 그들의 마음을 이해하며, 그들도 양심 없는 누군가에게 속았다니 안타까울 따름이라고 말했다. 물론 속으로는 그들의 말을 손톱만큼도 믿지 않았다. 얼마 지나지 않아 가게 주인의 태도가 바뀌었다. 이번에는 자신들의 경력이 60년이라며 떠들어댔다. 나는 계속해서 맞장구를 쳐주었다. 그래도 내가 정말 알고 싶은 사실은 이 깨진 지붕 기와조각이 어디서 왔느냐는 것이다. 이런 모조품들이 어떻게 시장에 들어오는지 알고 싶다. 환불을 바라는 게 아니라 정보를 원하는 거라고 설명했다.

그 순간, 가게의 분위기가 급변했다. 아들은 내가 그의 머리에 총을 겨누고 있기라도 한 것처럼 두 손을 들어 올리며 등을 돌렸다. 아버지 역시 죽은 듯 얼어붙어서 초조하게 문 쪽만 바라보았다. 벽에서 귀신이라도 나온 것 같았다.

"그런 건 왜 묻소? 당신이 알 바 아니오."

아버지가 말했다. 그가 내 손에서 지붕 기와를 잡아채려 했지만 내가 재빨리 피했다.

"환불해줄 테니 그만 가요."

초조해졌다. 나는 재차 설명했다.

"돈을 바라는 게 아닙니다. 이 모조품들이 어디서 왔는지 알고 싶어요."

"그런 얘기는 못 해줍니다. 내가 살해되길 바라는 거요?"

그가 이제는 성을 냈다. 긴장이 더욱 고조되었다.

살해라고? 조금 세다. 왜 누군가가 그를 죽이려 한다는 건지?

"이 물건들을 만든 사람들 말이오."

그가 지붕 기와를 가리키며 말했다.

"내가 그런 얘기를 했다는 사실이 그들 귀에 들어가면 난 24시간 안에 살해될 거요. 당신도 마찬가지고. 조심해야 할 거요. 대체 왜 이런 더러운 일의 진상을 알려고 하는 거요?"

얘기는 이제 끝났다는 듯 그가 손을 들어 올렸다. 재차 환불을 제안했지만 거절당했다. 그는 내게 그만 나가달라고 부탁했다. 좋아, 길을 제대로 들었다. 이제 이런 얘기를 해줄 사람을 찾아야 했다.

이번에는 아랍 쿼터에 있는 아랍인 가게들을 다녀볼 생각이었다. 더 광범위한 쇼핑 여정에 시몬도 동행하기로 했다. 우리는 십자가의 길을 따라 걸으면서 가게들을 둘러보며 어느 곳을 표적으로 삼을지 골랐다. 시몬이 암호를 쓰자고 제안했다. 내가 진품인 듯한 물건을 고르면 그가 '좋은데요'라고 말하고, 내가 고른 물건이 모조품 같으면 '정말 좋은데요'라고 하는 것이다. 물건이 엉터리에 바가지라면 그가 '아주 아주 좋다'고 할 것이다. 이런 식이면 가게 주인들도 우리가 뭘 하려는 건지 알 턱이 없을 테고, 우리는 의심을 사기 전에 그들이 가진 물건들을 두루 둘러볼 수 있을 것이다.

우리는 십자가의 길 제3처 주변부터 살피기 시작했다. 예수가 처음으로 쓰러진 곳임을 알리는 명판 옆에, 성지순례하는 관광객을 대상으로 한 아랍인 소유의 골동품 가게가 있었다. 커다란 유리 진열장에는 꽤 큰돈을 들여야만 집에 가져갈 수 있을 고대 유물들이 가득했다. 냄비와 그릇, 접시, 동전은 물론 도구와 타일 등 기념품 종류도 다양했다. 건장한 체격에 콧수염을 무성하게 기른 가게 주인이 다가와 도움이 필요한지 물었다. 나는 유리 진열장에서 시몬이 '말도 못하게 좋다'고 한 작은 석상을 봐도 되는지 물었다.

주인이 진열장 문을 열고 물건을 꺼내 내게 보여주며 말했다.

"예수입니다."

"얼마나 된 건가요?"

"2,000년은 됐죠."

흥미롭다. 예수가 살던 시대에 조각된 예수상이라니. 그런 것이라면 전 세계에서 현존하는 유일한 석상이 아닐까. 가격은 얼마일까?

"300달러(34만 원)에 드릴게요."

좋다. 나는 이 석상을 300달러에 샀다.

다음 가게의 작품들은 조금 더 고급스러워 보였다. 캐비닛 안은 아름다운 공예품과 보석으로 가득 담긴 미로 같은 방이었다. 그중 어떤 작품에는 시몬도 감명을 받았다.

"이거 좋군요."

그가 오래된 토분을 가리키며 말했다. 그가 감탄하듯 고개를 끄덕였다. 확실히 진품인가 보다. 나도 옆에 놓인 그 토분을 들여다봤지만 이번에도 무력함을 느꼈다. 뭐가 진짜이고 아닌지 도통 알 수가 없었다(보통 다들 그렇지 않은가). 이곳에서라면 〈골동품 쇼〉 전 회를 찍을 수도 있겠다. 시몬이 이것 좀 보라며 나를 불렀다.

"이거 정말, 아주, 몹시 좋아요."

암호 해독 완료. 주인에게 그 물건을 볼 수 있는지 물었다.

"그거 좋은 겁니다. 2,000년도 넘은 로마 시대 컵입니다."

내가 작은 초록색 유리잔을 가까이 들여다보는 사이, 시몬은 새어나오는 웃음을 억누르려 애쓰고 있었다. 내 눈에는 영락없는 진품 같아 보였지만 시몬의 전문적 안목을 따를 수밖에.

"이거 정말, 아주 훌륭한데요."

시몬은 점점 자제력을 잃어갔다. 얼마인지 가격을 물은 뒤 주인과 흥정을 벌였다. 완벽한 위장을 위해 흥정을 좀 해야겠다고 생각했다. 그저 흥정이 재미있기도 했다. 결국 나는 100달러(11만 원)를 깎았고 주인은 물건을 포장해주었다. 가게를 나온 우리는 조용한 구석을 찾아가 구입한 두 물건을 살펴봤다. 시몬이 말했다.

"예수 조각상이라니 말도 안 돼요. 2세기 말까지만 해도 예수 그림조차 없었어요."

로마 시대 컵은 어떤지? 정말 진품처럼 보이는데.

"훌륭한 모조품입니다. 그래서 마음이 끌렸어요. 누가 만들었는지는 몰라도 좀 아는 사람입니다."

시몬은 이것이 왜 진품이 아닌지 알려줬다. 유리잔 표면에 새겨진 풍화 층인 녹청이 시간에 따라 자연스럽게 생긴 것이 아니라 인위적으로 만들어졌다는 것이다.

"이렇게 해서 실제보다 더 오래된 것처럼 보이게 하는 거죠. 아마도 여기서 멀지 않은 곳에서 만들어졌을 겁니다. 확실히 로마 시대의 것은 아니에요."

이렇게 큰 도움을 준 시몬에게 진심으로 고마웠다. 그는 내가 다음 조사를 이어갈 때 필요한 정보들을 일러줬다. 그의 해박한 지식으로 무장한 뒤 나는 2,000년 전에 조각되었다던 '예수상'을 산 첫 번째 아랍인 가게로 돌아갔다.

나는 그를 바로 알아봤지만 그쪽에서는 아직 나를 몰라본 듯했다. 내가 몇 분 전에 여기 왔다고 설명하자, 그의 표정이 변하더니 돌연 나를 의심스럽게 쳐다보았다. 그의 눈길이 나와 내가 들고 온 물건 사이를 바쁘게 오갔다. 나는 사기꾼들을 대면하는 이 순간이 참 즐겁다. 흥분돼서 주체할 수가 없다. 이 남자는 갈라진 틈을 깨고 속을 열어 보일 것인가. 중요한 점은 무슨 일이 있어도 대립각을 세우지 않는 것이다. 지붕 기와 조각을 판 유대인 부자에게 배웠듯, 어떻게든 그가 위협을 느끼지 않게 하는 것이 중요했다.

나는 그에게 방금 전 이 예수상을 구입했다고 말하며 그가 일러준 세세한 부분들을 기억해냈다. 이 조각상이 2,000년은 됐다고 말씀하셨는데 그게 사실이면 이것이 예수 생전에 제작된 현존하는 유일한 조각상이 아니냐고 말했다. 그가 불편한 표정을 지어 보이기에 나는 한발 물러섰다.

"이게 엉터리 유물이라는 건 이미 알아요. 그것 때문에 다시 온 게 아닙니다. 문제 일으킬 생각은 없어요."

그가 옆방을 향해 아랍어로 뭐라고 하자, 친척인 듯한 남자가 들어왔다. 그는 살짝 높아진 목소리로 말했다.

"이 손님이 지금 거짓말하고 있어."

나는 그게 문제가 아니라고 안심시켰다. 다만 이 조각상이 어디서 왔는지 알고 싶을 뿐이라고 설명했다. 그의 표정이 눈에 띄게 어두워졌다. 그가 내 팔을 잡더니 문 쪽으로 밀어내기 시작했다.

"어디서 그따위 거짓말이야!"

그가 소리쳤다. 목소리는 점점 더 커졌다.

"거짓말! 거짓말이야."

흥분한 남자가 나를 계속 밀쳐냈다. 그저 얘기를 나누고 싶을 뿐이었지만 나도 살짝 위협을 느꼈다.

"사장님, 저는 사장님을 믿고 이 조각을 구입했어요. 제가 거짓말하는 게 아닙니다."

그가 다시 한 번 나를 계단 쪽으로 밀었다.

"난 당신한테 아무것도 안 팔았어. 멍청한 자식."

좋다. 이런 식이라면 그도 돌아설 것 같지 않았다. 나는 방식을 바꿨다.

"내가 왜 멍청하죠?"

"야, 이 개자식아! 나가, 나가라고. 너 같은 놈한텐 아무것도 안 팔아. 빌어먹을!"

사태가 폭력으로 번질까 봐 심장이 쿵쾅거렸다. 그의 친척들이 한데 모였고, 나는 거리로 향하는 계단까지 밀려났다. 그가 나를 계속 밀어젖히며 연신 소리를 질렀다.

"나가. 나가라고 개자식아!"

거리에 있던 사람들도 가던 길을 멈추고 무슨 일인지 들여다봤지만, 남자는 아랑곳없이 내게 소리만 질러댔다. 결국 나는 하는 수 없이 발길을 돌렸다. 이번 경우는 이렇게 써야겠다. '협조를 원치 않음.'

Chapter 3

예루살렘 밖의 모조품 장인

조금 당황한 나는 심란한 마음을 가라앉혔다. 계획했던 건 이게 아닌데. 그들을 마주해서 얻은 것이라곤 요동치는 맥박과 풀죽은 마음뿐이었다. 가게 주인들과 싸움이나 하자고 예루살렘까지 온 것이 아닌데. 소중한 기회 중 한 번을 이미 놓쳐버렸다. 돈을 잃은 것은 별 문제 아니었지만 물건의 출처에 대해 더 알아볼 기회를 놓친 것은 심히 유감이었다. 이제 좀 더 조심해야지.

다시 마음을 추스르고 십자가의 길을 따라 걸어 예수가 어머니를 만난 제4처를 지나갔다. 내 어머니가 지금 여기 계시다면 얼마나 좋을까. 물건 반품하는 수완만큼은 어머니를 따라올 사람이 없는데! 하지만 이번 도전은 나 혼자 감당해야 할 몫이었다. 나는 로마 시대 컵을 샀던 가게로 돌아가 주인에게 둘도 없이 따뜻한 미소를 지어 보였다. 진심을 다해 악수를 청하고 인사를 건네며 고개를 숙여 나를 한껏 낮춰 보였다. 다시 한 번 귀찮게 해서 미안하다고 사과했다. 그가 내게 전혀 위협을 느끼지 않는다는 확신이 들자, 다시 한 번 사과를 하며 조언을 좀 얻을 수 있는지 물었다.

"좋습니다."

그가 책상 앞에 놓인 자리를 권했다. 나는 자리에 앉아 가게로 돌아온 이유를 설명했다. 또다시 정말 미안하다고 말한 뒤, 항의하려는 것이 아니라 그의 의견을 듣고 싶어서 왔다고 말했다. 나는 이 컵이 정말 마음에 드는데 저명한 고고학자 친구가 이 제품이 모조품일 수도 있다고 하더라며, 물건을 반품하려는 것이 아니라 내 친구의 평가를 어떻게 생각하는지 당신의 전문적인 의견을 듣고 싶어서 그런 것뿐이라고 재차 강조했다. 덧붙여 이스라엘 박물관도 모조품을 사들인 적이 있더라는 얘기까지 전했다. 그가 의심의 눈초리로 나를 살폈지만 아까와는 다르게 침착해 보였다. 주인은 컵을 다시 한 번 볼 수 있는지 물었다. 나는 포장을 풀어 컵을 그에게 건넸다.

주인의 이름은 알리였다. 그가 진심으로 이 컵이 모조품이라는 사실을 믿지 않는다는 느낌이었다. 그가 물건을 더 자세히 들여다보며 말했다.

"제가 전문가는 아닙니다만, 모조품은 아닌 것 같은데요. 그래도 모조품이라 생각하신다면 환불해드리겠습니다."

나는 주머니에서 돈을 꺼내려는 그를 제지하고 자초지종을 설명했다. 그저 정보를 얻고 싶다고, 모조품 제작 과정을 잘 아는 누군가를 찾아줄 도움의 손길이 필요하다고 말했다. 내 요청에도 알리는 느긋해 보였다.

"그런 일 하는 사람들은 알고 있습니다만, 그들이 만나려 할지 한 번 물어봐야겠는데요."

좋다. 틈이 열렸다. 무엇보다 연줄이 닿았다.

그런데 앞선 가게의 주인은 그렇게 방어태세를 취하고 심지어 피해망상 증세까지 보였는데, 알리는 어쩜 그렇게 여유롭게 터놓고 얘기할 수 있는지 궁금했다. 그는 이 도시의 모든 사람들이 '그들'과 직접적인 관계가 있는 것은 아니라고 설명했다. 자신의 가게에서는 모조품을 팔지 않으며, 내가 구입한 로마 시대 컵은 시몬의 말과 달리 진품이라는 주장을 고수했다. 그렇지만 무슨 일이 있어도 그들과 자신의 가게 근처에서 만나면 안 된다고 말했다.

"예루살렘 밖에서 만나는 편이 좋습니다."

알리가 정말 마음에 들었다. 진심으로 고마웠다. 컵이 모조품일 리 없다고 말할 때부터 믿음이 갔다. 적당한 사람들을 만날 수 있게 도와준다고 말할 때는 포옹이라도 해주고 싶은 심정이었다. 이런 귀인을 만날 때마다 고맙기도 하면서 항상 궁금한 점이 있었다. 유대인이었던 첫 번째 가게 주인 말처럼, 낯선 사람이 이런 '더러운 일'을 파헤친다는데 기꺼이 도와주는 이유가 뭘까. 여전히 궁금증은 풀리지 않았다. 알리는 자신이 정직하다는 것을 증명하고 싶었는지도 모른다. 자신은 모조품 제작에 관여하는 사람들과 다르다는 사실을 보여주기 위한 선택. 뭐 어쨌든 그는 날 도와줄 것이다. 그러니 고마울 수밖에.

그날 저녁, 알리의 휴대폰으로 연락해보니 전원이 꺼져 있었다. 다음 날도 마찬가지였다. 다시 가게로 가서 직접 얘기를 해봐야 할 것 같았다. 덜컥 겁이 난 걸까.

택시를 잡아타고 아랍 쿼터로 돌아갔다. 기사의 이름은 왈리드, 아랍인이었고 그의 택시는 에어컨까지 갖춰진 메르세데스였다. 30도를 오가는 날씨에 차 안은 반갑게도 쾌적했다. 왈리드는 택시 몇 대를 더 소유하고 있으며, 여행 가이드 서비스도 하고 있다고 말했다. 그는 진정한 사업가였다. 나에게도 가이드 서비스를 판매하려고 안달이 나 있었으니 말이다. 나는 아랍 쿼터로 가는 이유를 말했다. 모조품을 구입했는데 가게 주인이 도움을 주기로 했다고. 구도시 앞에 이르러 나는 왈리드의 명함을 받고 떠날 준비가 되면 그를 다시 부르겠다고 약속했다.

다시 십자가의 길로 돌아와 알리의 가게에 도착했다. 손님과 같이 있던 알리는 곁눈질로 내가 왔음을 알아차리고는 나에게 책상 쪽으로 가 있으라고 손짓했다. 무슨 생각인지 읽을 수가 없었다. 오늘은 뭔가 감추려는 건가? 표정을 읽어봐도 가늠하기 어려웠다. 손님은 아무것도 사지 않고 떠났다. 알리가 내게 다가왔다.

"얘기를 해봤는데 만나고 싶지 않다더군요. 겁이 나나 봐요."

미안해하는 얼굴이었지만 내가 다시 한 번만 연락해달라고, 아니면 나에게 직접 연락처를 알려달라고 아무리 설득해봐도 요지부동이었다. 더이상 그에게 얻을 게 없겠다는 생각이 들었다. 젠장, 다시 막다른 길에 이르렀다.

밖으로 나오니 관광객들이 떼 지어 지나갔다. 무리의 선두에 선 중년 남성이 십자가를 짊어졌고, 나머지 사람들은 독일어로 묵주 기도문을 암송했다. 언덕 위 성묘교회로 향하는 그들을 뒤로하고 호텔로 돌아가기 위해 택시기사 왈리드를 불렀다. 나는 풀이 죽은 채 언덕을 터덜터덜 걸어 내려왔다. 왈리드가 성문 앞에 도착해서 차를 세우고 미소를 지으며 손을 흔들어 보였다. 내가 택시에 올라타자 그가 고개를 돌려 인사했다.

"좋은 소식이 있어요. 모조품 만드는 사람을 찾았습니다. 내일 모셔다 드리죠."

나는 정신이 멍해져서 할 말을 잃었다. 차는 먼지가 자욱한 뜨거운 도로를 덜컹거리며 달려갔다. 위장도 해보고 고함도 듣고 가게에서 내쳐지고 악한들이 해칠지도 모른다는 경고까지 받았는데 결국 택시기사에게 물어보면 끝날 일이었다니!

　"한 가지 조건이 있어요. 이 사람이 성벽을 넘어올 수가 없답니다. 만나려면 손님이 팔레스타인 점령지로 가야 돼요."

Chapter 4

가장 오래된
문명의 약탈 잔혹사

다음 날 아침, 왈리드가 찾아왔다. 우리는 도시의 동쪽으로 빠져나가 서안지구로 향했다. 30분도 안되어, '분리장벽'에 도착했다. 서예루살렘과 팔레스타인 점령지 사이의 왕래를 제한하고자 2000년에서 2003년 사이 이스라엘 정부가 북쪽과 동쪽으로 세운 거대한 장벽이다. 이 장벽은 2층짜리 주택만한 높이에, 꼭대기에는 레이저 와이어가 겹겹이 둘러쳐진 보안 울타리 형식으로 되어 있다. 장벽 도처에 설치된 검문소에서는 중무장한 이스라엘 군인들이 지나가는 차량을 일상적으로 검문한다. 내 생에 목격한 것 중 손에 꼽힐 만큼 암울한 광경이었다.

왈리드와 나는 검문소를 지나는 내내 침묵을 지켰다. 이제 장벽 반대편, 팔레스타인으로 넘어왔다.

몇 킬로미터 더 가서 라말라로 향하는 먼지 자욱한 간선도로 옆에 차를 세우고 기다리니, 특별할 것 없는 흰색 화물차가 갓길을 따라 우리 옆에 섰다. 나는 그 차에 올라타 아랍인 남자 옆에 앉았다. 그의 이름을 타리크라고 하자. 타리크는 초조해 보였다. 여기서 보자고 한 것은 자신이 팔레스타인 사람이라 장벽을 마음대로 넘나들 수 없기 때문이기도 하고, 팔레스타인에 있는 고향에서 골동품 가게를 운영하고 있는데 자신이 언론인과 얘기를 주고받았다는 사실을 알면 사람들이 썩 마음에 들어 하지 않을 것이라 했다.

나는 타리크에게 지금까지 있었던 일을 들려주었다. 손님인 양 위장하고 예루살렘에 있는 가게와 시장 가판대에 들어가서 모조품을 찾았다고, 한 학자의 도움으로 공예품 시장이 모조품으로 넘쳐나고 있다는 사실을 이미 확인했다고 말했다. 내 말에 그는 고개를 끄덕이고는 어깨를 으쓱해 보였다. 보아 하니 그에게는 딱히 새로울 것도 없는 얘기였다. 지금 내가 관심 있는 것은 이 연결고리를 따라 조금 더 깊은 곳으로 들어가 모조품에 대한 정보를 캐내는 것이며, 특히 모조품들이 어떻게 예루살렘의 관광객들이 찾는 가게까지 오게 되었는지 알아내는 것이라고 말했다.

타리크는 먼저 자신이 골동품에 열정이 많다는 사실을 알아줬으면 좋겠다고 말했다. 뜻밖에도 그는 현재 고고학 대학원을 다니고 있었다. 심지어 마지막 학기였다. 30년 가까이 골동품을 팔아왔지만, 몇 년 전부터 자신의 손을 거쳐 가는 것들이 무엇인지 제대로 알고 싶어져 골동품에 대해 더 공부하기로 결심했단다. 그러면서 이쪽 업계의 참상에 눈을 떴고, 모조품은 빙산의 일각에 불과하다는 충격적인 사실을 털어놓았다.

서안지구에는 오래전부터 골동품 위조가 전통처럼 이어지고 있었다. 오래된 동전은 이 업계에서 돈을 벌 수 있는 가장 쉬운 방법이란다.

"오래된 동전은 위조하기가 쉽거든요."

그는 마술사처럼 주머니에서 오래된 동전을 한 자루 꺼내 가운데 자리에 쏟았다.

"이런 동전 하나를 관광객들에게 20달러(2만 원)까지 부릅니다. 이건 고작 50센트(560원) 밖에 안하는 건데 말이죠."

그는 이런 관행을 경멸했다. 주머니에 위조된 낡은 동전을 한 자루씩 넣어 다니면서 이런 얘기를 하다니.

"푼돈은 벌겠지만 이런 일은 골동품 업계를 망치기만 할 뿐입니다. 이걸로 큰돈은 못 벌죠."

타리크가 골동품 업계의 평판을 신경 쓰면서도, 한편으로 이를 타락시켜 돈을 쉽게 벌 준비를 하고 있다는 사실이 서글펐다. 이길 수 없으면 손을 잡으라는 식의 태도였다. 그가 자기 보호를 위해 공부를 시작한 건 아닌지 의심스러웠다. 이 업계에서 그의 지식은 분명 든든한 힘이 될 테니까.

"더 말씀드리고 싶은데, 제가 위험해질까 봐 더는 못하겠네요."

나는 가명을 쓸 것이라며 그를 안심시켰다. 동전 얘기만 했을 뿐인데 그렇게 겁을 집어먹다니 놀라웠다. 동전은 마피아의 영역도 아니지 않은가.

"아니요, 그게 아닙니다. 골동품 관리 당국 때문이에요. 예전에도 문제가 된 적이 있었거든요."

나는 이전에 구입한 모조품에 대한 타리크의 생각을 알고 싶었다. 먼저 아랍 쿼터에서 구입한 유리그릇을 그에게 보여줬다.

"이건 오래된 거네요. 여기 물건은 아니에요. 이런 건 이라크에서 들여옵니다."

뭐라고? 시몬이 한 얘기와 달랐다. 저명한 교수가 이 그릇은 여기 팔레스타인 주변 작업장에서 만든 모조품이라고 했다고 그에게 말했다. 타리크가 고개를 내저었다.

"아니에요, 저희 가게에도 모조품이 있어요. 저도 모조품은 잘 압니다. 그 교수님이 실수하셨네요."

믿을 수 없었다.

"이스라엘 박물관도 실수로 모조품을 사들인 적이 있어요. 시리아와 레바논에서 유리 제품 두 개를 구입했죠."

타리크는 이스라엘 박물관이 사기에 휘말려 모조품을 구입했다는, 이제는 유명해진 얘기를 들먹였다. 요점은 세계적인 박물관이 실수할 수 있다면 누구든지 실수할 수 있다는 것이었다. 그가 내게 유리그릇을 보여주었다.

"잘 보세요. 이 유리는 여기 것이 아니에요. 이라크에서 온 겁니다."

타리크는 먼지가 유리 속에 깊이 새겨진 녹청 부분을 손으로 훑었다.

"이건 위조할 수 없어요. 비잔틴, 로마 시대 건데 여기가 아니라 이라크에서 온 겁니다. 이런 물건들은 요즘 이라크나 이집트, 시리아에서 건너옵니다."

"그럼 진품인가요, 가품인가요?

"물론 진품이죠."

내가 결국 자기 발목을 잡기라도 한 것처럼 타리크가 말했다.

"머리가 빙빙 돌만한 이야기 하나 해드릴까요?"

내가 알아내려 한 것과는 다른, 새로운 종류의 이야기가 시작되려 한다는 느낌이 들었다. 타리크는 성벽 너머 팔레스타인 쪽의 위조 작업장과, 관광객이 바글거리는 성벽 안 이스라엘 쪽 시장을 연결하는 위조 및 밀수 네트워크를 뚫으려 하고 있었다. 그의 말에 따르면, 그쪽도 이미 진화했다고 한다.

"ISIS(급진 수니파 무장단체인 이라크-레반트 이슬람국가)가 점령한 시리아의 도시 팔미라에서 온 '제노비아 상'이나 이집트에서 온 '람세스 동상'도 보여드릴 수 있어요. '혹시 미라' 보고 싶으세요? 혁명이 일어나면 이집트에서 미라를 가져올 수도 있습니다."

타리크는 성벽을 넘어온 다른 공예품들도 줄줄이 읊기 시작했다. 기원전 3,000년의 초기 청동기 시대 물건이라든지, 리비아에서 건너온 시저의 두상 등. 주요 역사적 인물의 조각상 같은 근처 아랍 국가에서 약탈한 희귀하고 귀한 공예품도 들먹였다. 이 물건들은 '아랍의 봄(2010년 말 튀니지에서 시작되어 아랍 중동 국가 및 북아프리카로 확산된 반정부 시위)'의 혼돈 속에서 약탈되어, 기회주의적인 서양 구매자들에게 소리 소문 없이 팔려나갔다.

타리크가 자기 눈으로 직접 봤다고 했다. 역사적으로 중요한 인물인 시저의 두상은 견고한 대리석으로 만들어진 진품인데, 중개인을 통해 5만 파운드에 예루살렘에서 미국인 구매자에게 팔렸으며, 아마 다시는 빛을 보지 못할 것이라고 했다.

"이제 모조품은 한물갔어요."

타리크가 말했다. 물론 레바논 근처나 여기 팔레스타인에서는 위조품 장사도 어느 정도 벌이는 된단다. 잘 속아 넘어가는 관광객에게 팔아넘기면 되니까. 하지만 카다피(리비아 독재자)와 무바라크(이집트 독재자)를 비롯한 아랍의 폭군들이 퇴출된 뒤로, 이제는 누구나 유물을 손에 넣을 수 있게 되었다. 전쟁을 틈타 승리자가 전리품을 획득하게 된 것이다. 감시하는 사람도 없다. 이스라엘 상인들은 이를 방조함으로써 쏠쏠한 재미를 보고 있다.

그런 물건들이 얼마나 되는지 묻자, 매달 수천 개씩 들어온다는 대답이 돌아왔다.

그럼 당국에서는 왜 개입하지 않는걸까?

"잘 들어요, 여기 이스라엘에서는 그게 불법이 아니에요. 이런 물건을 가져오는 사람들이 예루살렘에 가게를 낸 중개상인데, 그들은 이스라엘 문화재 관리국의 면허를 갖고 있어요. 그러니 요르단, 시리아, 이집트 등지의 밀수업자들에게서 물건을 사다가 예루살렘에 가지고 들어와 관세를 냅니다. 이스라엘 문화재 관리국의 인가를 받았으니까요. 그런 다음 두바이나 아부다비를 통해 런던, 뉴욕 등지로 보내는 거죠."

나는 한동안 충격에서 벗어나지 못했다. 동쪽으로 이라크부터 시리아와 이집트를 지나 서쪽으로 리비아까지 뻗어나간, 지구상에서 가장 오래된 문명의 역사적 문화유산이 정치적 반란을 틈타 공공연히 약탈되고 있다니. 당신이 어떤 정치적 견해를 갖고 있든, 이 지역의 영토 및 주권에 대한 개인적 생각이 어떻든, 유물은 그곳 사람들의 것이다. 티라크의 폭로가 전부 사실이라면, 여기서 벌어지고 있는 일은 제2차 세계대전 당시 나치가 벌이던 짓과 별반 다르지 않다. 그러나 티라크는 현 상황에 대해 큰 감흥이 없어 보였다.

"이집트 놈들이 제일 먼저 시작한 게 박물관 침입이었습니다. 지금 저랑 예루살렘에 있는 가게에 가면 거기서 가져온 유물들을 보실 수 있어요. 이집트 미라도 볼 수 있다니까요."

나의 로마 시대 컵은 약탈한 이집트 미라에 완전히 가려져 빛을 잃고 있는 듯했다. 그의 말대로라면 모조품 시장은 걷잡을 수 없이 밀려드는 약탈된 진품의 홍수 속에 익사했다. 이웃 교전 지역에서 진품을 밀수해 오면 훨씬 더 많은 돈을 벌 수 있는데, 라말라 작업장에서 싸구려 장신구를 만드는 게 무슨 소용이 있겠는가? ISIS나 예술품 약탈에 관여하는 자는 누구든 뒷돈을 챙길 것이고, 밀수품 거래 과정에 연루된 모든 사람들이 제 몫을 챙길 것이다.

예루살렘에 도착한 물건들은 포장되어 서양의 탐욕스러운 구매자에게 팔려나간다. 서글픈 현실이다. 나치가 약탈한 예술품은 대부분 그들의 꼼꼼한 기록 관리 덕분에 결국 반환되었다. 그때와 다른 점이 있다면 ISIS는 이라크와 시리아, 리비아의 유물들을 공공연히 파괴하고 있다는 것이다. 파괴되었다고 기록된 이런 물건들이 사실은 나라 밖으로 밀수되어 암시장에 판매되는 것이라면 이들을 돌려받을 가능성이 얼마나 되겠는가?

주위가 어둑해지자 왈리드가 이제 가야 할 시간이라고 알렸다. 어서 타리크와 헤어지고 성벽으로 들어가야 했다. 타리크에게 시간을 내주어서 고맙다고 인사하며 이곳에서 일어나는 상황을 알리는 글을 써보겠다고 했다. 작은 시도에 불과하겠지만, 이제 중동 사람들이 문화유산을 지킬 수 있는 유일한 희망은 여론의 법정뿐이다. 그가 악수를 청했다.

"더 많은 사람들이 알아야 합니다. 사람들에게 알리는 것 말고는 방법이 없어요."

검문소로 돌아가니 군인들이 문서를 확인하고 차 밑으로 거울을 비춰 위험요소가 없는지 확인했다. 이 모든 위선이 놀랍기만 했다. 초소형 방화 장치조차 이스라엘 내부로 들이지 못하게 하는, 이런 빈틈없는 보안 체계에서 누군가의 협조가 없다면 어떻게 이집트 미라 같은 거대한 유물이 무사통과할 수 있겠는가? 인류의 문화유산이 정말 예루살렘을 거쳐 서양으로 흘러들어가는 것이라면, 영향력 있는 누군가가 이를 가능하게 하는 것이리라. 눈감아주는 대가로 돈을 받고 있는 것이다.

항상 이런 식이었다. 18세기에 스페인 해적들이 어둠을 틈타 영국 해안으로 브랜디와 포트와인을 다량 들여온 이후, 밀수업자들은 개인적 이익

을 위해 정치 체계를 핑계로 대며 빠져나갈 길을 만들었다. 성벽을 세우면 누군가는 그것을 몰래 넘어갈 길을 찾아낼 것이고, 그렇게 해서 들여온 것은 무엇이든 성벽을 넘었다는 사실만으로 가치가 더욱 높아질 것이다.

나는 예루살렘을 떠나면서 진심으로 슬펐다. 자신이 구입한 유물이 진품이거나 쓸모없는 모조품이어서 개인이 느끼는 환희나 괴로움은 뒤로하고, 그에 비할 수 없이 심오한 사실을 발견했기 때문이다. 이 약탈 잔혹사가 끝난 뒤에 그들의 후손은 어디서 영감을 얻는단 말인가? 다음 세대 예술가들에게 자극을 줄 위대한 그림과 조각들은 모두 약탈되어 뉴욕과 런던의 개인 소장가의 손에 들어가고 말았다. 세계 각지의 냉전과 갈등이 끝나고 마침내 재건할 준비가 되었을 때, 그들에게 절실히 필요할 문화유산을 이미 남의 손에 빼앗기고 만 것이다.

Part 8

콜롬비아 :
수상한 친절의 도시,
보고타

"서두르면 안 돼요. 약을 한 번에 다 먹이면 정신을 잃거든. 가진 걸 모두 뽑아낼 때까지 계속 약을 주입해야 해요. 그러고 나서 처리할 준비가 다 되면 택시에 태워서 멀리 보내버리는 거지."

이거였다. 전에 술집에서 만난 사람도 그렇고, 스코프 범죄 피해자들이 며칠 동안의 기억이 모조리 사라진 이유. 기억이 돌아왔을 때는 이미 돈은 한 푼도 남아 있지 않고, 무참한 성폭력의 결과로 성병을 얻은 채 병원에 누워 있는 만신창이의 몸을 마주할 뿐이었다.

Chapter 1

자본주의가 만들어낸 괴물들

국제 범죄 통계를 보면, 무엇을 기준으로 하든 콜롬비아는 꽤 높은 순위에 올라있다(세계에서 제일 폭력적인 도시 50곳 중 6위에 오른 적도 있다). 세계 최고의 카르텔이 장악한 이곳에는 코카인 시장이 대호황을 이루고, 치명적인 가난과 막대한 부가 공존한다. 좀 더 자세히 말하자면, 폭력적인 불법 무장단체가 판을 치고 부패가 만연하며 납치 및 강탈이 성행하는 곳이다. 그러면서 용케도 매년 수십만 명의 외국인 관광객들을 끌어들인다. 그리고 그 관광객들은 대부분 수도 보고타를 통해 콜롬비아에 이른다.

언뜻 보면 보고타는 그리 관광지 같지 않다. 고도가 높다는 것은 온도가 10도 중반 이상으로 올라갈 일이 없다는 뜻이다. 보고타는 가까이 있는 밀림과 탁월풍의 영향으로 1년 내내 구름이 자욱하다. 이런 날씨는 내가 몇 년간 살았던 영국 북부와 닮았다. 그곳 역시 몹시 춥고 비가 오며 언제나 잿빛이다. 그래도 보고타에는 이 부근에서 가장 큰 국제공항이 있기 때문에, 사람들은 콜롬비아의 여러 목적지(이를테면 카리브 해의 백사장)로 향하는 도중 하루나 이틀을 여기서 보낸다.

그럼 보고타에 머무르는 며칠 동안 사람들은 무얼 할까? 먼저 이 도시의 오래된 식민 지구인 '라 칸델라리아'로 향한다. 라틴아메리카의 여러 식민 도시가 그렇듯 이곳의 역사 역시 400년 전 스페인 거주자들이 살던 시대로 거슬러 올라간다. 곳곳에 자리한 파스텔 톤의 집들과 자갈길, 그림 같은 광장, 교회가 들어서 있다. 관광객은 칸델라리아의 가게와 카페를 거닐면서, 풍경도 즐기고 이곳의 정취를 만끽하며 아주 흡족한 시간을 보낼 수 있다. 스페인어를 조금 할 줄 안다면 산뜻하고 깔끔한 콜롬비아식 스페인어가 호의적으로 들릴 것이다.

라틴아메리카의 다른 나라 사람들은 콜롬비아인들이 이 대륙에서 가장 친절하다고 얘기한다. 그리고 그 진가는 호텔에 들어서는 순간부터 빛을 발한다. 불행했던 과거에 대한 부정적인 인식을 만회하려는 듯 보고타 주민들은 놀라울 정도로 선뜻 도움의 손길을 건넨다. 여기에서는 낯선 사람의 미소를 어렵지 않게 만날 수 있다.

내가 보고타를 찾은 것은 7월, 유럽 방문객들이 몰려드는 극성수기였다. 칸델라리아 지역은 낮이면 형형색색의 별난 카페들에 사람들이 가득 들어찼고, 시 외곽의 쏘나 떼에서는 네온과 크롬 불빛으로 가득한 나이트클럽과 술집이 주말에 모여든 군중을 빨아들였다. 안타깝게도 바로 여기서 많은 관광객들에게 문제가 닥친다. 나는 최근 보고타에서 시작해 콜롬비아 전역으로 퍼진 충격적인 범죄를 조사하러 이곳에 왔다. 어떤 낌새도 알아차리지 못한 피해자의 술에 타는 데이트 강간 약물, 스코폴라민(스코프라고도 한다)이다. 콜롬비아에서는 스코프를 사용한 강간 및 강도 사건이 성행하고 있다.

스코프가 다른 약물과 다른 점은 피해자가 의식을 잃지 않는다는 점이다. 하지만 피해자는 자신이 무엇을 하고 있는지 전혀 인식하지 못한다.

이 약물을 먹으면 오늘 처음 만난 낯선 사람의 말에도 잘 휩쓸려서 은행 계좌 비밀번호 같은 중요하고 귀중한 개인 정보를 서슴없이 알려주게 된다고 한다. 부작용이 상당히 파괴적이라 피해자는 입원 치료를 받아야 하며, 다시 정신이 돌아오기까지 일주일이 넘게 걸리기도 한다. 이런 약물이 콜롬비아에 급속히 확산되고 있다. 지난해 콜롬비아 내무부의 발표에 따르면, 스코폴라민 사용으로 인한 범죄가 5만 건이 넘었다. 그럼에도 스코폴라민 관련 범죄자가 체포되는 일은 드물다.

보고타에 어두운 그림자가 드리워졌다. 관광객과 현지 주민 모두 그 그림자에 뒤덮였다. 사람들은 술잔에서 무심코 눈을 뗐다가 자신이 다음 피해자가 되지는 않을까 불안에 떨고 있다.

지하경제에도
한 줄기 빛은 있다

나는 히메네스 거리 바로 옆에 있는 보고타 중심가의 호텔에 머물렀다. 콜롬비아는 처음이라 들뜬 마음으로 주위를 열심히 둘러보았다. 사실 콜롬비아에 대해 읽은 것이라고는 FARC(콜롬비아 무장혁명군), 즉 납치 및 몸값 요구, 코카인 유통으로 반란 자금을 조달하는 마르크스주의 농민군에 관한 것이 전부였다. 그런데 내가 여기 도착한 지금, 이 반란조직이 정부와 평화협정을 맺었다고 한다. 다시 말해 나라 전체가 잠잠하다는 뜻이다.

나는 새벽부터 일어나 가볍게 팬케이크를 먹은 뒤 시내로 나가 산책을 하기로 했다. 쌀쌀한 아침이었고 하늘은 구름으로 뒤덮여 온통 잿빛이었다. 거리는 이른 아침부터 나온 통근 차량들로 북적였다. 인도 역시 사방에서 쏟아지는 사람들로 발 디딜 틈이 없었다. 보고타의 이런 아침 풍경은 혼잡한 시간대의 여느 수도와 다를 것이 없었기에 솔직히 어디를 가도 문제없겠다는 생각이 들었다.

호텔에서 두 블록쯤 떨어진 곳까지 걸어왔을 때, 가는 세로줄 무늬 양복에 더플코트를 입은 중년 남자가 내 쪽으로 걸어와 옛날식으로 인사했다.

"안녕하세요, 선생님. 방해해서 죄송합니다."

그는 나이가 어느 정도 있는 남자들 특유의 예스러운 방식으로 공손했다. 머리는 뻣뻣한 왁스로 매끈하게 빗어 넘겼고, 구두는 광이 나서 얼굴이 비칠 정도이며, 연필처럼 가는 콧수염은 사라지기 바로 직전까지 다듬어져 있었다.

몇 가지 기분 좋은 인사를 주고받은 뒤, 그는 내게 에메랄드 구입에 관심이 있는지 점잖게 물었다. 나는 즉시 경계태세를 가다듬었다. 정신이 제대로 박힌 사람이라면 도대체 누가 길거리에서 에메랄드를 사겠는가? 하지만 그가 어떻게 나오는지 보고 싶었기에 동조해보기로 했다.

남자는 자신의 이름이 헤랄도라고 소개하며, 안주머니에서 작고 하얀 봉투를 꺼내 조심스레 열어서 작고 빛나는 녹색 돌 스물다섯 개를 보여주었다. 가장 큰 것은 엄지손톱만 했다.

"에메랄드예요."

그가 안심시키려는 듯 고개를 끄덕이며 좀 더 자세히 살펴보라고 권했다. 나는 에메랄드에 대해 아는 게 없었지만, 호기심이 일어서 그중에 예뻐 보이는 것들을 몇 개 집어 살펴보았다. 하나를 집어 빛에 비추니 밝은 녹색 돌이 손가락 사이에서 반짝였다. 그렇게 보석을 쳐다보고 있는데 다른 남자 넷이 끼어들었다. 모두 헤랄도와 비슷한 연배에 생김새도 비슷했다. 그들은 보석이 가득 담긴 봉투를 하나둘 꺼내보였다. 더 큰 것도 있었고 아주 작은 것도 있었다. 다들 천천히 살펴보라고 권하는데 하나같이 매우 공손했으며 완고한 모습은 찾아볼 수 없었다.

얼마일까? 나는 이런 거친 에메랄드가 얼마나 하는지 전혀 몰랐다. 그들은 어두운 것이 밝은 것보다 더 값이 나가고, 큰 것이 확실히 더 좋으며, 깨끗한 것이 더 값어치가 있기 때문에 흠이 없는지도 잘 봐야 한다고 참을

성 있게 설명해주었다. 이런 보석의 가격은 크고 어두운 것의 경우 몇 천

달러까지 나가고, 작은 것은 30~40달러(3~4만 원)로 차이가 많이 난다고

한다.

　나는 그들의 매력에, 그들이 속사포처럼 뱉는 말의 소박함에 조금 당황

했다. 그들은 다른 나라의 사기꾼들처럼 화려한 말솜씨를 뽐내지 않았다.

강요하거나 압력을 가하지도 않았고, 위협을 주지도 않았다. 이런 상황에서 관광객들이 빨리 현금을 내놓도록 강압하는 사기꾼들의 행태는 겪을 만큼 겪어봤다. 하지만 전 세계 어디에도 이런 경우는 없었다. 상당히 신뢰가 가는 사기였다. 내가 잘 몰랐다면 이들이 합법적인 경제 활동을 하고 있다고 생각했을 것이다.

호기심이 동해서 한 개 사보기로 했다. 나중에 전문가를 만나 진위를 알아볼 수도 있겠지. 아마도 흔한 사기일 것이다. 보고타에 온 것이 보석 사기를 알아보기 위한 건 아니었지만, 남의 호의에 트집을 잡으면 못 쓰는 법이다.

어쩌다 보니 주변에 이런 사람들이 20명 가까이 모여들어, 저마다 자신의 보석을 권하고 있었다. 나는 헤랄도 곁에 있기로 마음먹었다. 처음에 공손하게 인사하며 격식을 차리며 다가왔던 그가 마음에 들었다. 결국 새끼손톱 반만 한 크기의 작은 보석을 골랐다. 슬쩍 미소 지으며 헤랄도와 가격을 흥정한 끝에, 에메랄드를 70달러(8만 원)에 구입하기로 의견을 모았다. 그에게 바가지를 쓴 건지도 몰랐지만 어쨌든 기분 좋게 헤어졌다. 이렇게 보고타에서 첫 번째 인연을 만들었다.

호텔로 돌아올 때 보니 거리에 합법적인 보석상들이 늘어서 있었다. 진열장에는 가격표가 붙은 정찰제 반지와 목걸이가 가득했다. 내가 방금 산 보석의 가격도 알아볼 수 있을까. 한 보석상을 골라 들어가보기로 했다. 가게 주인인 리 워슨은 미국인 보석상으로 보고타에서 40년 넘게 일하고 있었다. 남부 출신에 키가 크고 머리가 벗어진 그는 쭈뼛거리는 표정을 짓고 있었지만 자신에 찬 느린 말투였다. 나는 그에게 괜찮다면 내가 길거리에서 산 이 보석들을 봐줄 수 있는지 물었다.

리는 6층에 있는 사무실로 나를 안내했다. 세 면에 창이 나 있는 방 전망이 훌륭했다. 리가 커다란 원목 책상에 앉아, 보석을 볼 때는 될 수 있으면 자연광에서 보는 것이 좋다고 설명했다. 나는 거리에서 헤랄도를 만난 일을 얘기한 뒤, 이 보석들을 솔직하게 평가해달라고 말했다. 에메랄드를 건네자 리가 한 손에 족집게를 들고, 다른 손에는 보석상이 끼는 안경을 든 채 보석을 유심히 분석했다.

"나쁘지 않은데요."

그가 보석을 뒤집어 보며 말했다.

"색깔 좋고 섞인 것도 별로 없고. 무게는 50그램 정도 나가겠네요."

"가짜인가요?"

"아니요, 진짜 에메랄드입니다. 시장에서 샀다고 했죠? 50달러(6만 원) 정도 줬겠네요."

"70달러에 샀어요."

리가 고개를 끄덕이며 말했다.

"그래요. 뭐, 그들이 손님을 잘 모르니 값을 더 불렀나보네요."

히메네스에는 그런 시장이 아주 오래전부터 있었는데, 보석을 거리에서 파는 이유는 상인들이 삼류 행상인이라서가 아니라 에메랄드 상인이 믿을 수 있는 유일한 빛이 자연광이기 때문이라고 한다. 자신의 사무실에 창문이 많은 것도 그 때문이란다.

"시장에 있는 사람들은 대부분 아주 정직합니다. 물론 덜 양심적인 사람들도 있죠. 잘 모르는 손님에게 가짜 에메랄드를 팔아넘기려는 자들도 있긴 하지만, 그런 자들은 상인들이 알아서 쫓아냅니다. 그들이 장사에 방해만 되는 기생충이라고 생각하거든요."

리의 얼굴에는 자부심이 넘쳤다. 나는 리에게 시간을 내어 이런 얘기를 들려줘서 고맙다고 인사했다. 지하경제에도 한 줄기 빛이 있다는 사실은 희망적이였지만 조금 실망스럽기도 했다. 내가 산 에메랄드가 진짜라니. 우연한 기회에 보석 사기에 걸려들어 이 새롭고 흥미진진한 세계를 탐구하게 되지 않을까 기대했건만. 결국 콜롬비아에서 50달러짜리 기념품만 챙겨가게 됐다.

Chapter 3

술 한 잔에
너무 많은걸 잃었어요

밤이 되자 기사에서 본 '스코프 갱단'에 대한 증거를 찾으러 시내로 향했다. 신문에서는 쏘나 떼 주변의 술집에서 술을 마시는 관광객들이 특히 스코프 범죄에 취약하다고 했다. 나의 목적지가 바로 거기였다. 누가 봐도 돈이 꽤 많은 남자라고 착각할 수 있도록 말끔하게 차려 입고, 카레라 14 거리로 향했다. 택시에 앉아 머리가 벗어진 중년의 택시기사 후안과 이런저런 얘기를 나눴다. 그는 삶의 대부분을 이 도시에서 택시 운전을 하며 보냈다고 했다. 일을 하지 않을 때는 여행을 자주 다니고, 꽤 오랫동안 미국에서 일을 했으며, 뉴욕에서 2년간 살아본 적도 있다고 했다.

"뉴욕도 그곳만의 문제가 있죠. 그래도 여기만큼은 아니에요. 이곳에서는 주민이건 관광객이건 스코폴라민 때문에 골치입니다."

그가 거울로 날 바라보면서 고개를 흔들며 혀를 끌끌 찼다.

"술에 넣을 수도 있고 얼굴에 대고 불 수도 있어요. 그런 식으로 당한 기사들도 여럿 알고 있습니다. 한번 당하면 피할 도리가 없어요. 그놈들은 손님의 은행계좌에서 돈을 탈탈 털어낸 다음, 거리에 내다버릴 거요."

후안은 진심으로 안타까워했다. 나는 쏘나 떼의 번잡한 거리에서 내렸다. 내리자마자 주위를 재빨리 훑어봤는데, 여느 서양 도시와 다를 것이 없어서 놀랐다. 거리 양쪽에 환하게 불을 밝힌 술집들이 늘어서 있었다. 요즘 전 세계의 현대적인 도시 어디에서나 있을 법한 아이리시 펍과 현란해 보이는 테크노바가 뒤섞여 있었다. '콜롬비아'라고 생각할 만한 무언가가 없었다. 거리를 가득 메운 젊은이들은 이 술집에서 저 술집으로 밀려갔다. 저녁 9시밖에 안 됐는데도 이미 만취한 이들이 군데군데 눈에 띄었다. 오면 안 될, 위험한 곳에 왔다는 느낌이 들었다. 그건 물론 내가 찾는 것이 바로 여기 있다는 뜻이기도 했다.

"조심해요, 친구."

후안이 거스름돈을 건네며 진심으로 걱정했다. 나는 이곳에 사는 칼이라는 영국인 기자와 만나기로 되어 있었다. 그는 내가 곧 처하게 될 위험을 걱정해서인지, 익숙한 분위기의 아이리시 술집을 약속 장소로 정했다. 칼은 야외 테이블에 자리를 잡고 기다리고 있었다. 그는 영국 신문의 비상근 기자로 이곳에서 몇 년째 살고 있었다. 도시에 대한 지식도 해박하고 스페인어 실력도 훌륭할뿐더러 백인이었기에 나에게는 완벽한 호위무사였다. 우리는 병원에 실려 갈 일 없이 스코폴라민 포식자를 쫓아낼 계획을 세워야 했다. 아이디어를 짜낸 끝에 괜찮아 보이는 전략을 생각해냈고 곧바로 실행에 옮기기로 했다.

나는 안쪽으로 자리를 옮겨 앉아 맥주를 한 잔 시킨 뒤, 두 모금을 벌컥 들이켜면서 칼이 술집 반대편 자리에 앉기를 기다렸다. 누구도 우리가 서로 아는 사이라고는 짐작하지 못할 것이다. 칼은 짙은 색 야구 모자를 쓰고 있었다. 누군가가 내 술잔을 건드리면 칼이 모자를 뒤집어쓰는 것이 우리가 정한 암호였다. 일단 첫 번째 단계를 성공해야만 다음 단계로 넘어 갈 수 있다. 각자 자리를 잡은 뒤 나는 맥주를 한 번 더 들이켜고는 술잔을 놔둔 채 화장실로 향했다. 이제는 내 역할은 끝이다. 칼이 내 맥주잔을 제대로 지켜보리라 믿는 수밖에.

안타깝게도 돌아와보니 칼의 모자는 그대로였다. 아무도 내 술잔 가까이에 오지 않았다. 800만 명이 사는 도시에서 이러고 있는 것이 건초 더미에서 바늘 찾기와 다를 게 없어 보였다. 그래도 깔끔하게 차려입고 영어로 술을 주문하고 화장실에 갔다 오는 등 할 수 있는 모든 방법을 동원해 성공 확률을 높이려 애썼다. 그렇게 몇 번 더 시도해봤지만 입질조차 오지 않았다. 결국 우리는 길 건너 다른 술집으로 이동할 수밖에 없었다.

이번에는 긴 바에 앉아 있던 콜롬비아 여인들 옆에 자리를 잡았다. 새로울 것 없는 미국 동부 연안의 팝송이 쩌렁쩌렁하게 흘러나왔고, 술집 분위기는 가식적이고 무의미했다. 나는 다시 한 번 맥주를 시킨 뒤 칼이 자리를 잡을 때까지 기다렸다. 칼이 내 술잔이 잘 보이는 자리에 앉았음을 확인하고 역시나 화장실로 향했다. 족히 5분은 있다 나왔다. 그 정도면 누군가가 내 술잔에 무언가를 흘려놓고도 남을 시간이었다. 그런데 이런, 이번에도 칼의 모자는 그대로였다. 날을 잘못 잡았나. 몇 번 더 자리를 옮겼지만 헛수고였다. 어쩔 수 없이 내일을 기약하기로 하고 칼과 헤어진 뒤 호텔로 돌아왔다. 맥주를 너무 많이 먹은 탓인지 취기가 약간 돌았지만 정신은 멀쩡했다. 실망해야 하나, 안도해야 하나.

나는 지금 내가 하고 있는 일이 몰고 올 결과에 대해 생각해봤다. 칼이 잠깐 한눈 판 사이 누군가가 내 술잔에 약을 탄다면? 어쩔 수 없는 이유 때문에 내가 결국 스코프를 먹게 된다면? 갑자기 이런저런 걱정이 밀려왔다. 후, 예감이 좋지 않군.

다음 날, 호텔 길모퉁이의 술집에서 칼의 소개로 젊은 남자를 만났다. 그는 예전에 스코폴라민 범죄의 피해자가 된 적이 있었는데 그때 얘기를 해준다고 했다. 남자는 자신에게 일어난 일이 아직도 당황스러운 터라 이름을 밝히지 않겠다고 했다. 그는 1년 전에 친구들과 놀러 나갔다가 너무나 매력적인 여인을 만났단다. 자신은 그녀에게 첫눈에 반했으니 자기는 빼고 놀라고 친구들에게 일러두었는데, 친구들이 떠난 직후 그는 평소와 달리 술에 취한 기분이 들었다고 했다.

"그때는 그냥 술 때문인 줄 알았죠. 그런데 아니었어요. 정신을 차려보니 벌써 5일이 지나 있었고 전 병원에 누워 있더라고요."

기억을 잃은 5일 동안, 그는 가진 것을 모두 빼앗겼다. 2개의 은행 계좌는 텅 비었고, 스코퍼들이 자신의 집까지 찾아가 노트북부터 장신구까지 죄다 쓸어갔다고 한다.

"저는 사흘 뒤에 거리에서 경찰에게 발견되었는데 셔츠도, 구두도 없이 미친 사람처럼 소리를 지르고 있었다고 하더라고요."

그는 병원에서 이틀을 더 보낸 뒤에야 정신을 차릴 수 있었다고 했다.

"지금도 공황 발작이 옵니다. 밖에 나가기가 겁나요. 이제는 나갈 때 전기 충격기를 챙깁니다."

그가 주머니에서 고압 전류가 흐르는 전기 충격기를 꺼내 보였다.

"이제 다시는 누구도 나를 등쳐먹게 내버려두지 않을 거예요."

피해망상에 시달리는 그의 눈빛이 지금도 생생하다. 스코폴라민으로 이 젊은 남자의 인생은 돌이킬 수 없이 망가졌다.

스코프 갱단은 밤에만 활동하기 때문에, 나는 낮 시간 동안 에메랄드에 관해 더 파헤쳐보기로 했다. 특히 리가 귀띔해주었던 '기생충'들을 만나고 싶었다. 나는 가장 말끔하고 관광객다운 옷을 입고 히메네스를 다시 찾았다. 헤랄도 같은 중개상들이 활동하는 구역에서 한 블록 떨어져 있는 광장에 도착했다. 그곳에는 헤랄도와 연배는 비슷하지만 옷차림은 더 후줄근한 남자들이 가득 있었다. 나는 그중 한 명에게 다가가 혹시 에메랄드를 파는지 물었다.

남자는 60대 중반쯤으로 헤랄도보다 나이가 더 있어 보였다. 머리는 기름진 무언가를 발라 뒤로 넘겼고, 거대한 주먹코 끝자락에 거북이 등딱지 무늬의 커다란 안경을 걸치고 있었다. 그는 빛바랜 갈색 양복 위에 걸친 잿빛 파카에서 흰 봉투를 꺼냈다. 그의 태도는 헤랄도와 사뭇 달랐다. 찔리는 구석이 있는지 연신 주위를 둘러보며 누가 보고 있지는 않나 살폈다. 헤랄도가 보였던 자신감과 매력은 찾아볼 수 없었다.

남자가 꺼낸 보석의 크기를 보니 그가 달라 보였다. 거대했다. 아몬드보다 컸다. 어제 배우기로 이 정도 크기면 수만 달러에 이른다고 했는데. 그런데 기예르모라는 이 남자는 고작 300달러(34만 원)를 불렀다. 그가 말을 꺼냈을 때 나는 싱긋 웃었다. 이 웃음을 흥정의 뜻으로 잘못 받아들인 건지, 남자는 대뜸 가격을 100달러(11만 원)까지 내렸다! 이것들이 진짜일 리가 없었다. 가짜여야만 했다. 나는 기예르모가 100달러를 부른 4캐럿짜리 에메랄드를 들고 이게 가짜인 걸 안다고 말했다.

"아니요, 아니에요."

그가 맹세하듯 양팔을 뻗어 하늘을 향해 손바닥을 펼치며 말했다.

"진짜입니다. 진짜라고요."

보석 전문가가 아닌 내 눈에도 결함이 보였다. 유리 두 조각을 한데 붙인 듯한 흔적을 가리키며 말했다.

"아니잖아요. 이런 건 어디서 납니까? 말씀해주시면 제가 이거 사겠습니다."

나는 경찰이 아니라고 설명했다. 가격만 괜찮으면 이런 모조품을 잔뜩 구입할 생각으로 이곳에 왔다며 변명거리를 내놓았다. 나와 모종의 거래를 한다면 그의 몫도 따로 챙겨줄 수 있다고 말했다. 남자의 눈빛이 달라졌다.

"얼마나요?"

그래, 이제야 얘기가 통하는군.

"10퍼센트요."

이 정도면 평균치다. 단 모조품의 배후 인물을 만날 수 있을 때 얘기다. 최종 거래는 만나서 직접 얼굴 보고 할 거라고, 중개인은 끼지 않겠다고 말했다.

기예르모는 다시 한 번 광장을 둘러보며 누가 보고 있는지 살폈다. 반짝이는 두 눈이 광장을 훑는 동안, 머릿속에서는 이 거래가 얼마만큼의 값어치가 있을지 계산기를 두드리고 있는 것이 훤히 보였다.

"전화 좀 해야겠습니다. 그 사람이랑 먼저 얘기를 한 다음에 손님 얘기를 들어봐야겠어요. 그런데 이게 그렇게 좋은 일은 아니라는 건 알죠?"

Chapter 4

열여섯 소년의
1억짜리 암살 현장

~~~~~~~~~~~~~~~~

기예모르와 한참 얘기를 나누고 있는데 갑자기 광장에서 소란이 일었다. 총소리가 나고 비명 소리가 들리더니 사람들이 거리 여기저기로 흩어져 달아나기 시작했다. 얼마 뒤, 구급차와 경찰차 사이렌 소리가 주변을 가득 메웠다. 실제 상황이었다. 기예르모를 아는 게 틀림없는 한 남자가 우리에게 다가왔다.

"시장에서 누가 총에 맞았어."

그러더니 남자도 달려갔다. 기예르모는 근심스러운 표정을 지었다.

"봤죠? 좋은 일이 아니라니까요."

그가 재차 말했다. 서둘러 번호를 주고받은 뒤 기예르모는 광장을 가로질러 떠났다. 나는 반대 방향으로 몸을 돌려 또 알아낼 것이 없나 둘러봤지만, 이미 경찰이 저지선을 치고 있었고 그 뒤로 군중이 모여들었다.

다음 날 아침 호텔 밖 테라스에서 커피를 마시며 신문을 읽었다. 머리기사에는 '에메랄드 중개상, 번화가에서 살해당해'라고 쓰여 있었다. 내막을 살펴보니 피해자는 64세의 에메랄드 중개상, 페드로 오르테곤. 그는 콜롬비아의 마약왕이 이끌던 '메데인 카르텔'과 연계되어 있었고, 결국

16세 소년에게 암살되어 비참한 최후를 맞았다. 이미 구속 상태였던 범인은 암살 수행 대가로 500만 페소(2억 9,980만 원)를 받았다고 한다. 총격이 일어난 곳은 그 전날 내가 헤랄도와 얘기하던 바로 그곳이었다. 신문에서는 시장의 비공식 보스였던 소위 '에메랄드 황제'가 암으로 세상을 떠난 뒤, 권력 공백이 생기면서 그 자리를 차지하려는 사람들이 극단적인 방법까지 동원한 끝에 벌어진 일이라는 추측을 내놓았다. 나는 '만약'에 대해

재빨리 생각해봤다. 암살이 24시간 더 일찍 일어났다면 어떻게 됐을까? 내가 더 멀리 떨어진 길가에서 기예르모를 만났다면? 내가 총격전 한 가운데에 있었다면?

사람들은 에메랄드 시장이 안전한 노포이며 도시 문화의 일부라는 식으로 얘기했다. 그 누구도 카르텔이나 조직적 암살, 마피아의 권력 다툼에 대해서는 언급하지 않았다. 하지만 이곳에는 예전에 신문에 자주 등장하던 악명 높은 콜롬비아가 약과 총으로 무장한 채 여전히 생생하게 살아 있었다.

그날 저녁, 기예르모에게 연락을 받았다. 모조품 제조업자와 약속을 잡았지만 총격 사건 이후 당사자가 상당히 불안해하고 있으니, 오후 9시에 시내 술집에서 만나자고 했다. 목소리를 들어보니 기예르모 자신도 아직 확신이 서지 않은 듯했다. 조금 더 설득이 필요할 것 같았다. 행동을 최대한 조심해야겠군.

오후 8시 45분, 택시에 올라 행선지를 말하자 기사가 조금 놀란 눈치를 보였다. 왜 그런지 묻고 싶었지만 듣고 싶은 얘기는 안 나오겠다는 느낌이 들었다. 주요 도로를 벗어나 번잡한 옆길로 들어서니 우리가 정확히 어떤 구역에 들어왔는지 파악이 됐다. 관광 코스는 분명 아니었다. 보고타 주민들도 이런 곳에는 절대 발을 들이려 하지 않을 것이다.

문지기는 글록 17 권총을 갖고 있었다. 내 몸을 수색하는 그의 재킷 밑으로 총이 툭 불거져 있었다. 영국에서는 총을 보는 것 자체가 드문 일이라 나는 총이 눈에 띌 때마다 불안해졌다. 무기가 없다는 사실에 만족한 문지기는 내가 좁은 계단을 오를 수 있도록 옆으로 비켜났다. 희뿌옇게 먼지 쌓인 거울이 벽을 따라 길게 이어져 있었다. 계단을 오르며 거울에 비친 내 모습을 확인했다. 청바지에 가죽 재킷을 입은 모습이 영국에서라면 위장 경찰로 보였겠지만, 여기서는 누가 알겠는가? 길을 잘못 든 또다른 멍청한 백인으로밖에 안 보일지도.

기예르모가 술집 안에서 기다리라고 일렀다. 만날 사람에게 내 인상착의를 알렸으니 그쪽에서 찾아올 것이라고 했다. 약속 장소에는 라틴과 아메리칸을 섞은 허세 가득한 음악이 가득 울려 퍼졌다. 한가운데에서 몇 안 되는 사람들이 춤을 추고 있었고, 대다수는 낮은 탁자 앞에 앉아 맥주와 럼주를 들이켜고 있었다. 백인은 나 혼자였다. 금요일 밤이었으니 다들 한 주 동안의 골칫거리는 다음 주로 미뤄두고 얼큰히 취하고 싶어 안달이 나 있었다.

바는 한쪽 구석에 있었다. 3미터 정도 되어 보이는 바를 두 여자가 담당하고 있었다. 한 여자는 아길라 맥주를 따르느라 정신이 없었다. 그녀가 병에 담긴 맥주를 하나하나 플라스틱 컵에 따르면, 다른 여자가 테이블에 앉은 손님들에게 날랐다. 영국 축구장에서도 관중들이 서로를 향해 맥주잔을 깨부수는 행태를 근절하기 위해 이와 같은 안전 전략을 시행하고 있다.

나는 세르베사 맥주를 주문하고 바에 앉았다. 전해 들은 대로 30분 정도 기다렸지만 기예르모도, 만나기로 한 사람도 나타나지 않았다. 생각이 바뀐 건가. 그리 놀랍지는 않았다. 내가 경찰이라거나 더한 경우 보험회사 직원이리라 의심하는 것도 당연했다. 보험회사에서는 정기적으로 콜롬비아에 자체 수사관을 보내 가짜 보석 사기를 적발하게 하니까.

시끄러운 음악을 뒤로하고 밖으로 나와 기예르모에게 전화를 걸었지만 전화기는 꺼져 있었다. 다시 안으로 들어가 술을 한 모금 마시려는데 바텐더가 다가왔다. 무슨 일이지? 그녀가 내 팔을 잡고 몸을 가까이 기대며 베이스 소리 너머로 소리쳤다.

"조심해요."

귓가에 닿는 그녀의 숨결이 뜨거웠다.

"바에 있는 여자가 당신 술에 뭘 탔어요. 여기 있으면 위험해요."

뜻밖이었다. 나는 그녀에게 고맙다고, 다 생각이 있으니 걱정 말라고 안심시켰다. 그러고는 자리로 돌아가, 내 술잔 옆에 앉은 여인에게 미소를 지어 보였다. 머리를 빨리 돌려야 했다.

먼저 그녀에게 말을 걸었다. 친구를 기다리고 있는데 나타날 기미가 안 보인다고 했다. 그녀는 고개를 끄덕이며 맥주병에 빨대를 꽂아 마시고 있었다. 내 이야기에 전혀 관심이 없어 보였다. 계속해서 어색한 대화가 이어졌고, 나는 취중 스페인어 실력을 최대한 발휘하려 애썼다. 여인은 초조해하면서 자꾸만 내 술잔을 흘끔거렸다. 골탕 한번 먹여볼까. 나는 반쯤 남은 맥주잔을 한 번에 비웠다. 물론 삼키지는 않았다. 그러고는 화장실 좀 다녀오겠다고 손짓했다. 술집의 어둑한 불빛 아래에서는 내 입이 맥주로 그득하다는 것을 알아차리지 못했을 것이다.

화장실에서 약을 탄 맥주를 뱉어내고 즉시 물로 입을 대여섯 번 헹궜다. 스코프는 조금만 삼켜도 수녀원 학교의 댄스파티에서 발기된 10대 소년처럼 여기저기 잘 휩쓸리게 된단다. 나는 남은 찌꺼기까지 모두 털어냈음을 확인하고, 칼에게 30분 뒤에 내 호텔방에서 보자고 문자를 보냈다. 그러고는 다시 술집으로 돌아왔다. 이제 내 연기력을 펼칠 시간이었다. 이 여인이 내가 약에 취했으며 일이 계획대로 흘러가고 있다고 믿게 해야 했다. 나는 맥주 두 잔을 더 주문하고는 그녀에게 춤을 추자고 제안했다.

"안 될 거 없죠."

우리는 저스틴 팀버레이크의 음악에 맞춰 타일 바닥 위를 미끄러지듯 휘젓고 다녔다. 그러다 그녀에게 음악 때문인지 갑자기 어지럽다며 잠깐 걷지 않겠냐고 물었다. 그녀가 내 걸음걸이를(제대로 연기했다) 보더니 말했다.

"그냥 당신 호텔방으로 가는 게 어때요?"

엄마가 이런 여자 조심하라고 했는데.

금세 나타난 택시를 타고 우리는 바로 호텔로 향했다. 나는 계속 취한 연기를 했고, 마리엘라(본명이 아닐 수도 있고 맞을 수도 있다)는 연신 내게 잘생겼다고 말하기 시작했다. 띄엄띄엄 알아듣는 스페인어로도 무언가 잘못 됐다는 것을 알 수 있었다. 호텔에 도착해 택시기사에게 팁을 준 뒤 호텔 관리인을 지나 승강기에 올라 내 방에 이르기까지 5초도 안 걸린 것 같았다. 마리엘라는 소파에 편하게 자리 잡더니 음악을 좀 듣자고 했다. 그녀는 나를 매의 눈으로 지켜봤다. 내가 어서 쓰러지기를 기다리는 것이겠지.

이렇게 여자의 먹잇감이 되는 일은 흔치 않다. 그동안 만난 범죄자는 대부분 남자였다. 그녀가 혼자 움직이는지 아니면 어떤 남자가 뒤를 봐주는 건지, 그렇다면 그가 어디서 마리엘라의 전화를 기다리고 있는 건지 궁금했다. 칼이 아래층 로비에 있다고 문자를 보내왔다. 칼에게 관리인을 데리고 조용히 올라와 내 방문 앞을 지키고 있으라고 일렀다. 마리엘라와 얘기해보기 전까지는 누구도 들이고 싶지 않았다.

나는 마리엘라 바로 옆에 앉았다. 술에 취한 연기를 단칼에 끊어내고 단도직입적으로 물었다.

"술에 뭐 탔어요?"

나에게 약을 먹이려는 여자 앞에서 빙 둘러 얘기해봤자 답이 안 나올 것이 뻔했다. 이제 마리엘라가 연기할 차례였다. 그녀는 즉시 시치미를 뗐다. 배우 하긴 글렀네. 그녀가 오스카 시상식이 아닌 보고타 술집에 있는 이유가 있었다.

당신이 술집에서 내 술잔에 약 탄 거 다 안다. 내가 밖에서 전화하는 사이에 당신이 내 술잔에 뭔가 타는 걸 바텐더가 봤다고 얘기했다. 분명 공범이 있을 텐데 그 사람을 만나고 싶다고 했다. 어서 실상을 보고 싶어 참을 수가 없었다. 그녀는 살짝 당황하더니 서둘러 자기 짐을 챙기기 시작했다. 허둥대며 내가 무슨 말을 하는지 모르겠다고, 정신 나간 백인이라고 지껄였다. 방문을 열던 그녀는 문 뒤에 서 있는 관리인과 보안 요원을 보고 놀라서 펄쩍 뛰었다. 나는 마리엘라의 팔을 살며시 잡아 자리에 앉으라고 일렀다. 아직 할 얘기가 남았으니 말이다.

마리엘라는 울음을 터뜨렸다. 진심으로 놀라서 그러는 건지 아니면 연기인지 분간이 안 갔다. 덕분에 나도 불안해졌다. 지금까지는 내가 나쁜 남자라고 생각해본 적이 없었는데, 달아나고 싶어 하는 그녀를 못 가게 붙잡아두고 있자니 마음이 편치 않았다. 나는 차분한 목소리로 아무 문제 없을 거라고, 위험하지도 않다고 그녀를 안심시켰다. 경찰을 대동하지도 않았고, 그녀를 경찰에 넘길 마음도 없으며, 그저 몇 가지 묻고 싶을 뿐이라고 말했다. 먼저 술에는 뭘 탄 건지 물었다.

그녀는 울음을 멈추고 내 눈을 뚫어지게 쳐다보았다. 생떼가 통하지 않는다는 걸 알자, 내가 제시하는 화해의 선물이 뭔지 확인하려는 아이처럼 눈앞에 놓인 선택지를 저울질하고 있었다. 나는 두 팔을 벌려 최대한 위협적이지 않은 믿음직한 표정을 지었다.

"브룬당가요."

그녀가 조심스레 말했다.

"내가 실제로 그걸 마셨다면 어떻게 됐을까요?"

"곯아떨어졌을 거예요. 그리고 조니를 불렀겠죠. 길 건너 차에서 기다리고 있어요."

누군지 몰라도 조니는 술집에서부터 우리를 계속 미행한 게 틀림없었다. 나는 마리엘라를 다시 한 번 안심시켰다. 다 괜찮다고, 해치지 않을거라고, 그래도 조니와는 꼭 얘기를 하고 싶다고 했다. 얘기만 나누면 우리는 모두 무사히 돌아갈 수 있다고 말했다. 마리엘라는 다시 당황했다. 자신이 곤란해질까 봐 걱정하는 눈치였지만 그건 내 알 바 아니었다. 계속되는 설득 끝에 그녀는 마지못해 휴대폰으로 전화를 걸어 다시 눈물샘을 쥐어짰다.

"조니, 어서 와요. 문제가 생겼어요. 무서워요, 지금 빨리 와요."

그녀는 조니에게 객실 번호를 알려준 뒤 이만하면 됐냐는 표정으로 나를 돌아봤다. 마리엘라에게 미안했다. 가끔 보면 가해자와 피해자는 종이한 장 차이다. 마리엘라는 결국 나쁜 길로 빠졌다. 그녀가 이 일을 하지 않았다면 뭘 하면서 살았을까. 물론 어쩌다 이 길에 들어섰는지는 모르지만, 왠지 원해서 하는 일은 아닌 것 같았다. 마리엘라 같은 여자는 선택의 폭이 제한적일 테니 조니가 그녀에게 살길을 마련해주지 않았을까. 조니가 도착하면 좀 더 물어봐야겠다.

나는 방문을 열고 문밖에 있는 친구들에게 공범인 남자 하나가 올라올 거라고 알렸다. 호텔 관리인은 즉시 경찰을 부르고 싶어 했지만 조금만 기다리자고 설득했다. 우리 스스로 해결하는 편이 모두에게 좋다고 안심시켰다. 언론에 알려져 봤자 호텔에도 좋을 것이 없지 않은가. 얼마 뒤, 20대 후반쯤의 키가 작고 마른 남자가 승강기에서 내렸다. 남자 넷이 복도에서 기다리고 있는 것을 보면 조금 겁먹지 않을까 생각했는데, 오히려 그는 뻔뻔하게 으스대며 걸어왔다.

"여자는 어디 있죠?"

나는 그에게 방으로 들어오라고 했다. 조니는 취해 있었다. 그것도 아주 많이. 1미터 떨어진 거리에서도 그의 뜨거운 체온이 느껴졌다. 호흡은 얕고 불규칙했다. 눈빛에는 두려운 기색이 없었다. 입가가 발작적으로 씰룩거리는 걸 보니 혼자 실컷 즐기고 온 모양이었다. 마리엘라 옆에 앉은 그에게 맥주를 따라주고는 마리엘라가 이미 한 얘기를 들려주었다. 그가 고개를 끄덕였다. 조니는 모든 게 사실이라고 말했다. 내가 곯아떨어지면 마리엘라가 조니를 방으로 들여 함께 가져갈 수 있는 모든 것을 챙길 계획이었다고 했다.

"노트북, 여권, 휴대폰, 팔 수 있는 건 모두 다요."

그게 다인가? 약물은 어떻게 되는 걸까. 스코프를 먹으면 의식이 있는 상태에서 뭐든 다 협조하게 된다던데?

"맞아요. 근데 이건 스코프가 아닙니다. '아티반'이라고 로힙놀 같은 수면제예요. 이건 그냥 의식을 잃게 만들 뿐이죠. 스코프를 쓰는 놈들은 나보다 훨씬 더 나쁜 놈들입니다. 스코프로는 사람을 죽일 수도 있어요. 난 누구도 죽이고 싶지 않아요."

마리엘라는 언제부터 이 일에 가담한 걸까?

"이제 열아홉 살이에요. 같이 일한 지는 18개월쯤 됐죠."

마리엘라가 눈에 띄게 수치스러워했다. 조니가 바라봐도 눈을 마주치려 하지 않았다. 그저 바닥을 내려다보며 눈물만 뚝뚝 흘렸다. 조니가 나를 보며 이제 돌아가야겠다고 말했다. 그는 전혀 위협적이지 않았다. 심지어 자기가 알아봐줄 수 있다고도 했다. 스코프 일당과 일하는 사람을 안단다. 이런 상황이 아무렇지도 않은지 떠나면서 뜨듯하고 축축한 손을 건네 악수까지 청했다. 또다시 나를 해치려 한 사람들에게 고마워해야 하는 어색한 순간이 찾아왔다. 내 인생은 왜 이런 곤란한 순간들로 가득 차 있는 걸까. 물론 머리로는 설명할 수 있지만 마음은 여전히 속상했다.

"그냥 넘어가줘서 고마워요."

그가 어깨를 으쓱하며 말했다. 그러고는 마리엘라의 손을 잡고 떠났다. 나는 문득 좋은 생각이 떠올라 그를 쫓아갔다.

"그 남자한테 내가 스코프를 사고 싶어 한다고 전해주세요. 현금으로 산다고요."

조니가 고개를 끄덕이며 말했다.

"알겠어요."

Chapter 5

그날 밤, 나는 악마를 보았다

산타페는 보고타의 홍등가다. 전 세계 각지에서 매춘과 밀매를 하기 위해, 모든 매춘부와 마약 밀매상이 모여드는 곳. 도시 전체의 벽마다 보고타 특유의 그라피티가 가득하다. 6미터 크기의 황금 독수리 그림이 암호 같은 숫자로 그려진 잔디와 매끄럽게 뒤섞여 있다. 거리에는 오토바이를 탄 남자들이 쌩 지나가고, 민소매와 미니스커트 차림의 헐벗다시피 한 여자들이 손님들의 눈길을 끌기 위해 필사적으로 애쓰고 있었다.

나는 조니가 알려준 주소로 찾아갔다. 산타페 한가운데에 있는 나이트클럽이었다. 6시밖에 안 되어서 이제야 차츰 어두워지기 시작했다. 손님들은 아직 보이지 않았다. 나는 거대한 철문을 열어 얼굴을 들이밀고는 텅 빈 복도에 대고 소리쳤다. 올라(안녕)!

"들어와요."

들어가 보니 여느 술집과 다르지 않은 평범한 나이트클럽이었다. 100제곱미터쯤 되는 1층은 사방이 뚫려 있었다. 콘크리트 바닥에 벽을 따라 길게 바가 이어져 있었다. 앞쪽에는 맥주 탭이 늘어서 있고, 뒤쪽 선반에는 376개의 각종 럼주통이 쌓여 있었다. 말없이 라임을 썰고 있던 바텐더는 나에게 눈길도 주지 않았다. 내가 만나러 온 남자는 방 한가운데 근처

테이블에 혼자 앉아 담배를 피우고 있었다.

페르난도. 그가 이 클럽의 주인이었다. 다부진 몸에 콜롬비아인 치고 키카 큰 편으로 180센티미터쯤 되어 보였다. 눈썹이 이마 위에 무겁게 내려앉아 있어서 늘 얼굴을 찌푸리고 다니는 것처럼 보였다. 팔뚝에는 이쪽 세계에서 흔히 볼 수 있는 문신이 새겨져 있었고, 금이빨 두어 개가 인상의 정점을 찍었다. 특이하게도 악수를 하는데 그의 숨결에서 틀림없는 정액 냄새가 났다. 뜨겁고 뇌쇄적인 숨결이었다. 이건 생각도 못 했다. 여기엔 나 포함 3명뿐인데…… 그럼 바텐더가 행운의 남자인 건가. 조니가 페르난도에게 이미 자초지종을 알린 터라, 나는 바로 본론에 돌입했다. 스코폴라민 100그램, 스무 번 정도 쓸 수 있는 양을 사고 싶다고.

"형씨한텐 이게 더 좋을 거요."

그가 아티반으로 얼렁뚱땅 넘어가려 했다.

"이게 더 안전해요. 스코폴라민은 잘못 먹으면 죽을 수도 있어요. 아티반은 기절만 시키는 겁니다."

나는 스코프를 원한다고, 내가 찾는 효과가 바로 그거라고 말했다. 페르난도는 잠시 생각에 잠겼다.

"좋소."

그가 하얀 가루가 담긴 작은 봉지를 내밀며 아티반과 바꾸어 갔다. 이제 서먹서먹한 분위기는 깼으니 그에게 방법을 물었다. 주로 술에 타서 쓰는 건지?

"그렇죠. 주로 술에 넣어요. 술을 안 마시면 주스나 물에 넣어도 되죠. 용량을 잘 지켜야 돼요. 안 그러면 여러 사람 골로 보낼 수도 있소."

갑자기 무슨 생각이 났는지 그가 혼자 싱긋 웃었다. 왜 그런지?

"내 밑에서 일하는 여자가 하나 있는데, 스코프를 자기 가슴 위에 뿌려 놓고 남자한테 코카인이라고 하고는 그걸 마시라고 했지. 그 여자는 다나 다했어."

'다나다Danada'는 콜롬비아의 포주들이 쓰는 말로, 가슴 확대 수술을 일 컫는다. 문자 그대로는 '피해를 입다damaged'는 뜻도 된다. 그가 소름 끼치 게 웃으며 말했다.

"그 가슴에 악마가 살지. 조심하쇼. 콜롬비아에서는 누구에게도 다가가 지 말아요. 이 나라에는 어디에나 악마가 숨어 있으니."

그의 밑에서 일하는 사람들은 어떤 사람들인지 궁금했다. 그에게는 '독 수리'라 부르는 일당이 있다고 했다. 여자 셋, 남자 둘, 트랜스젠더 둘인 데 그들이 주말 밤마다 먹잇감을 찾아 나선단다.

"인물들이 아주 훌륭하지."

그가 자랑스러운 듯 말했다.

"괜찮아 보이는 먹잇감, 그러니까 당신 같은 여행객들 말이오, 그런 적 임자를 찾으면 공격하는 거요. 당신도 흠뻑 빠지게 할 수 있어요."

독수리의 묘수는 신뢰를 얻는 것이라고 한다. 신뢰만 얻으면 술잔에 스 코프를 털어 넣는 건 일도 아니란다. 그렇게 15분도 채 걸리지 않아, 피 해자는 술에 취해 '친구들'의 부축을 받고 택시에 오른다. 그런 남자는 누 구나 본 적 있지 않은가. 우리도 그래 본 적이 있으니 술집에 있던 사람들 은 뭐가 잘못됐다는 의심을 단 한 순간도 하지 않는다. 여기까지 왔으면 게임은 이미 끝난 거나 다름없다. 그 남자가 자신이 아니기를 간절히 바 라야 할 뿐. 새로 사귄 친구들이 피해자를 데리고 가는 곳은 그의 집이 아 니라 페르난도의 클럽이다. 이곳에는 그를 위해 준비된 아주 특별한 방이 있다.

술집 위층에는 무도회장이 있었다. 크기는 아래층 절반 정도였지만, 손님 150명 정도는 거뜬히 수용할 수 있을 것 같았다. 한쪽 구석에 턴테이블과 스피커가 있었고, 다른 한쪽 구석에는 화장실이, 그 옆에는 청소도구 벽장처럼 보이는 문이 있었다. 작은 방 안에 대걸레나 양동이는 없었다. 대신 지저분하고 얼룩진 매트리스가 놓여 있었다. 창문이 하나 있었지만 육중한 쇠막대가 가로막고 있었다. 그야말로 감방이었다. 그 누구도 제 발로 이곳에 들어갈 것 같지는 않았다.

페르난도가 설명했다. 독수리 일당이 표적을 발견하면 약을 먹여 이 방에 들여놓는단다.

"2~3일 있는 게 보통이죠. 돈을 얼마나 갖고 있느냐에 따라 달라요. 일단 여기 들어왔고 스코폴라민을 먹은 상태라면 계좌 비밀번호는 바로 알려줍니다."

그렇게 간단하다고? 그래도 어느 정도 압력을 가하는 건 아닌지?

"전혀요. 그냥 '이봐, 술 마시게 돈 좀 쓰자. 계좌 비밀번호 알려주면 내가 돈 찾아올게'라고 말만 하면 됩니다. 그럼 순순히 불어요."

등골이 오싹해졌다. 이건 내가 정신을 차리고 말고 할 문제가 아니다. 이건 내 의지와 상관없이, 앉은 자리에서 속수무책으로 당하게 만드는 약이었다. 누구를 만나든 상대에게 휘둘릴 수밖에 없다. 이런 식이라면 콜롬비아에서 누구보다 만나고 싶지 않은 사람이 페르난도이고, 어디보다 오고 싶지 않은 곳이 그의 은밀한 감방이다.

"그럼 독수리 중 한 명이 은행에서 그의 계좌를 터는 동안, 여기 갇혀있는 사람은 어떻게 됩니까?"

내가 묻자, 페르난도가 사악한 눈으로 쳐다보며 말했다.

"계속 행복하게 해줘야지. 정신 못 차리도록. 코카인도 주고, 술도 주고, 좋은 시간 보내게 해주는 거죠. 알잖아요."

그가 무언가를 암시하고 있었기에 물어보지 않을 수 없었다.

"섹스요?"

그가 고개를 끄덕이며 금니가 두드러지는 음흉하고 뇌쇄적인 미소를 지어보였다. 바로 그때 이 방의 공포가 생생히 살아났다. 약과 술에 절은 피해자가 며칠 내리 갇혀 있는 동안 그의 전 재산은 서서히 자취를 감추고, 동시에 소란스러운 무도회장 옆에 있는 이 비좁고 불결한 지하 감옥에서 그는 강간당한다. 그의 비명소리는 쿵쾅대는 음악과 군중의 환호 소리에 철저히 파묻히겠지.

"서두르면 안 돼요. 약을 한 번에 다 먹이면 정신을 잃거든. 가진 걸 모두 뽑아낼 때까지 계속 약을 주입해야 해요. 그러고 나서 처리할 준비가 다 되면 택시에 태워서 멀리 보내버리는 거지."

이거였다. 전에 술집에서 만난 사람도 그렇고, 스코프 범죄 피해자들이 며칠 동안의 기억이 모조리 사라진 이유. 기억이 돌아왔을 때는 이미 돈은 한 푼도 남아 있지 않고, 무참한 성폭력의 결과로 성병을 얻은 채 병원에 누워 있는 만신창이의 몸을 마주할 뿐이었다. 그리고 이미 들었듯 심리적 트라우마는 그보다 더 심각하고 오래 지속된다.

나는 페르난도에게 이 방에 마지막으로 사람이 갇힌 게 언제인지 물었다. 불과 8일 전이었다. 그와 독수리 일당 한 명이 남자 하나를 나흘 동안 가두고 은행 계좌 안에 있던 현금은 물론 집까지 전부 가져갔다고 한다. 그 뒤 그들은 남자를 거리에 버렸다고 했다.

"현금 3,000달러(340만 원)에 노트북, 휴대폰, 보석도 조금 건졌소."

그는 이 일이 좋아서 하는 걸까?

"좋아서 하는 게 아니요. 내게 남은 유일한 선택지니까 하는 거지."

페르난도는 어깨를 으쓱해 보였다.

이런 일을 잘하려면 뭐가 필요한 걸까?

"아주 교활해야 되지. 자기가 뭘 어떻게 할지 제대로 알고 그에 맞게 행동할 수 있어야 해요."

그도 교활한 사람인지 묻자, 그가 큰 소리로 웃었다. 머리가 뒤로 젖혀질 정도로 배꼽 빠지게 웃었다.

"그럼요. 난 누구보다 교활하죠."

그의 말에 한 치의 의심도 들지 않았다. 페르난도는 확실한 전문가였다. 그가 말하길, 관광객이 쉬운 표적이기는 하지만 현지인도 배제하지는 않는단다. 누구든 돈 좀 있어 보이고 약 먹이기 쉬워 보이는 사람이라면 그에겐 만만한 상대라고 한다. 게다가 그의 클럽도 잘 되고 있고, 스코프로 버는 돈은 '부업' 정도란다.

보고타에 온 이후, 만나는 모든 사람들이 스코폴라민에 대해 경고했지만 이 범죄가 이렇게 엄청난 규모로 벌어지고 있다니 믿어지지 않았다. 페르난도는 사람들이 술을 마실 때 조심하지 않기 때문이라고 말했다. 그는 바로 그 점을 노리고 있었다.

이번 지하경제 체험기에서 만난 사람 중에 가장 악마에 가까운 사람이 페르난도가 아닐까. 그는 진정한 괴물이었다. 일말의 후회도 없었고 피해자가 어떤 파국에 이르든 털끝만큼도 신경 쓰지 않았다. 그는 스스로를 '향락주의자'라 칭했다. 이 일을 하는 것도 단순히 실컷 즐기기 위해서일 뿐이며, 누군가의 돈이나 인생이 희생된다 해도 전혀 개의치 않았다. 그와 같이 있다 보니 속이 메슥거렸다. 그를 경찰에 넘겨야 하는 건 아닌지 고민도 됐지만 그러지는 않을 것이다.

콜롬비아를 떠나 집으로 향하면서 내가 이곳을 다시 찾을 일이 있을까 생각해봤다. 나는 그동안 찾아간 다른 장소들에 그랬던 것처럼 콜롬비아에 매력을 느끼지 못했다. 헤랄도나 후안 같은 멋있는 사람들을 만나기도 했지만, 보고타는 뒤숭숭한 과거의 상처가 아직 남아있는 곳이라는 인상과 배치되는 무력함이 느껴졌다. 먼 훗날에는 몰라도 가까운 시일 내에 이곳을 다시 찾는 일은 없을 것이다.

희생양이 되지 않기 위한
열한 가지 규칙

미디어에서 범죄자는 음울하고 위험하며 세상 물정에 훤한 속물이지만, 한편으로는 세심하고 다정한 면도 있는 사람으로 그려진다. 게다가 나는 그동안 이들이 신비롭고 매력적인 악당이라고 생각했다. 이들을 개인적으로 알고 있어서가 아니라, TV에서 본 모습이 그랬기 때문이다. 〈소프라노스〉, 〈브레이킹 배드(가족을 위해 마약을 제조하는 화학 선생님의 이야기를 다룬 드라마)〉 같은 방송을 보며 다들 한 번쯤은 주인공이 멋지다는 생각을 하지 않는가. 그렇기에 이번 여행을 시작하면서 나는 실제 그들의 모습이 화면에 비친 모습과 얼마나 다를지 궁금했다.

놀랍게도, 현실 세계에서 만난 범죄자들 중에도 호감 가는 사람들이 많았다. 그리고 대부분 공통적으로 자신감이 넘쳤다. 이 자신감의 원천이 재능이든 간교함이든, 혹은 단순히 힘이든 간에 그들은 자신이 맡은 일을 잘 해낸다고 믿어 의심치 않았다(이런 근본 모를 자신감 덕분에 아주 유익한 인터뷰를 끌어낼 수 있었지만 말이다).

이들의 공통적인 특성이 무엇일까 곰곰이 생각해봤다. 그들이 일반적으로 보인 성격적 특성을 나열하다보니, 몇 가지 사실이 떠올랐다. 『사이코패스 테스트』의 저자 존 론슨Jon Ronson은 심리학자들이 사이코패스 여부를 평가하는 데 사용하는 PCL-R, 즉 사이코패스 체크리스트를 소개했다. 그 부분을 읽다가 등골이 오싹해졌다. 사이코패스의 가장 일반적인 특징은 다음과 같다.

- 언변이 좋고 겉보기에는 매력이 있다
- 자부심이 상당히 높다
- 병적으로 거짓말을 잘 한다
- 교활하고 영악하다
- 후회나 죄책감을 못 느낀다
- 정서적 반응이 피상적인 수준에 그친다
- 냉담하며 공감을 잘 못 한다

무엇보다 소름이 끼쳤던 것은 마지막 문장이다. 이 책에 등장하는 대부분의 사람들이 그렇지 않았던가. 거의 모두가 공감 능력이 냉혹할 정도로 떨어졌다. 우리 동네에서 만난 대마초 강도 캠은 피해자를 선베드로 고문한다고 말하면서 어떤 회한이나 죄책감도 내비치지 않았다. 경찰의 머리를 총으로 쐈다며 낄낄거리는 아르헨티나의 위조지폐 갱단의 반응도 잊을 수 없다. 뉴올리언스에서 무장한 갱단의 밀실로 나를 끌어들였던 크리스털의 교활하고 교묘한 행동은 또 어떤가. 뭄바이의 캐스팅 디렉터 몰리가 사진 촬영이니, 배우 협회 카드니, 하며 쏟아낸 병적인 거짓말의 향연은 귀엽게 여겨질 정도였다. 그들에게 우리는 그저 이윤을 남길 수 있는 사업수단에 불과하고, 범죄 행위 또한 일종의 경제활동일 뿐이었다.

물론 전부 그런 사람이었던 건 아니다. 런던의 휴대폰 절도범 샤키는 마약 중독자일 뿐이었고, 보고타에서 날 유혹하려 했던 마리엘라는 마주하고 보니 연약하고 감정적인 사람인 듯했다. 뭄바이에서 만난 가짜 여행 상담사와 예루살렘의 밀수범, 모조 공예품 상인도 사이코패스와는 거리가 멀었다. 전설적인 지폐 위조범인 '예술가' 역시 비록 손을 떼지는 못했지만, 자신의 행동이 간접적으로나마 어린 소녀를 죽음으로 몰고 갔다는 사실에 회한을 느끼는 것 같았다.

사람들은 그들이 양지의 시장으로 나오지 못하고, 암시장에서 활동하는 데는 특별한 이유가 있을 거라고 생각한다. 하지만 의외로 '환경'과 '취업 기회' 같은 간단한 요소가 중요했다. 다시 한 번 말하지만 범죄는 산업이다. 다른 세계와 마찬가지로 경쟁과 적자생존의 법칙이 적용된다. 자본주의가 불평등을 조장하는 한, 훔치는 빈자가 있고 빼앗기는 부자가 있을 것이다. 안 그런가? 내가 만난 이들도 이런 말을 했다. 범죄도 다른 일과 마찬가지 돈을 벌기 위해 하는 일이라고.

바르셀로나의 소매치기 대니를 떠올려보자. 그는 왜 위조범이 아닌 소매치기가 되었을까? 먼저, 대니는 젊고 자신감이 넘치며 손재주가 좋다. 그는 자신의 강점을 활용해 소매치기의 삶을 선택했다. 우리가 그렇듯 대니도 자신이 잘하는 것이 무엇인지 따져보고 그 길을 좇아, 자신의 직업을 합리적으로 선택한 것이다. 또한 대니는 부에노스아이레스가 아니라 바르셀로나에 살고 있다. 스페인은 사소한 절도에 대해 느슨한 법을 적용하는 탓에 소매치기에게 완벽한 환경을 제공하고 있지만, 아르헨티나처럼 위조범을 키울 만한 문화적·역사적 배경은 없다. 대니는 자기가 살고 있는 곳의 환경에 적응했을 뿐이다.

누구보다 절박한 마약 중독자는 몸을 팔고 물건을 훔치는 등 사소한 범죄를 저지르는 것 외에 다른 선택의 여지가 없다. 다른 경제활동을 할 방법이 없는 것이다. 예루살렘의 경우, 제대로 기능하지 않는 정치 체제가 혁명의 불씨를 피워 아랍의 봄을 불러왔지만 동시에 범죄자들이 개인적인 이익을 취할 수 있는 완벽한 시장을 제공했다. 라틴아메리카는 법 집행기관이 아무 효력이 없을 정도로 부패한 까닭에 범죄자들이 엄청난 힘을 쌓아 갱단을 조직하고 피해자들의 몸값을 터무니없이 올렸다.

이런 식으로 보면 전 세계의 범죄 유형은 합법적인 구직 시장과 마찬가지로 기술과 기회가 부합할 때 형성된다. 이것이 경제학자들이 말하는 '부합 이론'이다. 자신이 살고 있는 환경에 적응하고, 기술만 받쳐준다면 환경이 범죄의 추진력으로 작용하는 것이다.

하지만 이런 환경적 요소는 차치하고, 결국 선택은 개인의 몫이다. 장단점을 가늠하는 것도, 범죄를 선택하는 것도 그 사람의 몫이다. 그렇기에 똑같이 가난한 환경에서 자랐지만 누구는 범죄자가 되고 누구는 되지 않는 것이다. 결코 이들을 옹호할 생각은 없다.

그럼 우리는 어떻게 해야 할까? 이 거대 범죄 기업은 전 세계 어디에나 뻗어있고 매일매일 피해자를 만들어 부를 쌓고 있다. 그 희생양이 되는 것은 생각만 해도 끔찍하다. 우리는 스스로를 보호해야 한다. 자기 자신을 위해 조심해야 한다. 그러려면 먼저 이들을 알아볼 수 있어야 한다.

그들은 냉혈한에 계산적이며 언제나 상대의 주위를 맴돌면서 약점이

드러날 때까지 끈질기게 기다렸다가, 틈이 보이는 순간 즉시 공격해버린다. 마치 상어와 같다. 하지만 걱정 말라. 어쨌든 육지에서는 우리가 상어보다 수적으로 우세하니까. 단 물속에 들어갈 때만큼은 아래의 규칙들을 마음에 새기고 조심, 또 조심하라.

- 배낭에 지갑 또는 여권을 넣지 말라
- 배낭 지퍼를 가운데에 두지 말고 한쪽 끝으로 밀어두라
- 야외에서 식사를 할 때는 의자 위에 가방이나 외투를 걸쳐놓지 말라
- 술잔을 두고 자리를 비우지 말라. 만일 그랬다면 새로 술을 주문하라
- 어두워진 뒤에는 가급적 ATM을 찾지 말라. 특히 밤 11시에서 자정 사이에는 절대 가지 말라
- 밤에 택시를 탈 때는 반드시 운전자 면허가 기사의 것이 맞는지 확인하라
- 거리에서든 다른 곳에서든 불법 도박은 절대 하지 말라
- 카페나 술집에서 휴대폰을 테이블에 놔두지 말라
- 잘 알지 못하면 값비싼 기념품은 사지 말라
- 영화배우가 되고 싶으면 에이전트를 만나라

그리고 해외에서는 물론 고국에서도 범죄의 표적이 될 수 있음을 잊지 말라. 캠은 우리 어머니의 집으로부터 얼마 떨어지지 않은 곳에서 사악한 고문을 가했고 샤키는 내 집과 가까운 동네에서 휴대폰을 훔쳤다.

가장 중요한 것은 그들은 우리를 필요로 한다는 사실이다. 그들은 언제 어디서나 우리를 지켜보고 있다. 지금까지 책에서 읽은 내용을 떠올리며 당신은 절대, 같은 수법에 넘어가지 말기를 바란다.

책을 쓰기는 쉽지 않았다. 내가 범죄에 관해 수년간 제작한 다큐멘터리는 부담을 나눠진 촬영기사와 프로듀서의 도움이 있었기에 완성될 수 있었다. 너무 많아서 여기에 일일이 이름을 언급할 수는 없지만 이번 여행에서 나를 적극 지원해준 그들에게 감사의 마음을 전한다. 무수한 시간 동안 함께 머리를 맞대고 범죄자들에 대해 논의한 피터와 브렌트, 앙드레에게 특별히 고마운 마음을 전한다. 마틴과 반, 스티브, 칼, 마르타, 조지, 로즈, 마이크, 폴 역시 거리에서 많은 시간을 함께했다. 여러분의 도움이 없었으면 이 책을 완성하지 못했을 것이다. 모두 감사드린다.

안타깝지만 영상이라는 것은 태생적으로 시간 제약이 있어서 개인의 본모습을 드러내는 가장 인상적인 한 마디만 고를 수밖에 없다. 하지만 흥미로운 인물들과 진행한 인터뷰를 다시 찾아보니 이 책에서는 훨씬 더 많은 시간을 들여 그들의 이야기를 할 수 있겠다는 생각에 기뻤다.

다음으로, 인터뷰에 응해준 모든 이들에게도 감사 인사를 전한다. 그들은 모두 사기꾼에 약탈자, 악한이지만 기꺼이 인터뷰에 응해줬다. 자신의 이야기를 자랑하고 싶었던 것인지 그 이유는 알 수 없지만, 어쨌든 그들이 없었으면 나는 아무것도 쓰지 못했을 것이다. 사실 법을 어기며 비인간적인 일도 서슴지 않는 그들이 어쩌면 그렇게 자신의 이야기를 터놓고 할 수 있는지 나도 거듭 놀랐다. 그들의 사이코패스적인 기질에 고마워해야 하는 건가. 이 글을 쓰고 있는 지금, 다시 한 번 섬뜩한 느낌이 온몸을 휘감는다.

여러 인물들을 만나는 동안, 나는 이 책을 쓰기 위해 그들에 대한 판단을 유보해야 했다. 사실 보고타에서 만난 고문자나 버밍엄에서 대마초를 훔치던 살인 전과자와는 단 1분도 같이 있고 싶지 않았다. 이들은 자기가 돈이 궁하니 다른 사람들에게 육체적 고통을, 결국은 삶 전체가 바뀌는 정신적 트라우마를 가해도 괜찮다고 생각했다. 인터뷰를 마치며 감사 인사를 하는 내 목소리가 떨렸던 적이 한두 번이 아니라는 사실을 알아줬으면 한다.

셉템버 출판사와 한나 맥도널드에게도 큰 빚을 졌다. 한나의 통찰력 있는 편집과 한결같은 지지가 있었기에 최종 원고까지 무사히 마무리할 수 있었다. 셉템버 출판사의 저스틴과 샬럿을 비롯한 편집자 여러분께도 감사드린다. 그리고 이 원고를 제일 먼저 한나에게 소개한 나의 에이전트 고든 와이즈도 빼놓을 수 없다. 그와 함께 일한 것 자체가 나에게는 큰 기쁨이었다. 함께한 첫날부터 나는 든든한 지원군을 얻은 기분이었다.

내 초안을 살펴봐주신 부모님께도 가슴 깊이 감사드린다. 부모님 덕분에 독자 연령층을 가늠할 수 있었다. 부모님의 의견과 통찰력이 있었기에 이 책이 진정 어떤 의미를 가져야 하는지 파악할 수 있었다.

무엇보다 이 무모한 모험 도중에 만나 나에게 질겁하고 도망가지 않은 한 여인에게 무한한 감사의 마음을 전한다. 1장을 시작할 때 나에게 작은 반짝임에 불과했던 그녀는 책이 끝나갈 무렵 나의 아내가 되었다. 내 이야기를 들어주고 날 지지해주고 내 글을 읽어주고 함께 의논해준 피비 월러 브릿지, 당신이 매일매일 나에게 해주는 모든 것에 감사하다.

나는 세계 일주로 돈을 보았다

초판 1쇄 발행 2018년 12월 13일
초판 5쇄 발행 2023년 5월 29일

지은이 코너 우드먼
옮긴이 홍선영

발행인 이재진 **단행본사업본부장** 신동해
편집장 조한나 **마케팅** 최혜진 백미숙 **홍보** 반여진 허지호 정지연
국제업무 김은정 김지민 **제작** 정석훈

디자인 석운디자인 **일러스트** 김효정

주소 경기도 파주시 회동길 20 웅진씽크빅
문의전화 031-956-7208(편집) 031-956-7129(마케팅)
홈페이지 www.wjbooks.co.kr
인스타그램 www.instagram.com/woongjin_readers
페이스북 https://www.facebook.com/woongjinreaders
블로그 blog.naver.com/wj_booking

발행처 ㈜웅진씽크빅
브랜드 갤리온
출판신고 1980년 3월 29일 제406-2007-000046호

한국어판 출판권 © 웅진씽크빅, 2018
ISBN 978-89-01-22862-4 (03300)

· 잘못된 책은 구입하신 곳에서 바꾸어 드립니다.
· 책값은 뒤표지에 있습니다.